Indivíduos

FUNDAÇÃO EDITORA DA UNESP

Presidente do Conselho Curador
Mário Sérgio Vasconcelos

Diretor-Presidente
Jézio Hernani Bomfim Gutierre

Superintendente Administrativo e Financeiro
William de Souza Agostinho

Conselho Editorial Acadêmico
Danilo Rothberg
João Luís Cardoso Tápias Ceccantini
Luiz Fernando Ayerbe
Marcelo Takeshi Yamashita
Maria Cristina Pereira Lima
Milton Terumitsu Sogabe
Newton La Scala Júnior
Pedro Angelo Pagni
Renata Junqueira de Souza
Rosa Maria Feiteiro Cavalari

Editores-Adjuntos
Anderson Nobara
Leandro Rodrigues

PETER F. STRAWSON

Indivíduos

Um ensaio de metafísica descritiva

Tradução

Plínio Junqueira Smith

Revisão técnica

Israel Vilas Bôas

© 1959 P. F. Strawson
All Rights Reserved
Authorised translation from the English language edition published by
Routledge, a member of the Taylor & Francis Group

© 2019 Editora Unesp

Título original:
Individuals: An Essay in Descriptive Metaphysics

Direitos de publicação reservados à:
Fundação Editora da Unesp (FEU)
Praça da Sé, 108
01001-900 – São Paulo – SP
Tel.: (0xx11) 3242-7171
Fax: (0xx11) 3242-7172
www.editoraunesp.com.br
www.livrariaunesp.com.br
feu@editora.unesp.br

Dados Internacionais de Catalogação na Publicação (CIP) de acordo com ISBD
Elaborado por Odilio Hilario Moreira Junior – CRB-8/9949

S913

Strawson, P. F., 1919-2006

Indivíduos: um ensaio de metafísica descritiva / Peter F. Strawson; traduzido por Plínio Junqueira Smith; revisão técnica de Israel Vilas Bôas. – São Paulo: Editora Unesp, 2019.

Tradução de: *Individuals: An Essay in Descriptive Metaphysics*
Inclui bibliografia.
ISBN: 978-85-393-0794-4

1. Filosofia. 2. Metafísica. 3. Metafísica descritiva. 4. Strawson, P. F., 1919-2006. I. Smith, Plínio Junqueira. II. Vilas Bôas, Israel. III. Título.

2019-774   CDD: 110
                                                            CDU: 122

Editora afiliada:

Sumário

Prefácio	11
Introdução	13

Parte I
PARTICULARES

1. Corpos	21
1. A identificação de particulares	21

[1] *Identificamos particulares na fala. A identificabilidade de alguns tipos de particulares pode depender da identificabilidade de outros tipos.* 21

[2] *A identificação dos particulares que estão sensivelmente presentes. A identificação dos particulares que não estão sensivelmente presentes levanta um problema teórico. Sua solução.* 25

[3] *As condições gerais da identificação dos particulares. Essas condições são satisfeitas porque nosso conhecimento dos particulares forma uma estrutura unificada de um caráter espaçotemporal.* 32

Peter F. Strawson

2. Reidentificação 43

[4] Uma condição de termos esse esquema de conhecimento dos
particulares é a habilidade de reidentificar particulares. Ceticismo
sobre a reidentificação. 43

[5] A reidentificação de lugares. 50

3. Particulares básicos 53

[6] Um argumento geral para mostrar que os corpos materiais são
os particulares básicos do ponto de vista da identificação. 53

[7] Argumentos com o mesmo propósito baseados na natureza de
diferentes categorias de particulares. 57

2. Sons 83

[1] O estatuto dos corpos materiais como particulares básicos é
uma condição necessária de todo esquema que prevê o conhecimento
dos particulares objetivos? 83

[2] O caráter deste capítulo. 89

[3] O modelo do mundo auditivo. O problema de satisfazer as
condições de uma consciência não solipsista. 91

3. Pessoas 123

[1] Por que se atribuem os estados de consciência a alguma coisa? E
por que à mesma coisa a que se atribuem as características corporais? 123

[2] A posição única do corpo pessoal na experiência perceptiva
descrita; mas isso não responde a essas questoes. 127

[3] As concepções cartesiana e "não possessiva". A incoerência da
concepção "não possessiva". 132

[4] Uma condição da atribuição de estados de consciência a si
mesmo é a habilidade de atribuí-los a outros. A incoerência da concepção cartesiana. O caráter primitivo do conceito de pessoa. 139

Indivíduos

[5] *O caráter lógico de uma classe fundamental dos predicados*
pessoais.   147

[6] *A importância central de predicados que atribuem ações. A ideia*
de uma "mente grupal".   156

[7] *Descorporificação.*   162

4. Mônadas   165

Parte II
SUJEITOS LÓGICOS

5. Sujeito e predicado (1): dois critérios   193

[1] *Tradicionalmente, associa-se, de certa maneira, a distinção entre*
particulares e universais à distinção entre referência e predicação ou
entre sujeito e predicado.   193

1. O critério "gramatical"   195

[2] *Várias formas da distinção referência-predicação ou sujeito-*
-predicado reconhecidas pelos filósofos.   195

[3] *Mostra-se que uma maneira* prima facie *atraente de explicar*
a distinção é inadequada. Considerá-la como uma distinção entre
estilos gramaticais de introdução de termos parece produzir resulta-
dos mais satisfatórios.   201

[4] *A distinção de Quine, pela ótica das variáveis de quantificação,*
não oferece, à primeira vista, uma interpretação alternativa.   216

[5] *Enunciado final, na presente abordagem, das condições para*
que uma expressão seja uma expressão sujeito ou uma expressão
predicado.   222

[6] *Embora pareça harmonizar-se com concepções eminentes, a*
presente abordagem gramatical da distinção sujeito-predicado não
é a única possível.   225

Peter F. Strawson

[7] *A abordagem gramatical encoraja o ceticismo tanto sobre a importância da distinção sujeito-predicado como sobre sua associação tradicional com a distinção particular-universal.*   228

2. O critério categorial   235

[8] *Vínculos caracterizadores, exemplificadores e atributivos: ou maneiras diferentes em que termos particulares e universais podem reunir-se uns aos outros em asserções.*   235

[9] *Um novo critério para sujeitos e predicados, baseado nas diferenças entre particulares e universais como princípios da reunião de termos em asserções. O novo critério garante a associação tradicional entre as duas distinções.*   241

3. Tensões e afinidades entre esses critérios   244

[10] *Como se evita a aparência gramatical de predicar um particular em determinados casos da asserção de um vínculo caracterizador.*   244

[11] *Como se evita a aparência gramatical de predicar um particular em determinados casos da asserção de um vínculo atributivo.*   249

6. Sujeito e predicado (2): sujeitos lógicos e objetos particulares   253

1. A introdução de particulares nas proposições   254

[1] *A introdução de um particular em uma proposição exige o conhecimento de um fato empírico: a introdução de um universal não o exige.*   254

[2] *A afinidade entre os critérios gramatical e categorial para expressões sujeito e expressões predicado explica-se em parte por uma distinção mediadora entre "completude" e "incompletude". Uma vez que se estabelece a associação fundamental entre as distinções sujeito-predicado e particular-universal, podem-se explicar por analogia as extensões adicionais da primeira distinção etc.*   262

8

Indivíduos

[3] Explicações adicionais da ideia de "completude": as pressuposições de expressões que introduzem termos particulares. 266

[4] Consideração e rejeição de uma forma simplificada da teoria
acima. 273

2. A introdução de particulares no discurso 278

[5] Pode a explicação acima das condições de introdução de particulares em proposições ser suplementada com uma explicação das
condições de introdução de particulares no discurso? As condições de
sucesso de toda tentativa desse tipo. 278

[6] Os conceitos de traço e os universais classificadores: a introdução
de particulares básicos envolve a adoção de critérios de reidentificação. 283

[7] A complexidade lógica dos particulares e a "completude" de
expressões sujeito lógicas. Os particulares como os sujeitos lógicos
paradigmáticos. 294

7. Linguagem sem particulares 299

[1] Em uma linguagem localizadora de traços, a distinção sujeito-
-predicado não tem lugar. 299

[2] Problemas envolvidos quando se prescinde dos particulares
ordinários. 304

[3] Lugares, tempos e lugares-tempos como sujeitos lógicos. 309

8. Sujeitos lógicos e existência 315

[1] O indício gramatical da aparição em uma proposição como um
sujeito individual ou lógico. Proposições existenciais. 315

[2] Nominalismo. Por que a pressão reducionista sobre indivíduos não particulares varia em força para diferentes tipos de não
particulares. 321

[3] A natureza e a forma da tendência nominalista. Quantificação
e existência. 326

Peter F. Strawson

[4] *Existência e quantificação.*   334

[5] *Afirmações de identidade. Expressões sujeito plurais. Referência, predicação e proposições.*   338

Conclusão   344

Índice analítico   347

Prefácio

Este livro baseia-se em palestras que foram originalmente dadas na Universidade de Oxford em 1954-1955 e utilizadas depois como material para um seminário na Universidade Duke, Carolina do Norte, em 1955-1956. Agradeço aos meus colegas de Duke a ajuda recebida nas discussões. Gostaria também de reconhecer minha grande dívida para com a sra. Ruby Meager, o professor H. L. A. Hart e o professor Gilbert Ryle, que leram uma parte ou todo o manuscrito do livro e deram muitos conselhos úteis e amistosos, os quais em geral tentei seguir.

Boa parte do Capítulo 3 é uma versão revisada e expandida de um artigo que apareceu no volume II da *Minnesota Studies in the Philosophy of Science*, editada por Herbert Feigl, Michael Scriven e Grover Maxwell e publicada pela University of Minnesota Press em 1958. Partes dos capítulos 5 e 6 foram extraídos, com modificações substanciais, dos artigos que apareceram nos *Proceedings of the Aristotelian Society* de

Peter F. Strawson

1953-1954 e 1957. Devo agradecer aos organizadores e aos editores desses volumes a permissão para que eu fizesse uso desse material novamente.

P. F. S.

Introdução

A metafísica foi amiúde revisionista e, com menos frequência, descritiva. A metafísica descritiva contenta-se em descrever a estrutura real do nosso pensamento sobre o mundo, a metafísica revisionista está preocupada em produzir uma estrutura melhor. Os produtos da metafísica revisionista têm interesse permanente, e não somente como episódios-chave na história do pensamento. Por causa da sua articulação e da intensidade de sua visão parcial, os melhores deles são tanto admiráveis por si mesmos como de utilidade filosófica duradoura. Mas este último mérito lhes pode ser atribuído somente porque há outro tipo de metafísica que não precisa de nenhuma justificativa além daquela da investigação em geral. A metafísica revisionista está a serviço da metafísica descritiva. Talvez nenhum metafísico tenha sido, tanto em intenção, como de fato, totalmente uma coisa ou a outra. Mas podemos distinguir em termos gerais: Descartes, Leibniz e Berkeley são revisionistas; Aristóteles e Kant, descritivistas. Hume, o filósofo irônico, é mais difícil de classificar. Ele aparece ora sob um aspecto, ora sob o outro.

A ideia de metafísica descritiva está sujeita a ser recebida com ceticismo. Como ela difere do que é chamado de análise filosófica, lógica ou conceitual? Ela não difere no tipo de intenção, mas somente no âmbito e na generalidade. Com o objetivo de revelar os aspectos mais gerais da nossa estrutura conceitual, ela pode considerar como certo muito menos do que pode uma investigação conceitual mais limitada e parcial. Portanto, também, uma determinada diferença no método. Até certo ponto, a confiança em um exame atento do uso real das palavras é o melhor e, de fato, o único caminho seguro na filosofia. Mas as discriminações que podemos fazer e as conexões que podemos estabelecer dessa maneira não são suficientemente gerais, nem são suficientemente extensas para satisfazer as exigências metafísicas completas de entendimento, pois, quando perguntamos como usamos essa ou aquela expressão, nossas respostas, embora reveladoras em um determinado nível, tendem a supor, e não a expor, aqueles elementos gerais da estrutura que o metafísico quer revelados. A estrutura que ele procura não se mostra na superfície da linguagem de imediato, mas jaz submersa. Ele deve abandonar seu único guia seguro, quando o guia não pode levá-lo tão longe quanto deseja ir.

A ideia de uma metafísica descritiva pode ser atacada de outra direção, pois se poderia sustentar que a metafísica foi na essência um instrumento de mudança conceitual, um meio de promover ou de registrar novas direções ou estilos de pensamento. Decerto, conceitos mudam, e não somente, embora sobretudo, na periferia do especialista; e mesmo as mudanças do especialista reagem sobre o pensamento ordinário. Decerto, também, a metafísica preocupou-se amplamente com essas

Indivíduos

mudanças, das duas maneiras sugeridas. Mas seria um erro crasso pensar a metafísica somente desse modo histórico, pois há um núcleo central maciço do pensamento humano que não tem história – ou nenhuma história registrada nas histórias do pensamento; há categorias e conceitos que, no seu caráter mais fundamental, não mudam nada. Obviamente, eles não são as especialidades do pensamento mais refinado. São os lugares-comuns do pensamento menos refinado e são, contudo, o núcleo indispensável do equipamento conceitual dos seres humanos mais sofisticados. É com eles, suas interconexões e a estrutura que formam, que uma metafísica descritiva estará primariamente preocupada.

A metafísica tem uma história longa e eminente e, em razão disso, é improvável que existam quaisquer novas verdades a serem descobertas na metafísica descritiva. Mas isso não significa que a tarefa da metafísica foi, ou pode ser, executada de uma vez por todas. Ela deve ser constantemente refeita. Se não há novas verdades a serem descobertas, há velhas verdades a serem redescobertas, pois, ainda que o assunto central da metafísica descritiva não mude, o idioma crítico e analítico da filosofia muda o tempo todo. Relações permanentes são descritas em um idioma não permanente, que reflete tanto o clima do pensamento da época, como o estilo pessoal de pensamento do filósofo individual. Nenhum filósofo entende seu predecessor até que tenha repensado seu pensamento em seu próprio vocabulário contemporâneo e é característico dos maiores filósofos, como Kant e Aristóteles, que eles, mais do que quaisquer outros, recompensem esse esforço de repensar.

Peter F. Strawson

* * *

Este livro é, em parte e de uma maneira modesta, um ensaio de metafísica descritiva. Somente de uma maneira modesta – pois, embora alguns dos temas discutidos sejam bastante gerais, a discussão é empreendida de um determinado ponto de vista limitado e de maneira nenhuma abrangente; e somente em parte – pois algumas das classificações lógicas e linguísticas, em torno das quais gira a discussão na segunda parte, podem ser de importância relativamente local e temporária. Posso fazer agora um comentário geral sobre o meu método de tratamento dessas classificações. Com frequência, no tratamento analítico de algum conceito bem específico, admite-se como menos provável que o desejo de entendê-lo seja satisfeito pela busca de um único enunciado estrito das condições necessárias e suficientes de sua aplicação do que pela visão de que suas aplicações – no símile de Wittgenstein – formam uma família, cujos membros podem, talvez, ser agrupados em torno de um caso paradigmático central e ser ligados com o último por várias ligações, diretas e indiretas, de conexão e de analogia lógicas. Esse princípio de tolerância no entendimento pode, a meu ver, ser invocado com igual utilidade tanto na tentativa de entender as estruturas lógicas e gramaticais gerais como na análise de conceitos específicos, que é empreendida, digamos, na filosofia da percepção ou na filosofia da mente.

Pareceu-me natural dividir o livro em duas partes. A primeira parte tem como objetivo estabelecer a posição central que ocupam os corpos materiais e as pessoas entre os particulares em geral. Ela mostra que, em nosso esquema conceitual como

Indivíduos

ele é, os particulares dessas duas categorias são os particulares básicos ou fundamentais e que os conceitos de outros tipos de particulares devem ser vistos como secundários em relação aos conceitos desses particulares. Na segunda parte do livro, o objetivo é estabelecer e explicar a conexão entre a ideia de um particular em geral e a de um objeto de referência ou sujeito lógico. A ligação entre essas duas noções, e, com ela, a explicação do estatuto do particular como o sujeito lógico paradigmático, encontra-se em uma determinada ideia de "completude" que é exposta na primeira metade do segundo capítulo dessa parte. Essa é a passagem crucial da segunda parte do livro. As duas partes do livro não são, contudo, independentes uma da outra. Teses da primeira parte são, em muitos lugares, pressupostas e, em alguns outros lugares, estendidas e mais explicadas por argumentos da segunda. Duvido que seja possível para nós entender completamente os principais tópicos de uma parte sem a consideração dos principais tópicos da outra.

Parte I
Particulares

1
Corpos

I. A identificação de particulares

[1] Pensamos que o mundo contém coisas particulares, algumas das quais são independentes de nós; pensamos que a história do mundo se constitui de episódios particulares dos quais podemos ou não tomar parte; e pensamos que essas coisas e esses acontecimentos particulares se incluem nos tópicos de nosso discurso comum, como coisas sobre as quais podemos falar entre nós. Essas são observações sobre a maneira como pensamos o mundo, sobre o nosso esquema conceitual. Uma maneira de expressá-las de um modo filosófico mais reconhecível, embora não mais claro, seria dizer que nossa ontologia inclui particulares objetivos. Ela pode incluir, além desses, muitas outras coisas.

Parte do meu objetivo é exibir algumas características gerais e estruturais do esquema conceitual em cujos termos pensamos sobre coisas particulares. Falarei, para começar, da identificação de particulares. Não tentarei dar, no momento, uma explicação geral do meu uso da palavra "identificar" e de palavras associadas, nem do meu uso da palavra "particular". Esta última palavra com certeza tem um núcleo conhecido, ou uma área central, de uso filosófico, mesmo que os limites externos das suas aplicações sejam vagos. Assim, tudo que preciso dizer neste momento é que o uso que faço dela não é nem um pouco excêntrico. Por exemplo, no meu uso, como na maioria dos usos filosóficos conhecidos, as ocorrências históricas, os objetos materiais, as pessoas e as suas sombras são todos particulares, ao passo que as qualidades, as propriedades, os números e as espécies não o são. Quanto às palavras "identificar", "identificação" etc., eu as usarei de várias maneiras diferentes, mas estreitamente associadas, e tentarei explicar cada um desses usos ao introduzi-los.

A aplicação da expressão "identificação de particulares", de que me ocuparei primeiro, é esta. Com muita frequência, quando duas pessoas estão falando, uma delas, o falante, se refere a ou menciona um particular ou outro. Muitas vezes, o outro, o ouvinte, sabe de que, ou de qual, particular o falante está falando, mas às vezes não. Expressarei essa alternativa dizendo que o ouvinte ou é ou não é capaz de *identificar* o particular referido pelo falante. Entre os tipos de expressões que nós, enquanto falantes, usamos para fazer referência a particulares estão alguns dos quais uma função-padrão é, nas circunstâncias do seu uso, capacitar um ouvinte para identificar o particular ao qual se está referindo. Expressões desses tipos incluem alguns nomes próprios, alguns pronomes, algumas expressões descritivas que começam com o artigo definido e expressões compostas desses. Quando um falante usa uma expressão dessas para se referir a um particular, direi que faz uma *referência identificadora* a um particular.

Indivíduos

Não se segue, é claro, do fato de que, em uma dada ocasião, um falante faz uma referência identificadora, que seu ouvinte efetivamente identifica esse particular. Posso mencionar alguém pelo nome para você e você pode não saber de quem se trata. Mas, quando um falante faz uma referência identificadora a um particular e seu ouvinte, com base nessa referência, identifica o particular referido, direi, então, que o falante não somente faz uma referência identificadora como também *identifica* esse particular. Assim, temos um sentido do ouvinte e um sentido do falante de "identificar".

Não é apenas um feliz acaso que com frequência sejamos capazes, como falantes e ouvintes, de identificar particulares que entram em nosso discurso. Parece uma condição necessária para a inclusão de um dado tipo em nossa ontologia que seja possível identificar particulares desse tipo. Afinal, o que poderíamos querer dizer ao afirmar que reconhecemos a existência de uma classe de coisas particulares e que falamos uns aos outros sobre os membros dessa classe, se qualificássemos a afirmação acrescentando que, em princípio, é impossível para qualquer um de nós fazer que outra pessoa entendesse de qual membro, ou de quais membros, dessa classe se estava falando em qualquer momento? A qualificação parece tornar a afirmação absurda. Essa reflexão pode levar a outra. Acontece que, com razoável frequência, a identificação de um particular de um tipo depende da identificação de um particular de outro tipo. Assim, um falante pode, ao se referir a um determinado particular, falar dele como *a* coisa de um determinado tipo geral que está unicamente em uma determinada relação especificada a outro particular. Ele pode, por exemplo, se referir a uma casa como "a casa que Jack construiu" ou a

Peter F. Strawson

um homem como "o assassino de Abraham Lincoln". Nesses casos, a identificação pelo ouvinte do primeiro particular depende da sua identificação do segundo. Ele sabe a qual particular a expressão identificadora como um todo se refere porque sabe a qual particular uma parte dela se refere. Não é muito significativo em si mesmo que a identificação de um particular com frequência dependa dessa maneira da identificação de outro. Mas isso sugere a possibilidade de que a identificabilidade de particulares de algumas espécies pode ser de alguma maneira *geral* dependente da identificabilidade de particulares de outras espécies. Se fosse assim, o fato teria alguma importância para uma investigação acerca da estrutura geral do esquema conceitual em cujos termos pensamos sobre particulares. Suponha, por exemplo, que resultasse que há um tipo de particulares β tal que particulares do tipo β não possam ser identificados sem referência a particulares de outro tipo, α, ao passo que particulares do tipo α podem ser identificados sem referência a particulares do tipo β. Então, seria uma característica geral do nosso esquema conceitual que a habilidade de falar sobre particulares-β é dependente da habilidade de falar sobre particulares-α, mas não vice-versa. Esse fato poderia ser razoavelmente expresso ao se dizer que, em nosso esquema, particulares-α são ontologicamente anteriores aos particulares-β, ou são mais fundamentais ou mais básicos do que eles. Parece, talvez, improvável que a dependência, com respeito à identificabilidade de membros, que um tipo de particulares tem de outro devesse tomar a forma direta e simples que acabei de sugerir; improvável, isto é, que devesse ser em geral impossível fazer referências identificadoras a particulares do tipo relativamente dependente sem mencionar

Indivíduos

particulares do tipo relativamente independente. Mas pode haver outras maneiras menos diretas em que a identificabilidade de um tipo de particular é dependente da de outro.

[2] Quais são os testes para a identificação pelo ouvinte? Quando diremos que um ouvinte sabe a qual particular um falante se refere? Considere, primeiro, o seguinte caso. Um falante faz um relato que afirma ser fatual. O relato começa: "Um homem e um menino estavam diante de uma fonte", e continua: "O homem bebeu um gole". Diremos que o ouvinte sabe a qual ou a que particular se está referindo pela expressão sujeito na segunda frase? Poderíamos dizer isso, pois, dentro de um determinado âmbito de dois particulares, as palavras "o homem" servem para distinguir aquele a quem se está referindo, por meio de uma descrição que se aplica somente a ele. Embora seja, em um sentido fraco, um caso de identificação, chamarei esse caso de uma identificação somente *relativa-a-um-relato* ou, abreviando, uma identificação *relativa*, pois é uma identificação somente relativa a um âmbito de particulares (um âmbito de dois membros) que é ele próprio identificado somente como o âmbito de particulares do qual o falante fala. Isto é, o ouvinte, ao ouvir a segunda frase, sabe a *qual* criatura, *das duas criaturas particulares das quais o falante está falando*, se faz referência, mas ele não sabe, sem essa qualificação, a qual criatura particular se faz referência. A identificação ocorre dentro de um determinado relato feito por um determinado falante. Trata-se de identificação dentro do seu relato, mas não de identificação dentro da história.

Precisamos de uma exigência rigorosa o suficiente para eliminar a identificação relativa. O ouvinte, no exemplo, é capaz

Peter F. Strawson

de localizar o particular referido dentro de um quadro pintado pelo falante. Isso significa que, em um sentido, ele pode localizar o particular em seu próprio quadro geral do mundo, pois pode localizar o falante e, portanto, o quadro do falante nesse seu próprio quadro geral. Mas não pode localizar as figuras, sem a moldura, do quadro do falante em seu próprio quadro geral do mundo. Por essa razão, a exigência completa para a identificação pelo ouvinte não é satisfeita.

Uma condição suficiente, mas não necessária, para a satisfação da exigência completa é – para formulá-la inicialmente de maneira imprecisa – que o ouvinte possa distinguir por meio da visão, da audição ou do tato, ou possa discriminar de outra maneira sensível, o particular referido, sabendo que é esse particular. Liberalizarei levemente essa condição para cobrir determinados casos em que não se pode, no momento mesmo da referência, discriminar por meio dos sentidos o particular a que se está referindo – devido, por exemplo, a sua cessação ou desaparecimento –, mas poderia ter sido discriminado um momento antes. Esses casos estarão entre os casos em que "aquele" é um demonstrativo mais apropriado que "este"; como quando uma pessoa diz "Aquele carro ia muito rápido" ou "Aquele barulho era ensurdecedor". Em geral, então, essa condição suficiente é satisfeita somente no caso de particulares que se podem perceber agora ou, pelo menos, poderiam ter sido percebidos um momento antes. É óbvio que há muitos casos de identificação que estão nessa condição. Usa-se uma expressão que, dados o contexto e os acompanhamentos do seu uso, se pode considerar adequadamente, ou pelo menos naturalmente, como então usada, que se aplica somente a um determinado membro único do

Indivíduos

âmbito de particulares que o ouvinte é capaz, ou era capaz um momento antes, de discriminar por meio dos sentidos, e a nada fora desse âmbito. Casos desse tipo são os casos, *par excellence*, para o uso de demonstrativos, sejam ajudados por palavras descritivas ou não, embora, é claro, o uso de demonstrativos não esteja confinado a casos desse tipo e expressões de outros tipos possam também ser usadas nesses casos. Direi, quando essa primeira condição para a identificação for satisfeita, que o ouvinte é capaz de *localizar diretamente* o particular referido. Também podemos falar desses casos como casos de *identificação demonstrativa* de particulares.

É óbvio que nem todos os casos de identificação de particulares são casos de identificação demonstrativa no sentido que acabei de dar a essa expressão. Nesse fato reside o motivo de uma velha preocupação, que é tanto prática como teoricamente desprovida de base. As razões para a sua falta de base prática e teórica são, no fundo, as mesmas. A natureza dessa preocupação e as razões para a sua falta de base devem ser explicadas agora.

A identificação demonstrativa de um particular nem sempre é uma coisa fácil. A cena pode estar confusa e seus elementos, imprecisos. Seções diferentes da cena podem ser muito semelhantes entre si, assim como os itens a serem discriminados, e é fácil cometer erros ao aplicar descrições como "o décimo segundo homem da esquerda na décima quinta fila de cima para baixo". Entretanto, pelo menos uma coisa está clara na identificação demonstrativa, a saber, a identidade do âmbito de particulares, do setor do universo, dentro do qual se deve fazer a identificação. É precisamente a cena inteira, o âmbito inteiro de particulares agora presentes aos sentidos.

(Pode-se dizer que seus *limites* podem ser diferentes para o falante e para o ouvinte. Deixo o leitor resolver quaisquer problemas levantados por esse fato.) Não pode haver dúvida a respeito de *qual cena* estamos falando, embora possa haver dúvidas a respeito de qual parte dela, de qual elemento, em que parte dela e assim por diante. Para a solução dessas dúvidas temos meios linguísticos.

Mas considere agora os casos em que a identificação demonstrativa, no sentido que dei a essa expressão, não é possível porque o particular a ser identificado não está dentro do âmbito daqueles particulares presentes aos sentidos. Quais são os meios linguísticos de identificação que temos disponíveis? Podemos usar descrições ou nomes ou ambos. Mas não é bom usar um nome para um particular a menos que se saiba quem ou o que é referido pelo uso do nome. Um nome não tem valor sem o apoio de descrições que podem ser produzidas quando se pede para explicar a sua aplicação. Assim, na identificação não demonstrativa de particulares, pode parecer que, em última instância, dependemos de uma descrição apenas com termos gerais. Ora, podemos estar muito bem informados sobre um setor particular do universo. Podemos saber, além de qualquer dúvida, que há somente uma coisa particular ou pessoa nesse setor que corresponde a uma determinada descrição geral. Mas isso, poder-se-ia argumentar, não garante que a descrição se aplica unicamente, pois poderia haver outro particular, correspondendo à mesma descrição, em outro setor do universo. Mesmo que ampliemos a descrição de modo que esta incorpore uma descrição das características salientes do setor do universo em pauta, ainda falta uma garantia de que a descrição individua, pois o outro setor do

Indivíduos

universo também poderia reproduzir essas características. Por mais que acrescentemos à descrição do setor que conhecemos — seu detalhe interno e suas relações externas —, essa possibilidade da reduplicação maciça permanece aberta. Nenhuma extensão do nosso conhecimento do mundo pode eliminar essa possibilidade. Assim, por mais extenso que seja o conhecimento do falante e por mais extenso que seja o do ouvinte, nenhum dos dois pode saber que a descrição identificadora do primeiro de fato se aplica unicamente.

Pode-se responder a esse argumento dizendo que não é necessário saber que a descrição identificadora se aplica unicamente. Tudo o que é necessário para a identificação estar assegurada é que o ouvinte venha a saber, com base nas palavras do falante, a que ou a qual particular o falante de fato se refere. Ora, para um falante usar as palavras de uma descrição com uma determinada referência e para um ouvinte entender que elas fazem uma determinada referência — sejam ou não a referência pretendida e a referência entendida as mesmas —, exige-se, pelo menos, que cada um conheça *um* particular ao qual a descrição se ajusta. (Ou o ouvinte pode passar a conhecer, nesse instante, a partir das palavras do falante, esse particular.) Mas cada um pode conhecer somente um particular assim e cada um pode ter razão conclusiva para supor que o outro conhece somente um particular assim e que o particular que o outro conhece é o mesmo que o particular que ele mesmo conhece. Ou, mesmo se essa condição não for completamente satisfeita, cada um ainda pode ter razões conclusivas para pensar que o particular a que um *se refere* é o mesmo particular a que o outro *supõe* que ele está se referindo.

Essa resposta é adequada para mostrar a falta de base prática das dúvidas sobre a possibilidade de identificação não demonstrativa, quando essas dúvidas se baseiam no argumento precedente. Mas a resposta concede muito e explica pouco. Ela não explica a possibilidade de que tenhamos as razões conclusivas que podemos ter. Ela não fornece pistas para a estrutura geral do nosso pensamento sobre a identificação. É melhor responder ao argumento, se conseguirmos, em seus próprios termos teóricos, pois, procedendo assim, poderemos aprender alguma coisa dessa estrutura geral.

Para responder ao argumento em seus próprios termos, é suficiente mostrar como a situação da identificação não demonstrativa pode ligar-se à situação da identificação demonstrativa. O argumento supõe que, quando o particular a ser identificado não pode ser localizado diretamente, sua identificação deve repousar, em última instância, em uma descrição com termos puramente gerais. Mas essa suposição é falsa, pois, embora não possa ele mesmo ser demonstrativamente identificado, o particular em pauta pode ser identificado por uma descrição que o relaciona unicamente a outro particular que se pode identificar demonstrativamente. Pode-se responder à questão "qual setor do universo ele ocupa?" relacionando unicamente aquele setor ao setor que falante e ouvinte ocupam agora. Quaisquer que sejam as possibilidades de reduplicação maciça no universo, essas possibilidades não criam, do ponto de vista da identificação, nenhuma dificuldade teórica que não se possa superar dessa maneira.

Podemos ver agora por que a resposta prévia concedia muito. Ela concedia, diante do argumento da possibilidade de reduplicação, que, quando a identificação não demonstrativa estava em questão, jamais poderíamos estar seguros de que uma descrição identificadora de fato se aplica unicamente e, então, afirmava que isso não importava em vista de outras coisas de que poderíamos estar seguros. Essa resposta não diz exatamente o que essas outras coisas poderiam ser. Mas, agora, vendo o que elas poderiam ser, vemos também que o argumento da possibilidade de reduplicação não tem força nenhuma para mostrar que não podemos estar seguros de que uma descrição identificadora de fato se aplica unicamente, pois uma identificação não demonstrativa pode repousar de maneira segura sobre a identificação demonstrativa. Toda descrição identificadora de particulares pode incluir, em última instância, um elemento demonstrativo.

A solução levanta uma questão adicional. É plausível supor — a menos que caiamos de novo na identificação relativa — que, de cada particular a que podemos nos referir, existe uma descrição que o relaciona unicamente aos participantes, ou ao contexto imediato, da conversação na qual se faz a referência? Os particulares a que nos referimos são muito diversos. É plausível afirmar que há um único sistema de relações no qual cada um tem um lugar e que inclui quaisquer particulares que sejam diretamente localizáveis? Para essa questão, a resposta, de início muito genérica, pode ser como se segue. Para todos os particulares no espaço e no tempo, não somente é plausível afirmar como também é necessário admitir que há exatamente um sistema assim: o sistema das relações espaciais e temporais, em que cada particular se relaciona unicamente a cada um dos outros particulares. O universo poderia ser repetitivo de várias maneiras, mas esse fato não é obstáculo, em princípio, para fornecer as descrições do tipo exigido, pois, pela

Peter F. Strawson

identificação demonstrativa, podemos determinar um ponto de referência comum e eixos comuns de direção espacial e, com estes à nossa disposição, temos também a possibilidade teórica de uma descrição de cada um dos outros particulares no espaço e no tempo como unicamente relacionado ao nosso ponto de referência. Talvez nem todos os particulares estejam igualmente no tempo e no espaço, mas é pelo menos plausível supor que cada particular que não está relaciona-se unicamente de alguma outra maneira com um que está.

[3] Essa é uma solução teórica para um problema teórico. Nós, de fato, não nos consideramos confrontados com a possibilidade de reduplicações maciças de padrões de coisas e de acontecimentos. Entretanto, o fato de que dispomos da solução teórica é um fato muito importante acerca do nosso esquema conceitual. Ele mostra alguma coisa da estrutura desse esquema; e tem uma conexão com as nossas exigências práticas na identificação.

A conexão pode não ser óbvia. Parece que se poderiam considerar as exigências gerais da identificação pelo ouvinte como satisfeitas se o ouvinte souber que o particular a que se está referindo é idêntico a algum particular sobre o qual conhece algum fato ou fatos individuadores diferentes do fato de que é o particular a que se está referindo. Conhecer um fato individuador sobre um particular é saber que tal coisa é verdadeira a respeito daquele particular e para nenhum outro. Quem pudesse articular todo o seu conhecimento satisfaria essa condição para a identificação de particulares somente se pudesse dar uma descrição que se aplica unicamente ao particular em pauta e pudesse acrescentar de maneira não tautológica que o

32

particular ao qual essa descrição se aplica era o mesmo particular a que atualmente se está referindo; mas não precisamos insistir em que a habilidade para articular o próprio conhecimento exatamente assim é uma condição para saber a quem, ou a que, um falante de fato se refere. Essa, então, é a condição geral para a identificação pelo ouvinte no caso não demonstrativo e é óbvio que, se fizermos uma referência genuína, também o falante deve satisfazer uma condição similar. Para excluir a mera identificação "relativa a um relato", devemos acrescentar uma exigência adicional, a saber, a de que o fato individuador conhecido não deve ser tal que a sua enunciação envolva essencialmente identificar o particular em pauta por referência ao discurso de alguém sobre esse particular ou sobre qualquer outro particular por referência ao qual ele é identificado.

Ora, como essas condições são satisfeitas na prática? Podemos notar, para começar, que elas seriam amplamente satisfeitas por qualquer um que pudesse dar essas descrições de modo tal que aliviassem as ansiedades teóricas discutidas na Seção [2]. As condições recém-estabelecidas são formalmente menos rigorosas que aquelas ansiedades: qualquer coisa que aliviasse as últimas em um caso particular também satisfaria as primeiras. Mas não podemos concluir nada decisivo a partir disso. Admitiu-se que essas ansiedades eram, na prática, irreais. Assim, a conexão entre a nossa solução teórica e a satisfação de nossas exigências práticas ainda não é óbvia.

Ela poderia parecer, de fato, remota. Afinal, não sabemos, ou precisamos saber, de cada particular a que nos referimos ou de cada referência de outrem que entendemos, um fato individuador que o relacione unicamente à situação presente de referência, a objetos ou pessoas que figuram nessa situação?

Mas devemos considerar se essa sugestão é realmente tão absurda quanto parece. É claro que não costumamos, na prática, relacionar *explicitamente* os particulares dos quais falamos a nós mesmos nem a outros itens na situação presente de referência. Mas esse fato pode não mostrar mais do que uma confiança justificada de que essas indicações explícitas não são necessárias, uma vez que as circunstâncias de uma conversa e o conhecimento dos participantes do pano de fundo de cada um dos demais são em geral tais que se pode pressupor muita coisa. De novo, podemos às vezes estar contentes com identificações "relativas-a-relatos", sem nos preocuparmos com alguma coisa a mais, nem desejar, ao menos no momento, encaixar os particulares falados diretamente na armação do nosso conhecimento do mundo e de sua história.

Contudo, não se pode negar que cada um de nós está, o tempo todo, na posse dessa armação – uma armação unificada de conhecimento de particulares, na qual nós mesmos e nossos entornos imediatos temos comumente o nosso lugar e cada elemento dela está unicamente relacionado a cada um dos outros e, portanto, a nós mesmos e a nosso entorno. Não se pode negar que essa armação de conhecimentos proporciona um meio de eficiência única para acrescentar particulares identificados ao nosso estoque. Essa armação, nós a usamos para este propósito: não apenas de maneira ocasional e adventícia, mas sempre e essencialmente. É uma verdade necessária que todo novo particular que aprendemos está de alguma maneira associado à armação, mesmo se somente por meio da ocasião e do método como o aprendemos. Mesmo quando a identificação é "relativa-a--um-relato", a conexão com a armação permanece por meio

Indivíduos

da identidade do contador do relato. Quando nos tornamos sofisticados, sistematizamos a armação com calendários, mapas, sistemas de coordenadas, mas o uso desses sistemas depende, fundamentalmente, de conhecermos o nosso próprio lugar neles, embora um homem possa perder seu lugar e precise que isso lhe seja dito. Esses sistemas, desenvolvidos ou embrionários, nos ajudam a escapar da identificação relativa-a-um-relato para a identificação plena. É claro, nada do que digo tem a consequência de que um homem seja incapaz de identificar um particular a menos que possa dar localizações espaçotemporais precisas desse particular. Não se exige isso de maneira nenhuma. Qualquer fato que relacione unicamente o particular a outros elementos identificados na armação servirá como um fato individuador. Pode-se saber que uma descrição, ela própria de maneira nenhuma localizadora, individua *dentro* de um âmbito espaçotemporal muito extenso de particulares; tudo o que se exige então é que esse âmbito deve, ele próprio, estar localizado na armação como um todo.

Mas por que, pode-se perguntar, conceder qualquer preeminência às relações *espaçotemporais* a um ponto comum de referência? Não há muitos outros tipos de relação que servirão ao mesmo propósito? Tudo o que se exige formalmente é um tipo de relação tal que, dado um objeto O já identificado, seja possível para nós saber que há, de fato, somente uma coisa correspondendo a uma determinada descrição que está relacionada por essa relação a O. Não ocorre que quase toda relação que uma coisa possa ter com outra coisa satisfaz essa exigência um tanto inexata? Com efeito, algumas relações contêm a garantia de que há somente uma tal coisa. Assim, embora possamos realmente saber, talvez porque nos foi dito, que há de fato somente uma ponte sobre um determinado trecho do rio, sabemos sem que nos seja dito que não pode haver mais do que um homem que é o avô paterno de outro. Pode-se responder a isso dizendo que o sistema de relações espaçotemporais tem uma abrangência e uma penetração peculiares que o qualificam unicamente para servir como a armação dentro da qual podemos organizar nosso pensamento individuador sobre particulares. Cada particular, ou tem o seu lugar nesse sistema, ou é de um tipo cujos membros não podem em geral ser identificados exceto por referência a particulares de outros tipos que têm o seu lugar nele, e cada particular que tem o seu lugar no sistema tem um único lugar nele. Não há nenhum outro sistema de relações entre particulares para o qual tudo isso seja verdade. De fato, qualquer antítese entre esse e outros sistemas de relação entre particulares seria uma falsa antítese. Embora possamos depender livremente de relações heterogêneas ao formar descrições identificadoras, o sistema de relações espaçotemporais permanece a base dessas adições; a maioria das outras relações entre particulares incorpora elementos espaçotemporais e envolve ou é simbolizada por transações espaçotemporais, os movimentos relativos de corpos.

Uma dúvida geral pode restar. As condições formais de identificação são satisfeitas se se conhece um fato individuador sobre o particular em pauta. Mas por que deveria esse fato individuador ser tal que relaciona o particular em pauta de alguma maneira a outros itens naquela armação unificada de conhecimento de particulares da qual cada um de nós tem uma parte? Podemos formar descrições que comecem com

Indivíduos

expressões como "o único..." ou "o primeiro..." e, assim, como
que proclamar a unicidade de sua aplicação. Chamemo-las de
"descrições logicamente individuadoras". Sem dúvida, em
geral, descrições logicamente individuadoras também incor-
porarão nomes próprios de pessoas, nomes de lugares ou
datas e, dessa maneira, relacionam os particulares a que se
aplicam a outros itens na armação unificada de conhecimento
de particulares; ou, se não contêm nada disso, em geral incor-
porarão indicações demonstrativas ou contarão de alguma
maneira com o contexto de seu uso para assisti-las na determinação da sua referência. Mas podemos também formar descrições logicamente individuadoras que estão de todo livres
dessas características. Chamemo-las de "descrições individuadoras puras". "O primeiro menino da classe" não é uma descrição individuadora pura, pois depende do contexto do seu
uso para determinar a sua aplicação. "O primeiro cão nascido
na Inglaterra no século XIX" não é uma descrição individuadora pura, pois contém uma data e o nome de um lugar. Mas
"o primeiro cão nascido no mar" é uma descrição individuadora pura, como também o é "o único cão nascido no mar que
em seguida salvou a vida do monarca". Além de descrições
individuadoras puras, podemos reconhecer uma classe de descrições individuadoras semipuras, que dependem do contexto
do seu proferimento para determinar sua aplicação somente
no sentido de que sua aplicação está restrita ao que existiu
antes ou existe no momento mesmo do proferimento. Elas
são como as descrições individuadoras puras com o acréscimo
das palavras "até agora". Um exemplo de uma descrição individuadora semipura é "o homem mais alto que já existiu".
Ora, poder-se-ia dizer, com certeza às vezes podemos saber

37

Peter F. Strawson

que uma descrição individuadora pura ou semipura tem aplicação e, concedido que essa expressão tem aplicação, sua aceitação por parte do falante e do ouvinte é suficiente para garantir que cada um entende por ela um e o mesmo particular. Nosso pensamento individuador sobre particulares não precisa, portanto, envolver a sua incorporação na armação unificada única de conhecimento de particulares. Mas quem faz essa objeção está ele mesmo na posição de um teórico remoto e não prático. Há muitas respostas para ele. Suponha que um falante e um ouvinte afirmem que identificaram um determinado particular por meio de um acordo sobre uma descrição individuadora pura ou semipura e suponha que eles acompanhassem a afirmação com a observação de que não sabiam mais nada sobre o particular em pauta. Isto é, eles eram totalmente incapazes de localizar o particular em pauta dentro de qualquer região espaçotemporal da armação comum, ainda que extensa, ou associá-lo de alguma maneira definida a algum item que possam localizar dessa maneira; eles eram totalmente incapazes mesmo de relacioná-lo a qualquer ocasião de discurso que poderiam associar a algum item na armação espaçotemporal comum. Eles não poderiam, por exemplo, dizer que se tinha dito isso com autoridade a algum deles. Em geral, negariam qualquer habilidade de associar o particular sobre o qual afirmavam falar à sua armação geral unificada de conhecimento de particulares e negariam qualquer habilidade de reconhecer qualquer conexão assim, se lhes fosse sugerido, como uma conexão da qual teriam tido consciência, mas depois esquecido. Pareceria haver um elemento de frivolidade em uma afirmação desse tipo, assim acompanhada. Primeiro, estaríamos inclinados a inferir da

Indivíduos

*des*aprovação acompanhante que o falante e o ouvinte não tinham, de fato, fundamentos, exceto aqueles da probabilidade geral, para pensar que a descrição individuadora pura tinha aplicação. Uma descrição individuadora pura, como qualquer outra descrição logicamente individuadora, pode não se aplicar, não somente quando não há candidatos ao título, mas também quando há dois ou mais candidatos com pretensões igualmente boas e, portanto, mutuamente destrutivas e nenhum candidato com pretensão melhor. Assim, a descrição "o primeiro cachorro nascido no mar" não se aplicaria, não somente se nenhum cachorro nasceu no mar, como também se os dois primeiros cachorros nascidos no mar tiverem nascido ao mesmo tempo. Podemos realmente aumentar a improbabilidade do segundo tipo de falta de aplicação enriquecendo os detalhes da descrição, mas, por meio disso, aumentamos ao mesmo tempo a probabilidade do primeiro tipo de falta de aplicação. A única maneira segura, em geral, de elaborar suficientemente a descrição para eliminar um risco, sem aumentar o outro, seria apoiar-se no nosso conhecimento real de trechos do mundo e de sua história, mas, à medida que fizermos isso, não podemos mais afirmar com sinceridade sermos incapazes de associar a nossa descrição a itens que pertencem à armação unificada de nosso conhecimento de particulares. Essa primeira resposta, então, equivale a contestar que seja possível conhecer um fato individuador sobre um particular a menos que se conheça alguma coisa sobre as relações desse particular com itens identificados na armação espaçotemporal. Seria possível, com suficiente engenhosidade, construir casos que evitariam essa objeção. Mas, então, outras objeções surgiriam. Mesmo se fosse possível satisfazer as condições formais da identificação de particulares de uma maneira que deixasse o particular como que completamente destacado e separado da armação geral unificada de conhecimento de particulares, a realização seria peculiarmente inútil. *Enquanto o nosso conhecimento a seu respeito retivesse esse caráter completamente destacado*, o particular não teria um papel a desempenhar em nosso esquema geral de conhecimento; e não poderíamos, por exemplo, aprender nada novo sobre ele, exceto aprendendo novas verdades gerais. Não creio que seja necessário insistir nessa questão, pois é bastante óbvio que a possibilidade considerada, se existe, não desempenha um papel em nosso esquema geral de conhecimento de coisas particulares.

Podemos concordar, então, que construímos nossa imagem única do mundo, de coisas particulares e de acontecimentos, sem nos preocuparmos com as possibilidades de reduplicações maciças, contentes, às vezes, com as localizações mais toscas das situações e dos objetos dos quais falamos, permitindo que os nomes próprios tenham, sem maiores explicações, uma imensa carga individuadora. Fazemos isso de maneira muito racional, confiantes em uma determinada comunidade de experiência e de fontes de instrução. Contudo, construímos uma imagem única, uma estrutura unificada, na qual nós mesmos temos um lugar e na qual cada elemento é pensado como direta ou indiretamente relacionado a cada um dos outros; e a armação da estrutura, o sistema de relações comum e unificador, é espaçotemporal. Por meio de referências identificadoras, ajustamos as histórias e os relatos das outras pessoas, junto com os nossos próprios, na história única sobre a realidade empírica; e esse ajuste mútuo, essa conexão, repousa em última instância no relacionar os particulares que figuram nos relatos ao sistema espaçotemporal único que nós mesmos ocupamos.

Podemos agora perguntar se é inevitável, ou necessário, que todo esquema que se ocupa de particulares capazes de ser o tema de discurso em uma linguagem comum – ou, pelo menos, todo esquema assim que possamos imaginar – deve ser um esquema do tipo que acabei de descrever. Decerto não parece ser uma questão contingente sobre a realidade empírica que esta forme um sistema espaçotemporal único. Suponha que alguém fale sobre alguma coisa de um determinado tipo e sobre determinadas coisas que lhe aconteceram e, quando perguntado onde essa coisa estava e quando os acontecimentos que narrou ocorreram, dissesse, não que não sabia, mas que elas não pertencem de maneira nenhuma ao nosso sistema espaçotemporal, que elas não tiveram lugar a nenhuma distância daqui nem a nenhuma distância temporal de agora. Então, diríamos, e consideraríamos que ele estaria dizendo, que os acontecimentos em pauta *realmente* não ocorreram, que a coisa em pauta *realmente* não existe. Ao dizer isso, mostramos como operamos com o conceito de realidade. Mas isso não é dizer que o nosso conceito não poderia ter sido diferente, caso a natureza de nossa experiência tivesse sido fundamentalmente diferente. Depois, explorarei algumas maneiras, e não explorarei outras, em que esse conceito poderia ter sido diferente. Estamos lidando aqui com alguma coisa que condiciona toda a nossa maneira de falar e pensar, e é por essa razão que sentimos que isso não é contingente. Mas esse fato não nos impede de empreender uma análise mais profunda do conceito de um particular e

Peter F. Strawson

considerar, embora correndo um não pequeno risco de absurdo, possibilidades totalmente diferentes.

Por enquanto, deixarei de lado essas possibilidades e levantarei, em vez disso, questões sobre o nosso próprio esquema conceitual. Há muitas questões a serem levantadas. Mas vale a pena, primeiro, enfatizar novamente o caráter ilusório de certas dificuldades. Há, por exemplo, a crença que serviu como o nosso ponto de partida, a crença de que, não importa quão elaborada seja a descrição que formamos de uma rede de coisas e de incidentes relacionados espacial e temporalmente, não podemos jamais estar seguros de formar uma descrição individuadora de um item particular único, pois jamais podemos excluir a possibilidade de outra rede exatamente similar. Experimentar essa ansiedade teórica é, como vimos, ignorar o fato de que nós, os falantes e os usuários dos sistemas de datação e de localização, temos nosso próprio lugar nesse sistema e conhecemos esse lugar, que nós mesmos, portanto, e nosso próprio entorno, proporcionamos um ponto de referência que individua a rede e, assim, ajuda a individuar os particulares localizados na rede. Cometem um erro diferente, mas não sem relação com esse, aqueles que, embora bastante conscientes de que o *aqui-e-agora* proporciona um ponto de referência, supõem que "aqui", "agora", "esse" e todas as palavras centradas no enunciado se referem a alguma coisa privada e pessoal a cada usuário individual delas. Eles veem que, para cada pessoa, em qualquer momento, há sobre essa base uma rede espaçotemporal única, mas também veem que, sobre essa base, há tantas redes e tantos mundos quanto há pessoas. Esses filósofos se privam de um ponto público de referência ao tornar privado o ponto de referência. São incapazes de admitir que estamos no sistema porque pensam que o sistema está dentro de nós ou, antes, que cada um tem dentro de si seu próprio sistema. Isso não quer dizer que os esquemas que construem não possam nos ajudar a entender o nosso próprio. Mas é com o nosso próprio que estamos preocupados. Assim, não desistiremos da trivialidade de que "aqui", "agora", "esse", "eu" e "você" são palavras da nossa linguagem comum, que cada um pode usar para indicar, ou ajudar a indicar, para outrem, que está com ele, sobre o que ele está falando.

2. Reidentificação

[4] Operamos com o esquema de um único sistema espaçotemporal unificado. O sistema é unificado neste sentido. Das coisas das quais tem sentido investigar a posição espacial, pensamos que é sempre significativo não somente perguntar como quaisquer duas coisas estão espacialmente relacionadas em qualquer momento, mas também investigar as relações espaciais de qualquer coisa em qualquer momento de sua história com qualquer outra coisa em qualquer momento de sua história, quando os momentos podem ser diferentes. Assim, dizemos: A está agora precisamente no lugar onde B estava mil anos atrás. Temos, então, a ideia de um sistema de elementos, cada um dos quais pode ser tanto espacial como temporalmente relacionado com todos os outros.

Consideremos, primeiramente, algumas condições e, então, algumas consequências de termos e de usarmos esse esquema. Uma dessas condições do nosso uso desse esquema é que devemos ser capazes de identificar particulares em um sentido, ou aplicação, da palavra "identificar" diferente daquele que considerei até aqui. Se um homem na minha presença se refere a um exemplar de um livro que tem na mão, posso, na aplicação da palavra que consideramos até aqui, identificar o particular a que ele está se referindo: é o livro em sua mão. Mas, em outra aplicação da palavra, posso não identificar esse particular. Posso pensar que nunca o vi antes, quando é, de fato, meu próprio exemplar. Não o identifico como, digamos, o exemplar que eu comprei ontem.

Ora, se temos de operar com o esquema de um único sistema espaçotemporal unificado ou armação de particulares, é essencial que devamos ser capazes de algumas vezes identificar particulares da maneira que acabei de ilustrar. Em linhas mais gerais, devemos ter critérios ou métodos para identificar um particular encontrado em uma ocasião, ou descrito em relação a uma ocasião, como o *mesmo indivíduo* que o particular encontrado em outra ocasião, ou descrito em relação a outra ocasião. Por razões de clareza terminológica, podemos, quando necessário, distinguir entre, de um lado, a identificação referencial, ou falante-ouvinte, e, de outro, a reidentificação. Não é surpreendente que deva ser natural usar a palavra "identificar" em ambas as conexões. Em ambos os tipos de caso, a identificação envolve pensar que alguma coisa é *a mesma*: o exemplar particular que vejo na mão do falante é o mesmo particular a que ele está se referindo, o exemplar em sua mão é o mesmo particular que o exemplar que eu comprei ontem.

Por que os critérios de reidentificação são necessários para o nosso operar com o esquema de uma única armação espaçotemporal unificada para a identificação referencial? Embora não seja a única, pode-se revelar a necessidade da

Indivíduos

seguinte maneira. É evidente que podemos, algumas vezes, identificar referencialmente um membro da armação espaço-temporal, ao dar, ou receber, sua posição relativa a outros membros. Não é menos evidente que não podemos fazer identificações de todo elemento no sistema dessa maneira relativa àquela de outros elementos. Uma resposta imediata é que não necessitamos disso, porque podemos identificar alguns elementos por localização direta. Mas essa resposta, em si mesma, é insuficiente, pois não usamos um esquema diferente, uma armação diferente, em cada ocasião. É a essência da questão que utilizemos a mesma armação em diferentes ocasiões. Devemos não somente identificar alguns elementos de uma maneira não relativa, mas também identificá-los precisamente como os elementos que são de um único sistema de elementos continuamente utilizável, pois as ocasiões mesmas de referência têm diferentes lugares no sistema único de referência. Não podemos ligar uma ocasião a outra, a menos que, de ocasião para ocasião, possamos reidentificar elementos comuns às diferentes ocasiões.

Nossos métodos, ou critérios, de reidentificação devem levar em consideração fatos como estes: o campo de nossa observação é limitado, dormimos, nos movemos. Ou seja, esses métodos devem levar em consideração os fatos de que não podemos, a qualquer momento, observar o todo da armação espacial que usamos, que não há parte dela que possamos observar continuamente e que nós mesmos não ocupamos uma posição fixa dentro dele. Esses fatos têm, entre outras consequências, esta: não cabe falar de atenção contínua e abrangente da preservação ou da mudança de limites espaciais, nem da preservação ou da mudança contínua de relações espaciais por parte das coisas que em sua maioria não sofrem mudança qualitativa ou somente sofrem uma mudança gradual. Talvez alguns filósofos de mentalidade humeana tenham sentido que somente por esse método impossível poderíamos estar seguros da identidade continuada das coisas físicas e que, em sua ausência, a identidade seria alguma coisa fictícia, ilusória ou, no melhor dos casos, duvidosa. A conclusão, como todas as conclusões céticas em filosofia, é necessariamente evitável. Mas o fato do qual essa parecia se seguir é importante. Qualquer que seja a nossa explicação, ela deve levar em consideração descontinuidades e limites de observação. Assim, essa explicação deve depender em grande medida do que podemos chamar por ora de "recorrências qualitativas" – ou seja, do fato de encontros observacionais repetidos com os mesmos padrões ou arranjos de objetos – quando, por ora, permitimos à frase "mesmos padrões ou arranjos de objetos" toda a ambiguidade entre a identidade qualitativa e numérica (ou particular) que ela tem de maneira confusa, mas também proveitosa. Mas agora pode parecer que, se dependemos demais dessas recorrências, então *ou* somos levados ao ceticismo quanto à identidade de particulares, *ou* se põe em questão toda a distinção entre identidade qualitativa e numérica, exceto quando esta se aplica ao que cai em um campo ininterrupto de observação. O que quero dizer com colocar toda a distinção em questão é alguma coisa assim. Quando dizemos "o mesmo" do que cai dentro do campo de um trecho ininterrupto de observação, podemos distinguir com clareza entre os casos em que queremos falar de identidade qualitativa e os casos em que queremos falar de identidade numérica.

Indivíduos

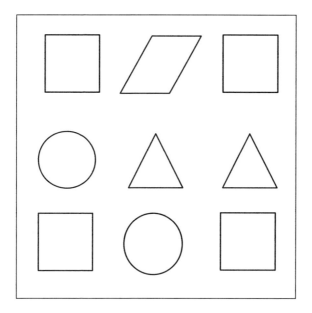

Se, por exemplo, dissermos:

> A figura no canto superior esquerdo desse diagrama é a mesma que a figura que tem um paralelogramo à sua direita e um círculo debaixo dela,

usamos "a mesma" para falar de identidade numérica; ao passo que, se dissermos:

> A figura no canto superior esquerdo do diagrama é a mesma que a figura no canto inferior direito do diagrama,

temos um caso simples de usar "a mesma" para falar de identidade qualitativa. Quando dizemos "o mesmo" do que não é continuamente observado, *pensamos* que podemos de maneira tão clara fazer precisamente essa mesma distinção. Mas podemos? Uma vez que a existência contínua espaço-temporal não é, por hipótese, observada *nem* no caso em que estamos inclinados a falar de identidade qualitativa, *nem* no caso em que estamos inclinados a falar de identidade numérica, com que direito supomos que há uma diferença fundamental entre esses casos ou que há precisamente a diferença em pauta? Decerto *existem* diferenças, mas estas são somente diferenças nas maneiras em que as situações ou cenas de observação se assemelham e diferem entre si. Se aceitarmos uma posição como a de Hume, poderíamos dizer: essas diferenças nos sugerem uma continuidade não observada em um conjunto de casos e sua ausência em outro conjunto, nos fazem talvez *imaginar* isso, e, assim, somos levados a confundir essas diferenças com a diferença entre identidade numérica e qualitativa. Mas realmente tudo o que temos, no caso da observação não contínua, são diferentes *tipos* de identidade qualitativa. Se alguma vez pretendermos mais do que isso ao falar de identidade, nos casos de observação não contínua, então não poderemos estar seguros da identidade e, se pudermos estar seguros da identidade, então não poderemos pretender mais do que isso.

Mas agora vemos que estamos em uma das situações características do ceticismo filosófico, que nos permite as alternativas de querer dizer alguma coisa diferente do que queremos dizer ou de estarmos para sempre inseguros, porque o padrão para estar seguros enquanto queremos dizer o que queremos dizer é, de maneira autocontraditória, alto, a saber, ter observação *contínua* quando temos observação não contínua. Assim, a queixa de que não se pode estar seguro se reduz à tautologia

Indivíduos

de que não se observa continuamente o que não se observa continuamente.

Mas o assunto pode ser mais bem expresso de outra maneira. Não há dúvida de que temos a ideia de um único sistema espaçotemporal de coisas materiais; a ideia de que toda coisa material está espacialmente relacionada em todo momento, de várias maneiras em vários momentos, a todas as outras em todos os momentos. Não há dúvida nenhuma de que esse é o nosso esquema conceitual. Ora, digo que uma *condição* de termos esse esquema conceitual é a aceitação inquestionada da identidade de particulares em, pelo menos, alguns casos de observação não contínua. Suponhamos por um momento que *nunca* queiramos atribuir a identidade de particulares nesses casos. Então, deveríamos como que ter a ideia de um sistema espacial novo e diferente para cada novo trecho contínuo de observação. (A maioria dos conceitos comuns de coisas materiais que temos não existiria, pois os trechos contínuos de observação que ocorrem não são compridos o bastante ou abrangentes o bastante para permitir algum uso para eles.) Cada novo sistema seria inteiramente independente de todos os outros. Não se colocaria nenhuma *dúvida* sobre a identidade de um item em um sistema com um item em outro, pois essa dúvida tem sentido somente se os dois sistemas não são independentes, se eles são partes, relacionadas de alguma maneira, de um único sistema que inclui ambos. Mas a condição de ter esse sistema é precisamente a condição de que deve haver critérios passíveis de satisfação e de ordinário satisfeitos para a identidade de pelo menos alguns itens de um subsistema com alguns itens do outro. Isso nos dá uma caracterização mais profunda da posição do

Peter F. Strawson

cético. Ele finge aceitar um esquema conceitual, mas ao mesmo tempo rejeita em silêncio uma das condições de seu emprego. Assim, suas dúvidas são irreais, não apenas porque são dúvidas logicamente insolúveis, mas porque resultam na rejeição de todo o esquema conceitual dentro do qual unicamente essas dúvidas têm sentido. Assim, é bastante natural que a alternativa para a dúvida que ele nos oferece seja a sugestão de que realmente não temos, ou não deveríamos ter, o esquema conceitual que temos, que realmente não queremos dizer, ou não quereríamos dizer, o que pensamos querer dizer. Mas essa alternativa é absurda, pois todo o processo de raciocínio somente começa porque o esquema é como é e não podemos mudá-lo mesmo se quiséssemos. Por fim, podemos, se quisermos, ver o cético como oferecendo para contemplação o esboço de um esquema alternativo; e isso é vê-lo como um metafísico revisionista, com quem não desejamos disputar, mas a quem não precisamos seguir.

Há uma centena de complicações acerca da ideia de um trecho de observação contínua, sobre o que contaria como um tal trecho. Para entrar em cheio nelas, teríamos de considerar muitos fatos e questões: desde questões sobre a posição especial de nossos próprios corpos e sobre as relações entre a visão e o tato, até simples fatos como o de que não podemos olhar em todas as direções ao mesmo tempo. Mas não estou agora preocupado com essas complicações, ainda que eu tenha de voltar depois a algumas dessas questões – por exemplo, a da posição especial do próprio corpo.

[5] Há, contudo, uma complicação de um tipo muito diferente que devo mencionar agora. A descrição que dei da

50

Indivíduos

condição de termos o esquema que temos – o esquema de um único sistema espaçotemporal de coisas físicas – é, de determinada maneira, incompleta. Não basta que sejamos capazes de dizer "a mesma coisa", mas também devemos ser capazes de dizer "o mesmo lugar", pois suponha que eu encontre uma coisa x no tempo t e reidentifique x no tempo posterior t'. Então, parece, o fato de que conheço as relações espaciais que um objeto y mantinha com x em t e as relações espaciais que um objeto z mantém com x em t' não significa que eu saiba alguma coisa sobre as relações espaciais entre y e z. Contudo, se devemos operar com o esquema de uma única armação espaçotemporal, deve existir uma questão passível de resposta da forma: quais são as relações espaciais entre y em t e z em t'?, ou, de maneira mais perspícua: qual, em relação à posição espacial de z em t', era a posição espacial de y em t? E, se eu não puder responder a essa questão com base no conhecimento das relações espaciais de y em t e de z em t' a uma e a mesma coisa, a saber x, como posso respondê-la? Para ser capaz de responder a essas questões, devo ser capaz de reidentificar não somente coisas, mas lugares.

Contudo, essa é uma maneira enganadora de revelar a imperfeição da explicação que dei, pois a reidentificação de lugares não é alguma coisa muito diferente e independente da reidentificação de coisas. Existe, antes, uma interação complexa e intrincada entre as duas, pois, de um lado, lugares são definidos somente pelas relações de coisas e, de outro, uma das exigências para a identidade de uma coisa material é que sua existência, além de ser contínua no tempo, deve ser contínua no espaço. Ou seja, para muitos tipos de coisas, conta contra dizer que uma coisa x em um lugar em um momento

Peter F. Strawson

é a mesma que uma coisa *y* em outro lugar em outro momento, se pensarmos que não há algum conjunto contínuo de lugares entre esses dois lugares tal que *x* estivesse em cada membro sucessivo desse conjunto de lugares em momentos sucessivos entre esses dois momentos e *y* estivesse no mesmo membro do conjunto de lugares no mesmo momento. Assim, a identificação e a distinção de lugares dependem da identificação e da distinção de coisas; e a identificação e a distinção de coisas dependem, em parte, da identificação e da distinção de lugares. Não há mistério sobre essa mútua dependência. Exibir seus detalhes é simplesmente descrever os critérios pelos quais criticamos, corrigimos e estendemos nossa atribuição de identidade a coisas e a lugares. Não tentarei exibir seus detalhes por completo. Somente descreverei um lado dessa dependência. Se encontrarmos um conjunto de coisas que estamos dispostos a chamar o mesmo que um conjunto previamente encontrado e se as posições espaciais relativas dessas coisas não mudam, então, *enquanto confinarmos nossas observações dentro dos limites desse conjunto de coisas*, dizemos que cada membro do conjunto está no mesmo lugar em que estava antes. Se alguns membros, mas não todos, desse conjunto tiverem mudado suas posições relativas, então poderemos dizer de alguns que estão em lugares diferentes e de outros, que estão nos mesmos lugares. *De quais* devemos dizer *o que* depende de nossa seleção de determinados membros do conjunto como constituindo uma armação dominante para o conjunto como um todo. Essa seleção não necessita de modo algum depender, embora possa depender, de pensarmos de maneira sub-reptícia fora dos limites do conjunto. De maneira geral, selecionaremos aqueles elementos do conjunto

Indivíduos

que pudermos pensar que contêm ou sustentam o resto ou sobre os quais pudermos pensar o conjunto, se houver algum. Não mudamos esses critérios, mas somente ampliamos sua aplicação, quando consideramos o lugar do próprio conjunto ou o das coisas nele em relação a outras coisas ou a conjuntos de coisas. É fácil ver como, por conseguinte, podemos construir antinomias, se quisermos, ao variar a moldura de referência na qual levantamos uma questão acerca de uma coisa: ela está no mesmo lugar? Meu chapéu está no mesmo lugar em que estava, pois ainda está no banco de trás do meu carro. Mas está em um lugar diferente, pois o carro viajou de Londres para Manchester. Mas essas antinomias não deveriam deixar ninguém perplexo e, decerto, não valem contra o princípio de que empregamos o esquema de um único sistema espaçotemporal unificado para as coisas sobre as quais falamos. Essas antinomias meramente mostram como, em diferentes contextos de discussão, podemos estreitar ou ampliar o âmbito de nossa fala. O domínio do princípio sobre nosso discurso nunca é abandonado, mas não é tão firme a ponto de inibir mudanças nas molduras de referência de nossa fala espacial.

3. Particulares básicos

[6] Podemos esclarecer-nos uns aos outros sobre o que ou quais coisas particulares versa o nosso discurso porque podemos ajustar nossas histórias e relatos em um único quadro do mundo; e a armação desse quadro é uma armação unitária espaçotemporal, de uma dimensão temporal e três dimensões espaciais. Portanto, como as coisas são, a identificação de

Peter F. Strawson

particulares em geral repousa em última instância sobre a possibilidade de localizar as coisas particulares das quais falamos em um único sistema espaçotemporal unificado. Muitas qualificações são encobertas pelas palavras "em última instância". Podemos, por exemplo, estar conversando sobre o mesmo homem, embora discordemos de quando viveu. Podemos falar da mesma coisa, embora discordemos de sua posição no espaço em momentos diferentes. Mas esses desacordos são possíveis somente em um contexto de acordo mais amplo, mesmo se mais vago, sobre as relações dessas entidades com outras a respeito das quais não discordamos.

Já aludi à questão que quero agora levantar. Dado o caráter geral do esquema conceitual que descrevi, existe alguma classe ou categoria distinguível de particulares que deve ser básica do ponto de vista da identificação de particulares? Essa questão se divide em duas. Em primeiro lugar, existe uma classe ou categoria de particulares tal que, como as coisas são, seria impossível fazer as referências identificadoras que fazemos a particulares de outras classes, a menos que façamos referências identificadoras a particulares dessa classe, enquanto seria possível fazer todas as referências identificadoras que fazemos a particulares dessa classe sem fazer referência identificadora a particulares de outras classes? Em segundo lugar, podemos argumentar em favor de uma resposta a essa questão a partir do caráter geral do esquema conceitual que descrevi?

Parece que podemos construir um argumento, partindo da premissa de que a identificação repousa em última instância na localização em uma armação unitária espaçotemporal de quatro dimensões, para a conclusão de que uma determinada classe de particulares é básica no sentido que expliquei, pois

Indivíduos

essa armação não é uma coisa extrínseca aos objetos da realidade dos quais falamos. Se perguntarmos o que constitui a armação, deveremos olhar para aqueles objetos mesmos, ou para alguns dentre eles. Mas nem toda categoria de objetos particulares que reconhecemos é competente para constituir essa armação. Os únicos objetos que podem constituí-la são aqueles que lhe podem conferir suas próprias características fundamentais. Vale dizer, devem ser objetos tridimensionais com alguma duração no tempo. Devem ser também acessíveis aos meios de observação que temos e, uma vez que esses meios são bastante limitados em poder, devem em conjunto ter suficiente diversidade, riqueza, estabilidade e duração para tornar possível e natural precisamente aquela concepção de uma única armação unitária que temos. Das categorias de objetos que reconhecemos, somente satisfazem essas exigências aquelas que são, ou têm, corpos materiais — em um sentido amplo da expressão. Corpos materiais constituem a armação. Portanto, dada uma certa característica geral do esquema conceitual que temos e dado o caráter das principais categorias disponíveis, as coisas que são, ou têm, corpos materiais devem ser os particulares básicos.

Terei mais a dizer depois sobre essa expressão qualificadora "dado o caráter das principais categorias disponíveis". Mas devo mencionar uma ideia agora. Podemos considerar uma condição necessária de alguma coisa ser um corpo material que ela deva tender a exibir alguma resistência ao tato ou, talvez, de maneira mais geral, que deva ter algumas qualidades do âmbito tátil. Se o fizermos, então essa será uma exigência mais rigorosa do que qualquer uma que Descartes pretendia com "extensão" ou Locke com "solidez", ou seja, é uma

Peter F. Strawson

exigência mais rigorosa do que aquela da ocupação tridimensional do espaço, pois esta última exigência, que é aquela à qual o argumento parece levar, pode ser satisfeita empiricamente, parece, por ocupantes do espaço puramente visuais. (É, de fato, satisfeita para o cego por ocupantes do espaço puramente táteis.) Na prática, não encontramos muitos ocupantes do espaço puramente visuais: alguns casos que poderiam ser sugeridos, tais como fantasmas, são de todo questionáveis; outros, tais como feixes de luz ou volumes de gás colorido, com certeza não satisfazem as exigências de riqueza, duração e estabilidade. Mas, na medida em que podem ser encontrados, hesitamos em chamá-los de corpos materiais. Assim, parece que existe a possibilidade teórica de que as exigências do argumento poderiam ser satisfeitas por uma categoria de entidades que não deveríamos chamar de corpos materiais, ainda que, como as coisas são, essas exigências sejam satisfeitas somente por aquilo que estamos dispostos a chamar de corpos materiais. A possibilidade teórica, se existe, parece de um interesse somente moderado e me absterei de explorá-la. Em qualquer caso, podemos nos satisfazer formalmente introduzindo um sentido fraco de "corpo material" que nos permite qualificar como tais os objetos tridimensionais puramente visuais e, então, reafirmar a conclusão do argumento de modo mais simples, como se segue. Dada uma determinada característica geral do esquema conceitual de identificação de particulares que temos, segue-se que os corpos materiais devem ser os particulares básicos.

A forma desse argumento poderia possivelmente nos desencaminhar. Não se trata, por um lado, de termos um esquema conceitual que nos apresente um determinado problema de

Indivíduos

identificação de particulares, enquanto, por outro lado, existiriam objetos materiais com suficiente riqueza e força para tornar possível a solução desses problemas. É somente porque a solução é possível que o problema existe. Assim se dá com todos os argumentos transcendentais.

[7] Basear qualquer posição filosófica em um argumento tão geral e tão vago seria indesejável. Mas não há necessidade de fazer isso. Podemos investigar mais diretamente e com mais detalhes se há razão para supor que a identificação de particulares que pertencem a algumas categorias de fato depende da identificação de particulares que pertencem a outras e se há alguma categoria de particulares que é básica a esse respeito.

Observei anteriormente que falante e ouvinte amiúde identificam um particular por referência a outro. Ou seja, com frequência uma referência identificadora a um particular, quando suplementada, se necessário, pelo contexto linguístico, contém uma menção de outro particular e a identificação bem-sucedida do primeiro por parte do ouvinte pode, então, depender de sua identificação bem-sucedida do segundo. O caso possível mais claro de dependência geral de identificabilidade de um tipo de particular com relação a outro tipo seria o caso em que é impossível identificar um particular de um tipo sem esse tipo de dependência da identificação de um particular do outro tipo. Talvez não existam casos puros dessa dependência direta de identificabilidade. Mas existe, pelo menos, um caso muito importante que se aproxima dessa espécie. Ou seja, há dois tipos ou categorias gerais importantes de particular cuja identificação dos membros de uma

Peter F. Strawson

depende, quase dessa maneira, da identificação de membros da outra. O tipo dependente é a classe do que poderíamos chamar de "particulares privados" – abrangendo os grupos talvez sobrepostos de sensações, acontecimentos mentais e, em uma acepção comum desse termo, dados dos sentidos. O tipo do qual eles são dependentes é a classe de pessoas. (Talvez devêssemos acrescentar "ou animais", pois, talvez, às vezes nos referimos de maneira identificadora a experiências particulares de animais. Mas ignorarei essa complicação.) Em critérios diferentes do critério presente, as experiências privadas foram com frequência os candidatos mais favorecidos para o estatuto de particulares "básicos", mas, no critério presente, são os mais obviamente inadmissíveis. Os princípios de individuação dessas experiências dependem essencialmente das identidades das pessoas a cujas histórias elas pertencem. Uma pontada de dor de dente ou uma impressão privada de vermelho não podem, em geral, ser identificadas em nossa linguagem comum exceto como a pontada que tal pessoa identificada sofreu ou está sofrendo, a impressão que tal pessoa identificada teve ou está tendo. Referências identificadoras a "particulares privados" dependem de referências identificadoras a particulares de um tipo diferente, a saber, pessoas.

Pode parecer que há uma objeção óbvia a essa opinião. Se alguém está se contorcendo de dor no chão e diz: "Essa (A) dor é terrível", não fez ele uma referência identificadora a um particular privado, a saber, sua sensação de dor, sem mencionar ou se referir à pessoa que está sofrendo a dor, a saber, ele mesmo? Decerto, não é necessário haver contexto linguístico envolvendo referência a outro particular, com o qual o ouvinte precise suplementar a referência para

58

Indivíduos

identificar o particular em pauta. Ele o identifica imediatamente como a dor que o falante está sofrendo. Igualmente, um médico pode aplicar uma pressão em um paciente e, então, perguntar: "quão forte foi essa dor?" e o paciente identificará com sucesso a dor a que o médico se refere como aquela que ele, o ouvinte, acabou de sofrer ou está sofrendo. Nesses casos, contudo, podemos dizer com razão das expressões demonstrativas que elas realmente têm uma função que às vezes dizemos equivocadamente ser sempre a sua. Ou seja, elas realmente contêm uma referência implícita a uma pessoa particular e são realmente um tipo de abreviação para "a dor que estou sofrendo", no primeiro exemplo, ou "a dor que você acabou de sofrer", no segundo. Se perguntarmos por que uma coisa similar não é verdadeira acerca de qualquer expressão demonstrativa identificadora que se refere a um objeto *público*, por exemplo, por que "Essa árvore" não é uma abreviação de "A árvore que você (eu) pode (posso) ver ali", a resposta é a seguinte: qualquer pessoa pode falar para qualquer pessoa, no ambiente apropriado, sem mudança de força identificadora, a expressão identificadora demonstrativa, "Essa árvore", usada para uma árvore particular. Nenhuma referência implícita a uma *pessoa* particular é essencial para sua força identificadora e tudo o que é essencial é que o ambiente e o contexto sejam tais que a referência seja claramente a uma árvore particular. A referência implícita a uma pessoa particular é, contudo, essencial para a força identificadora de expressões demonstrativas que se referem a experiências privadas. Isso constitui uma razão suficiente para distinguir os dois tipos de caso da maneira que sugeri e, portanto, para sustentar que a exceção aparente não é real.

Peter F. Strawson

Outra maneira de expressar a ideia, que pode depois ter algumas vantagens, é como se segue. Podemos admitir, se quisermos, que uma referência implícita a um falante e a um ouvinte está envolvida em *qualquer* referência identificadora demonstrativa feita na presença do objeto referido e, então, podemos dizer que devemos desconsiderar essa referência implícita a pessoas no contexto da presente discussão por ser absolutamente geral nessas situações, na medida em que nada mais é do que uma consequência do fato de que as pessoas em pauta são respectivamente o falante e o ouvinte. Ora, a referência implícita a uma pessoa no caso com que estamos ocupados – o caso de uma experiência privada – não é simplesmente uma consequência desse fato, mas também do fato de que ela é a pessoa a cujas experiências privadas estamos nos referindo. Podemos ver com clareza que isso é assim no caso em que A diz a B, a propósito de C, que sofre de maneira manifesta na presença deles, "A dor deve ser aguda". A referência implícita a C é aqui totalmente independente de ele ter o papel de falante ou de ouvinte, pois não tem nenhum dos dois papéis.

Por que, então, qualifiquei minha formulação inicial da relação de dependência de identificabilidade entre particulares "privados" e pessoas? Eu a qualifiquei pela seguinte razão. É possível identificar uma experiência como a experiência de um determinado tipo sofrida em um determinado lugar identificado em um determinado momento; é possível dizer com autoridade para alguém que se usou corretamente essa descrição e, portanto, seria possível identificar a experiência quando nos referimos a ela sem nenhum conhecimento independente da identidade daquele que sofreu a experiência. Esse, então,

Indivíduos

seria um caso em que a relação mais direta de dependência de identificabilidade entre experiências e pessoas não ocorreria. A qualificação exigida por essa possibilidade, contudo, não é muito importante ou de grande alcance, pois poder-se-ia saber que essa qualificação tem aplicação somente em determinadas condições. Seria necessário, para pôr a descrição da experiência em circulação, que a pessoa que a pôs em circulação devesse também ser capaz de dar uma identificação independente daquele que sofreu a experiência. Assim, embora, em uma ocasião particular de referência, a identificação de uma experiência privada não precise ser diretamente dependente da identificação da pessoa que teve a experiência, esta deve ainda ser indiretamente dependente daquela.

Com essa qualificação, que na prática é de pouca importância, podemos dizer, então, que os particulares privados exibem o tipo mais direto de dependência de identificabilidade de particulares de outro tipo. Em contraste extremo com a classe de experiências privadas, está outra classe de particulares, ainda que menos bem definida, que sofre de maneira igualmente óbvia de dependência de identificabilidade. Essa é a classe de particulares que podemos chamar de "construções teóricas". Certas partículas da física podem fornecer um conjunto de exemplos. Elas não são objetos privados em nenhum sentido, mas são objetos inobserváveis. Devemos considerar que, em princípio, é possível fazer referências identificadoras a esses particulares, se não individualmente, pelo menos em grupos ou coleções; caso contrário, perderiam seu estatuto de particulares admitidos. Talvez nós, de fato, não façamos essas referências com frequência. Esses itens desempenham um papel próprio em nossa economia intelectual, que não é meu propósito descrever. Mas está bastante claro que, na medida em que fazemos referências identificadoras a particulares dessa espécie, devemos em última instância identificá-los, ou identificar grupos deles, por referência identificadora a esses corpos maiores e observáveis dos quais, talvez, como Locke, pensemos que são os constituintes menores e inobserváveis.

As partículas da física são um tipo de exemplo de particulares dessa classe. Eu as mencionei primeiro porque, como as experiências privadas, essas partículas exibem o tipo mais direto de dependência de identificabilidade. Falei da classe como mal definida e, até aqui, claramente não é mais bem definida do que o extremamente vago conceito de observabilidade. Falamos de uma situação política ou depressão econômica particular. Podemos mesmo falar de *observar* esses fenômenos. Mas é claro que seria inútil esperar encontrar particulares básicos entre itens como esses. A posse dos conceitos sob os quais esses particulares caem pressupõe de maneira muito evidente a posse de outros conceitos sob os quais caem particulares de tipos completamente diferentes e muito menos sofisticados. Não poderíamos, por exemplo, ter o conceito de uma greve ou de uma greve patronal a menos que tivéssemos conceitos como os de homens, ferramentas e fábricas. Disso se segue imediatamente uma dependência geral de identificabilidade de particulares do tipo mais sofisticado com relação ao tipo de particulares menos sofisticado, pois não poderíamos falar e, portanto, identificar particulares do tipo mais sofisticado a menos que pudéssemos falar e, portanto, identificar particulares do tipo menos sofisticado. Isso não significa que em toda ocasião de referência devamos interpor uma referência identificadora de um particular de um tipo mais sofisticado por uma referência identificadora de um particular de um tipo menos sofisticado. Podemos nos referir sem rodeios, por exemplo, à "depressão econômica atual".

Se, então, existem alguns particulares básicos no sentido que indiquei, parece que o sentido em que eles devem ser observáveis não é apenas o seguinte: que deve ser correto falar em observá-los. Parece provável, antes, que esses particulares básicos devem ser objetos de percepção públicos, objetos particulares de tipos tais que diferentes pessoas podem de maneira completamente literal ver, ouvir, sentir por contato, sentir o gosto ou cheirar os mesmos objetos desses tipos. Devem, parece, ser objetos que pertencem a tipos tais que os objetos desses tipos podem ser diretamente localizados tanto pelo falante como pelo ouvinte em algumas ocasiões particulares de discurso. Entretanto, interpretarei os limites da classe dos observáveis publicamente de maneira bastante liberal. Quanto mais liberal for a interpretação desses limites, menor será minha dependência do argumento baseado na pressuposição de conceitos. É desejável reduzir a dependência desse argumento tanto quanto possível. Sua aplicação seria um assunto de detalhe e disputa; e seu poder explicativo é pequeno. Voltaremos depois a considerações adicionais sobre uma forma mais exata do argumento.

Ora, é evidente que qualquer item que possa ser diretamente localizado pode, nessa medida, ser identificado sem uma referência mediadora a qualquer outro particular e, portanto, sem referência a qualquer particular de um tipo ou categoria diferente de sua própria. Mas, é claro, não se segue disso que a categoria a que um tal item pertence é uma categoria de particulares básicos, pois o âmbito dos itens particulares reais diretamente localizáveis em qualquer ocasião de discurso é bastante restrito e pode ocorrer que a identificabilidade em uma ocasião particular de alguns itens que estão fora desse âmbito dependa da identificabilidade de outros itens de tipos ou categorias diferentes da sua. O fato de que um item cai dentro da classe geral do publicamente perceptível, portanto, não exclui que pertença a alguma categoria que sofre de dependência de identificabilidade de alguma outra categoria que também cai dentro da classe geral do publicamente perceptível.

Mas como dividiremos os particulares publicamente perceptíveis, ou publicamente observáveis, em tipos ou categorias? Claramente, há muitas maneiras de fazer isso, adaptadas a diferentes propósitos filosóficos. Contentar-me-ei com a mais tosca das divisões. Falarei, por exemplo, de *acontecimentos* e *processos*, *estados* e *condições*, de um lado, e de *corpos materiais* ou coisas que têm corpos materiais, de outro. Usarei esses termos de maneira imprecisa: por exemplo, um campo ou um rio contará como corpo material ou coisa que tem corpo material. Em geral, não pretenderei que minhas distinções sejam muito claras ou que sejam muito precisas ou exaustivas. Essas distinções podem, entretanto, servir a meu propósito. Outra distinção, que vale a pena mencionar agora, à qual me referirei depois, é aquela entre, por exemplo, acontecimentos e processos que, como nomeados e concebidos por nós, necessariamente são *de*, ou realizados ou experimentados *por*, corpos materiais e acontecimentos e processos que não são desse tipo. Assim, uma morte é necessariamente a morte de alguma criatura. Mas a ocorrência de um brilho ou de um estrondo não implica que alguma coisa brilhou ou estrondou. "Faça-se a luz" não significa "Brilhe alguma coisa".

Indivíduos

Já vimos que é inteiramente possível, em determinadas circunstâncias, identificar, por exemplo, acontecimentos e processos sem nenhuma dependência da identificação de particulares de outros tipos, pois acontecimentos e processos públicos podem ser diretamente localizáveis. Expressões tais como "aquele brilho", proferida imediatamente após a ocorrência de um brilho, "este barulho terrível", proferida enquanto o barulho perdura, permitem ao ouvinte localizar diretamente o particular em pauta. Esses particulares não envolvem nenhuma referência a qualquer outro particular, exceto, no máximo, pelas referências implícitas desconsideráveis pelo falante e pelo ouvinte que já discutimos e, *a fortiori*, nenhuma referência a particulares de outros tipos. Esse, com certeza, não é o único caso em que um particular desse tipo pode ser identificado sem referência a particulares de outros tipos. Suponha, por exemplo, que todos os brilhos e estrondos que ocorreram pudessem ser ordenados em uma única série temporal. Então, em princípio, todo membro da série poderia ser identificado sem referência a alguma coisa que não fosse um membro da série: poderia ser identificado, digamos, como o estrondo que imediatamente precedeu o enésimo estrondo antes do último. Ora, às vezes, *podemos* trabalhar com a ideia de uma sequência parcial, ou série, de um tipo relativamente similar. Podemos trabalhar com essa ideia, por exemplo, no caso do que chamarei *sequência diretamente localizável*. Devemos entender esse conceito como relativo à sua aplicação a um tempo e a um par falante-ouvinte. Assim, uma sequência diretamente localizável de estrondos para um par falante-ouvinte em um determinado momento seria uma série de estrondos que estivesse ocorrendo naquele momento, ou que tivesse cessado precisamente naquele momento, e cujos membros fossem todos audíveis a ambos. Na medida em que entendemos o âmbito de referência como restrito aos limites da série, podemos identificar todos os membros da série com base no modelo indicado anteriormente, sem referência a nenhum particular de um tipo diferente do seu próprio tipo.

Mas, é claro, nem todos os brilhos e estrondos a que podemos nos referir de maneira identificadora são, na ocasião da referência, membros de uma sequência diretamente localizável para aqueles que a eles se referem. Nem há qualquer outro tipo de sequência humanamente passível de construção de brilhos--estrondos com as duas propriedades: (1) a de que pelo menos um membro dessa sequência pode ser sempre identificado diretamente, isto é, sem referência a nenhum outro particular; e (2) a de que toda referência a qualquer outro particular dessa série pode identificá-lo somente por sua posição relativa àquela de outros membros de uma tal sequência. Talvez essa seja meramente uma limitação contingente da condição humana. Se é assim, é uma limitação que determina a natureza da nossa referência identificadora a brilhos e estrondos. Na prática, quando desejamos nos referir de maneira identificadora a um fenômeno particular desse tipo e não estamos na condição artificialmente favorável de sermos capazes de fazer isso ao colocá-lo em uma sequência diretamente localizável, fazemos isso por meio de uma referência, em geral implícita no contexto linguístico, a um particular de algum tipo completamente diferente, por exemplo, a um lugar no qual podíamos ver ou ouvir esse particular, ou a um objeto material particular que lhe estava associado de modo causal. Ou seja, na prática há outras dimensões de identificação envolvidas além da

Indivíduos

dimensão simples da posição temporal dentro de uma única série determinável de particulares aproximadamente homogêneos.

A ideia pode ser exposta de maneira mais clara ao considerarmos um ou dois casos moderadamente convincentes de séries passíveis de construção humana de estados ou de processos particulares, tais que não existam particulares do tipo em pauta que não sejam membros dessa série única e tais que um membro da série possa ser sempre identificado diretamente. A sequência de noites e dias, considerada apenas como períodos alternados de luz ou escuridão prolongadas e gerais, é um exemplo, e a sequência de anos, considerada apenas como ciclos sazonais, é outro. Devemos entender isso com determinadas qualificações: por exemplo, devemos ignorar as consequências desconcertantes de dar a volta ao mundo. Com essas reservas, podemos dizer que, uma vez que não há noites e dias, ou ciclos sazonais, que não são membros de uma única série desse tipo, qualquer membro particular pode ser identificado como o enésimo anterior, ou posterior, do particular presente. Não é um acidente que o nosso sistema de datação faz uso desses fenômenos convenientes.

Se perguntarmos pelas razões subjacentes dessa diferença entre os dois tipos de fenômenos, uma parte, ainda que somente uma parte, da resposta é esta. Os membros da sequência noite-dia são relativamente gerais, no sentido de geralmente discrimináveis por todas as áreas do espaço com que estamos ocupados. (Aqui, mais uma vez, devem-se fazer certas reservas óbvias.) Mas isso não é de maneira nenhuma verdadeiro acerca dos membros de qualquer sequência hipotética brilho-estrondo com que possamos sonhar. O dia que amanhece na Escócia amanhece na Inglaterra também. Mas o estrondo feito por um pneu em Londres não é audível em Edimburgo.

À parte esses casos especiais, e duvidosos, como a sequência noite-dia, o que eu disse do exemplo sem graça de brilhos e estrondos é válido para outros acontecimentos e processos, estados e condições publicamente observáveis. A meu ver, isso é verdadeiro, por mais liberal que seja nossa interpretação do conceito de uma série de identificação passível de interpretação humana, da qual os membros devem ser somente particulares desses tipos e da qual pelo menos um membro deve ser sempre identificado sem referência a nenhum outro particular. Assim, podemos, talvez, permitir que uma série de batalhas constitua uma série única para dois generais agora engajados em uma guerra particular e que uma série de exames orais constitua outra para os examinadores que a conduzem. Então, poderíamos identificar qualquer batalha particular, ou qualquer exame oral, dentro da série por meio de sua posição na série. Além disso, devemos admitir, em princípio, para a construção de séries complexas, séries de acontecimentos ou processos heterogêneos, nos quais as referências identificadoras teriam uma forma tal como "O primeiro F antes do último P antes do segundo C antes do último". Mas, obviamente, esse método de identificar acontecimentos, processos ou estados, *enquanto evita a referência a particulares de outros tipos diferentes do seu,* sofre em geral de uma severa limitação prática do tipo que já encontramos. Exceto em casos especiais como o de uma sequência diretamente localizável, não há razão para supor que toda série desse tipo, da qual toda pessoa fosse capaz de *fazer uso* para propósitos identificadores, seria idêntica a alguma série similar de que alguma outra pessoa fosse capaz de fazer

Indivíduos

uso para esses propósitos. É inútil recorrer a uma tal noção teórica como a de uma série *completa* de acontecimentos de um tipo específico, por exemplo, de mortes, pois é óbvio que ninguém que deseja se referir a uma morte particular poderia saber sua posição nessa série. Novamente, essa é talvez uma questão contingente, mas é uma contingência que condiciona radicalmente a natureza da referência identificadora.

Pode parecer que, concentrando-me no que podemos ver como limitações contingentes dos poderes humanos, negligenciei o uso de dois poderosos argumentos teóricos contra a possibilidade geral da identificação de acontecimentos, processos, estados e condições pelo método descrito, sem referência a particulares de outros tipos. O primeiro argumento é que esse método de identificação de acontecimentos etc. não fornece meios para distinguir acontecimentos similares *simultâneos* em qualquer série dada, uma vez que eles são sempre identificados por sua posição em uma ordem somente temporal. Mas isso é fácil de responder, pois não há razão lógica para que as relações exploradas na construção de uma tal série devam ser de uma ordem somente temporal. Por exemplo, com frequência dizemos que um acontecimento foi a causa de outro; e, claramente, de dois acontecimentos simultâneos do mesmo tipo específico, um pode de fato ter antecedentes e consequências causais que o outro não tem. Nem o fato de que a referência está restrita a, digamos, acontecimentos e processos exclui o uso de discriminações espaciais. Se considerarmos de novo o caso favorável de uma sequência diretamente localizável, pode ser perfeitamente possível distinguir entre membros similares simultâneos de uma tal sequência por meio de suas relações espaciais, sem referência a particulares de outros tipos.

Imagine, por exemplo, uma série de movimentos no xadrez, que de fato constitui dois jogos distintos jogados por dois pares distintos de jogadores, mas os movimentos em cada jogo são idênticos e simultâneos. Entretanto, um falante e um ouvinte espectadores podem distinguir entre os dois fluxos de movimentos como, digamos, o fluxo da mão esquerda e o fluxo da mão direita e, portanto, podem se referir de maneira identificadora ao penúltimo movimento do fluxo da mão esquerda. A objeção, portanto, não é decisiva, mas não é desprovida de valor, pois serve para enfatizar, mais uma vez, as severas limitações práticas do método.

O outro argumento teórico que posso ter negligenciado é este. É verdade sobre uma proporção significativa, talvez preponderante, de tipos de acontecimentos, processos, estados ou condições para os quais temos nomes, que esses acontecimentos ou processos são necessariamente as ações ou paixões de coisas que não são elas mesmas processos, estados ou acontecimentos; que esses estados ou condições são necessariamente estados ou condições *de* coisas que não são elas mesmas estados, condições, processos ou acontecimentos. Poder-se-ia pensar que desse fato somente se poderia argumentar diretamente que a identificação da maioria dos acontecimentos, estados ou processos deve proceder *via* identificação daqueles particulares de outros tipos a cuja história pertencem; que, por exemplo, quando um acontecimento particular era de um tipo tal que todos os acontecimentos desse tipo necessariamente ocorriam a coisas de outro tipo, então a identificação do acontecimento particular necessariamente envolveu a identificação da coisa particular na qual ele aconteceu. Assim, não poderíamos nos referir a nenhuma morte particular sem, pelo menos, uma referência identificadora implícita à criatura que morreu, pois todas as mortes necessariamente são mortes de criaturas. Para localizar diretamente uma morte, uma pessoa deveria localizar diretamente a criatura que morreu. Assim, "Essa morte", quando usada como uma verdadeira referência identificadora demonstrativa, isto é, na presença dessa morte, teria a força de "A morte dessa criatura".

Esse argumento, tal como está, é insatisfatório, pois é simplesmente falso que não podemos nos referir de maneira identificadora a um acontecimento observável de um tipo tal que a ocorrência de acontecimentos desse tipo implica a existência de particulares de um tipo diferente, sem dependência de uma referência identificadora implícita a algum particular desse tipo. Minha referência identificadora a um grito não precisa depender, para a sua força identificadora, de uma referência identificadora implícita ao gritador. O argumento original erra ao tentar inferir de uma dependência conceitual um tipo muito direto de dependência de identificabilidade de particulares.

O argumento pode, contudo, ser substituído por outro com uma conclusão mais fraca. Suponha que βs sejam necessariamente βs de αs (por exemplo, que nascimentos sejam necessariamente nascimentos de animais). Então, ainda que em uma ocasião particular eu possa identificar um particular β sem identificar o α de que é, não seria em geral possível identificar βs a menos que fosse em geral possível identificar αs, pois não poderíamos falar de βs tal como falamos deles, ou ter o conceito que temos de βs, a menos que falássemos de αs; e não poderíamos falar de αs a menos que fosse em princípio possível identificar um α. Assim, em um sentido geral, βs mostram uma dependência de identificabilidade de αs.

Mas agora o argumento modificado parece provar muito, pois, se dissermos que ter o conceito que temos de um nascimento implica ter o conceito que temos de um animal, porque *Isso é um nascimento* implica *Há um animal do qual esse é o nascimento*, devemos, parece, também dizer que ter o conceito que temos de um animal implica ter o conceito que temos de um nascimento, pois *Isso é um animal* implica *Há algum nascimento que é o nascimento desse animal*. Portanto, por paridade de raciocínio, o argumento mostra uma dependência mútua de identificabilidade entre nascimentos e animais. E, assim, o argumento é inútil para nós, pois estamos interessados somente nas relações de dependência não simétricas.

Entretanto, a meu ver, pode-se reformular o argumento modificado de modo que evite essa consequência, pois, afinal, há uma certa assimetria nas relações entre o conceito de um animal e o conceito de um nascimento. É verdade que *Isso é um animal* implica *Há algum nascimento que é o nascimento desse animal*. Mas essa implicação admite a seguinte paráfrase: *Isso é um animal* implica *Isso nasceu*. Ora, embora possa parecer razoável sustentar que o nosso conceito de um animal seria diferente se não pudéssemos expressar a implicação na segunda forma, também parece razoável negar que nosso conceito de um animal seria diferente se meramente não tivéssemos um meio de expressar a implicação na primeira forma. Em outras palavras, pode-se sustentar com alguma razão que, para falar de animais com o sentido que essa palavra de fato tem para nós, devemos encontrar um lugar em nosso discurso para o conceito *nascer*, mas não há razão para concluir do fato de que falamos de animais com o sentido que essa palavra tem para nós que devamos *também* encontrar um lugar em nosso

Indivíduos

discurso para a ideia de um âmbito de particulares, a saber, nascimentos. Se nós *também* fazemos isso ou não é irrelevante para termos o conceito de um animal que temos. Aqui há uma real assimetria, pois não há paráfrase correspondente da implicação de *Isso é um nascimento* para *Há um animal do qual esse é o nascimento*. Podemos parafrasear uma implicação de modo que elimine o que os lógicos chamam de quantificação de nascimentos, mas não podemos parafrasear a outra de modo que elimine a quantificação de animais. Em outras palavras, a admissão em nosso discurso do âmbito de particulares, *nascimentos*, concebidos como os concebemos, exige a admissão em nosso discurso do âmbito de particulares, *animais*, mas a admissão em nosso discurso do âmbito de particulares, *animais*, concebidos como os concebemos, não exige a admissão em nosso discurso do âmbito de particulares, *nascimentos*.

Nessa modificação final, o argumento, a meu ver, é correto. Uma grande classe de estados e condições, acontecimentos e processos particulares são concebidos como estados e condições necessariamente de, ou realizados ou sofridos por, particulares de outros tipos, em especial coisas que são ou têm corpos materiais. O argumento estabelece uma dependência de identificabilidade geral e unidirecional da primeira classe de particulares em relação à última, dados somente os conceitos que temos. A razão por que é desejável pôr tão pouco peso quanto possível no argumento é que, ainda que correto, ele tem, como já sugeri, pouco ou nenhum poder explicativo. O argumento não explica a existência da dependência geral de identificabilidade que estabelece. Permanece uma questão por que os particulares que figuram em nosso esquema conceitual exibiriam a relação na qual o argumento se baseia, por que deveríamos conceber os particulares relevantes precisamente dessas maneiras.

Retornemos, então, àquelas já notadas limitações às quais acontecimentos, processos, estados e condições estão sujeitos como candidatos para a identificação sem referência a outros tipos de coisa. Para resumir o que eu disse sobre essas limitações. As condições mínimas de identificabilidade independente para um tipo de particular eram que seus membros não podem ser privados, nem inobserváveis. Muitos tipos de estado, processo ou condição satisfazem essas duas condições. Em circunstâncias adequadas, um tal particular pode ser diretamente localizado e, assim, identificado sem referência a nenhum outro particular. Mesmo quando não localizável diretamente, um tal particular *pode* ser identificado sem nenhuma referência, explícita ou implícita, a qualquer particular que não seja ele próprio um estado, processo, acontecimento ou condição, conforme for o caso. Mas os casos em que essa identificação intratípica é possível são raríssimos, pois exigem que as partes para uma referência identificadora devam operar com uma e a mesma armação referencial homogênea de tipo. E as limitações fundamentais de estados, processos, acontecimentos e condições, como particulares independentemente identificáveis, são as de não fornecer armações desse tipo que sejam inteiramente adequadas às nossas necessidades de referência. Ainda menos poderiam fornecer, elas próprias, uma única armação abrangente e continuamente útil desse tipo. Assim, estendemos enormemente o âmbito de nossas referências identificadoras possíveis a estados, processos etc., ao admitir que elas sejam mediadas por referência a lugares, pessoas e coisas materiais.

Indivíduos

Ora, nos aspectos recém-mencionados, os corpos materiais parecem ser candidatos muito melhores para o estatuto de particulares básicos do que quaisquer uns que até aqui consideramos. Eles fornecem, literal e figurativamente, no curto e no longo prazo, ampla e estritamente, nossa geografia física, as características que notamos em nosso mapa. Ou seja, incluem suficientes objetos relativamente duradouros (por exemplo, características geográficas, edifícios etc.) que mantêm uns com os outros relações espaciais relativamente fixas ou regularmente mutáveis. Aqui, "suficiente" e "relativo" se referem à nossa situação e às nossas necessidades humanas. Quando estávamos considerando estados, processos etc., notamos que não havia uma complexidade rica de coisas que ocupam o tempo que fossem genericamente discrimináveis e similarmente relacionadas por todas as áreas do espaço com as quais estamos ocupados. Mas há uma complexidade rica de coisas que ocupam o espaço que são relativamente duradouras e similarmente relacionadas por todos os períodos de tempo com os quais estamos preocupados. Os corpos materiais, em um sentido amplo da palavra, nos asseguram uma única armação comum e continuamente extensível, da qual qualquer constituinte pode ser referido de maneira identificadora sem nenhuma referência a qualquer particular de qualquer outro tipo. Essa é a armação para a localização espacial em geral. A constituição detalhada dessa armação muda, mas sem detrimento de sua unidade. O conhecimento do detalhe de sua composição varia de uma pessoa para outra, mas sem detrimento de sua identidade. É claro que nem todos os corpos materiais, ou coisas que os têm, são considerados sequer como partes transitórias de uma tal armação: muitos corpos movem-se em excesso, ou são efêmeros em excesso, ou ambos. Uma pessoa, por assim dizer, não os usaria ao dar instruções espaciais, a menos que, lá e então, eles fossem observáveis. Mas isso não impede a sua identificação, quando necessária, por referência, em primeiro lugar, uns com os outros e, em última instância, a elementos constituintes da armação. Se considerarmos como uma condição suficiente de homogeneidade quanto ao tipo, para esses propósitos, ser ou ter um corpo material, podemos nos aventurar a pensar que todas as coisas que satisfazem essa condição se qualificam como particulares básicos. O fato de que a identificação em geral tem um aspecto temporal, bem como um espacial, não é objeção, pois os corpos materiais, ou as coisas que os têm, exibem entre si relações que têm um aspecto temporal. Uma coisa substitui ou engendra a outra. As coisas passam através de lugares.

Então, não é somente em circunstâncias especiais que se podem identificar os corpos materiais, no sentido amplo em que estou usando a palavra, sem referência a particulares de tipos diferentes do seu próprio, pois a condição fundamental de identificação sem dependência de tipos estrangeiros – a saber, a formação de uma armação homogênea quanto ao tipo abrangente e suficientemente complexa – é satisfeita no caso dos corpos materiais. Por outro lado, como vimos, é somente em circunstâncias especiais que a identificação de particulares de outros tipos pode evitar qualquer dependência da referência a coisas que são ou têm corpos materiais. Os corpos materiais, portanto, são básicos para a identificação de particulares.

Indivíduos

Pode-se reforçar a conclusão ao se dar ao argumento uma formulação diferente. Argumentei que uma condição fundamental da referência identificadora sem dependência de tipos estrangeiros é a posse de uma armação de referência comum, abrangente e suficientemente complexa quanto ao tipo. Afirmei que essa condição é satisfeita no caso dos corpos materiais, e não geralmente em outros casos. Mas, antes, na segunda parte deste capítulo, asseverei que uma condição, por sua vez, da posse de uma única armação continuamente útil desse tipo era a habilidade de *reidentificar* pelo menos alguns elementos da armação apesar das descontinuidades de observação, ou seja, uma pessoa deve ser capaz de identificar algumas coisas particulares como *as mesmas outra vez* que as encontradas em uma ocasião anterior. É claro, a habilidade de fazer isso implica a existência de critérios gerais ou métodos de reidentificação para diferentes tipos de particular. O conjunto dessas considerações sugere que, se são básicos do ponto de vista da identificação referencial, os corpos materiais também devem ser básicos do ponto de vista da reidentificação. Ou seja, os critérios de reidentificação para corpos materiais não devem depender das identidades de outros particulares, exceto aqueles que são, eles próprios, corpos materiais ou têm corpos materiais, ao passo que os critérios de reidentificação para particulares de outras categorias devem depender em parte da identidade de corpos materiais. Essa expectativa é amplamente satisfeita. Se, por exemplo, tomarmos qualquer nome de um processo conhecido, tal como "degelo" ou "batalha", descobriremos que é impossível dar uma explicação detalhada dos meios de identificação de um processo particular do tipo em pauta como *o mesmo outra vez*, que não envolva alguma referência a um corpo material ou outro – seja aqueles que compõem seu ambiente, seu sítio ou lugares por que passa; ou algum conectado causalmente com ele de alguma maneira; ou algum que o processo envolve mais diretamente, por exemplo o corpo ou corpos que o sofrem ou fazem parte dele; ou algum de alguma outra maneira associado à identidade do processo. Se, por outro lado, considerarmos a identidade através do tempo dos próprios corpos materiais, de fato descobriremos que uma exigência fundamental é aquela que já notamos, a saber, a continuidade de existência no espaço; e determinar se essa exigência é satisfeita pode depender da identificação de lugares; mas isso, por sua vez, repousa na identificação de corpos.

Tanto do ponto de vista, então, de distinguir um particular não demonstrativamente referido de outros do mesmo tipo, quanto do ponto de vista de identificar um particular encontrado em uma ocasião, ou descrito com respeito a uma ocasião, com um particular encontrado em outra, ou descrito com respeito a outra, pensamos que os corpos materiais desempenham um papel único e fundamental na identificação de particulares. Essa conclusão não deve ser de maneira nenhuma surpreendente ou inesperada, se nos lembrarmos de que a nossa armação geral de referência a particulares é um sistema espaçotemporal unificado de uma dimensão temporal e de três dimensões espaciais, e se refletirmos mais uma vez que, das principais categorias disponíveis, aquela dos corpos materiais é a única apta a constituir uma tal armação, pois somente essa categoria fornece ocupantes duradouros de espaço que têm relações suficientemente estáveis para satisfazer

Indivíduos

e, portanto, para criar as necessidades com que o uso dessa armação nos confronta.

Agora, podemos mencionar brevemente duas objeções.

Primeiro, poder-se-ia objetar que o argumento repousa em uma oposição ou contraste fundamental, mas de fato duvidoso, entre corpos materiais e processos. Afinal, poder-se-ia dizer, a erosão de um despenhadeiro pode durar tanto quanto o despenhadeiro e manter uma relação espacial tão constante com a erosão do próximo despenhadeiro quanto os dois despenhadeiros mantêm entre si. O crescimento e o envelhecimento de um homem dura tanto quanto o homem e também se pode dizer que eles têm as mesmas relações espaciais, em vários momentos, com outros processos que se dizem que o homem tem com as demais coisas: ocorrem exatamente onde ele está. Com que justificação se supõe uma distinção fundamental de categoria entre coisas e processos? — Alguns filósofos raciocinaram assim, insistindo na sua ideia ao dizer, por exemplo, que "César" é o nome de uma série de acontecimentos, uma biografia. Pode-se dizer que eles, ao raciocinar assim, chamaram a atenção para a possibilidade de nosso reconhecimento de uma categoria de objetos que nós, de fato, não reconhecemos: uma categoria de objetos tetradimensionais, que poderiam ser chamados de "coisas-processo" e dos quais cada uma das partes temporalmente sucessivas é tridimensional, como se a coisa fosse considerada em estágios sucessivos de sua história do começo ao fim. Mas a maneira como tenho de descrever esses objetos mostra que eles não devem ser identificados, *seja* com os processos que as coisas sofrem, *seja* com as coisas que os sofrem. Observei anteriormente que eu estava preocupado com a investigação das relações de dependência de identificabilidade entre as principais categorias disponíveis, as categorias que realmente temos; e a categoria de coisas-processo não é uma que temos ou de que precisamos. Nós, de fato, distinguimos entre uma coisa e sua história, ou as fases de sua história; não podemos falar adequadamente de uma com as maneiras adequadas à outra; e não falamos de nenhuma com as maneiras adequadas à categoria de coisas-processo. Concedida a distinção que traçamos, há, como já vimos, uma dependência geral de identificabilidade de processos que as coisas sofrem com relação às coisas que os sofrem, e não vice-versa. Isso se dá em parte, embora não apenas, porque, concedida a distinção, são as próprias coisas, e não os processos que sofrem, que são os *ocupantes* primários de espaço, os detentores não somente de posição espacial, mas de *dimensões* espaciais. Se uma pessoa tentasse dar as dimensões espaciais de um tal processo, digamos de uma morte ou de uma batalha, ela poderia somente traçar o contorno do *homem* agonizante ou indicar a extensão do *chão* sobre o qual se desenrolou.

Poder-se-ia propor uma objeção mais especulativa, porém mais séria. Começamos considerando um determinado tipo de situação de fala, aquela em que se faziam e se entendiam referências identificadoras a particulares. Devíamos considerar as condições de identificação bem-sucedida nesse tipo de situação. Contudo, está longe de ser óbvio como as considerações muito gerais e teóricas propostas no curso desses argumentos incidem sobre ou refletem nossos procedimentos reais de fala e, por conseguinte, está longe de ser óbvio em que sentido, se é que em algum, realmente se estabeleceu que os corpos

Indivíduos

materiais e as coisas que os têm gozam de uma primazia do ponto de vista da identificação.

Deve-se admitir que, em certo sentido, essa objeção permanece de pé. Seria uma tarefa de enorme complexidade mostrar exatamente como essas considerações gerais estão relacionadas com nossos procedimentos reais no aprendizado e na fala. Se o tentássemos, perderíamos a generalidade no detalhe. Mas pode-se insistir numa ideia para mitigar a recusa em tentar realizá-la. Claramente, nós, em conversas comuns, não explicitamos as armações referenciais que empregamos. Nós, de fato, com frequência usamos demonstrativos para referir a coisas em nosso ambiente imediato. Mas, quando nossa fala o transcende, não relacionamos de maneira elaborada as coisas de que falamos às coisas que vemos. O lugar da armação relacional explícita é tomado em parte pelo recurso linguístico que com frequência e com razão absorveu a atenção dos lógicos – o nome próprio. À parte demonstrativos e semidemonstrativos, são os nomes próprios que tendem a ser os pontos de apoio da referência a particulares, os pontos sobre os quais as frases descritivas giram. Ora, entre particulares, os portadores *par excellence* de nomes próprios são as pessoas e os lugares. É uma verdade conceitual, como vimos, que lugares são definidos pelas relações de corpos materiais; e também é uma verdade conceitual, cuja importância veremos de modo mais completo adiante, que pessoas têm corpos materiais.

2
Sons

[I] Afirmar um estatuto especial para uma classe ou categoria de entidades em oposição a outras é muito comum na filosofia. É o fenômeno filosófico da preferência categorial. Estive exibindo preferência categorial ao afirmar que corpos materiais são, em um certo sentido, básicos em relação a outras categorias de particulares. Mas eu gostaria de enfatizar a ideia de que há determinadas maneiras de exibir preferência categorial que não estou exibindo. Suponha que αs são o tipo preferencial de entidade. Então, a preferência é às vezes manifestada pela declaração de que a palavra "existir" tem um sentido ou significado primário e que somente αs existem nesse sentido, as outras coisas existiriam somente em um sentido secundário; algumas vezes pela declaração de que somente αs são reais; e algumas vezes pela declaração de que outras coisas são redutíveis a αs, que falar de outras coisas é uma maneira abreviada de falar sobre αs. Quero enfatizar que, ao dizer que corpos materiais são básicos entre os particulares, pelo menos no nosso esquema conceitual como ele é, não estou dizendo nenhuma dessas coisas. O significado dado ao termo "básico" tem estritamente em vista a identificação de particulares. De outro lado, creio que os fatos que tentei indicar podem subjazer e explicar, se não justificar, algumas das mais impactantes formulações, as quais repudio, da preferência categorial que reconheço. Também me parece aceitável usar a expressão, "ontologicamente anterior", de maneira tal que a afirmação de que corpos materiais são básicos no nosso esquema conceitual é equivalente à afirmação de que corpos materiais são ontologicamente anteriores, nesse esquema, a outros tipos de particulares.

Essas coisas, sustentei, são verdadeiras acerca do nosso esquema conceitual como ele é. A próxima coisa que quero considerar é se e como ele poderia ser diferente. Poderia existir um esquema conceitual que fosse semelhante ao nosso por prever um sistema de particulares objetivos e identificáveis, mas diferente do nosso porque os corpos materiais não seriam os seus particulares básicos? Quando digo "Poderia existir esse esquema?", quero dizer "Podemos tornar inteligível para nós a ideia desse esquema?".

Falei de dois lados, ou aspectos, da identificação. Eles poderiam ser chamados o aspecto distintivo e o aspecto reidentificador. O segundo, na exposição precedente, não estava de maneira nenhuma estreitamente vinculado à situação de fala que envolve um falante e um ouvinte. A reidentificação pode envolver apenas o pensamento de um particular encontrado em uma ocasião, ou pensado com respeito a uma ocasião, como o mesmo que um particular encontrado em outra ocasião ou pensado com respeito a outra ocasião. Ora, esse pensar claramente envolve distinguir, no pensamento ou na observação, um particular de outros. Assim, o aspecto

Indivíduos

distintivo da identificação é muito fundamental. Mas, até aqui na exposição, a ideia de distinguir um particular de outros estava estreitamente vinculada à situação em que um ouvinte identifica um particular como o particular presentemente referido por um falante. Quero, agora, afrouxar esse vínculo, enquanto preservo a conclusão de que corpos materiais são, no nosso esquema conceitual real, básicos para o nosso pensar sobre a identificação de particulares. Posso legitimamente fazer isso, pois não se deve supor que a estrutura geral desse pensar é diferente quando estamos preocupados em nos comunicar uns com os outros na fala e quando não estamos. Deve-se entender agora, então, a asserção de que corpos materiais são particulares básicos no nosso esquema conceitual real como a asserção de que, sendo as coisas como são, o *pensamento* identificador sobre particulares que não são corpos materiais repousa em geral sobre o *pensamento* identificador sobre corpos materiais, mas não vice-versa; e a questão que acabei de levantar, a saber, "Podemos conceber um esquema que prevê particulares identificáveis e no qual os corpos materiais não são básicos?", deve ser entendida em um sentido correspondentemente revisto e mais geral. Esse afrouxamento do vínculo com as situações reais de fala dá mais liberdade de manobra no próximo estágio da investigação, sem prejudicar a possibilidade de que a conexão possa, em última instância, ser apertada de novo.

Isso nos dá mais liberdade de manobra da seguinte maneira. Enquanto "identificação" significa "identificação falante-ouvinte", toda questão sobre as condições gerais de um esquema que prevê particulares identificáveis é uma questão sobre as condições gerais da identificação falante-ouvinte de particulares. Assim, é uma questão que somente pode surgir se tivermos pelo menos falantes e ouvintes se comunicando entre si. Mas podemos ou, pelo menos, parece que podemos levantar uma questão similar sem nenhuma suposição prévia desse tipo acerca de falantes e ouvintes, pois podemos *pensar* de maneira identificadora sobre particulares sem falar sobre eles. Ora, é claro, pode acontecer que a habilidade de pensar de maneira identificadora sobre particulares seja logicamente dependente da habilidade de falar sobre particulares de maneira identificadora para outros. Mas, se é assim, pelo menos não é óbvio que o seja. Não queremos prejulgar a questão se é assim ou não; e podemos, sem prejulgá-la, levantar uma questão mais geral sobre as condições de possibilidade do pensamento identificador sobre particulares.

Mas quão geral queremos que a nossa questão seja? Imporei um limite à sua generalidade. No próprio pensamento identificador, e de fato na própria fala identificadora, sobre particulares, pode-se certamente reconhecer uma determinada distinção, a saber, a distinção entre aquelas ocorrências, processos, estados ou condições particulares que são experiências ou estados de consciência da própria pessoa e aqueles particulares que não são experiências ou estados de consciência da própria pessoa, tampouco de mais ninguém, embora possam ser objetos dessas experiências. Assim, se uma árvore é atingida por um raio, esse é um tipo de acontecimento; se eu vejo a árvore sendo atingida por um raio, esse é outro tipo de acontecimento. A faca entrando na minha carne é um tipo de acontecimento; e minha sensação de dor é outro tipo. O limite que quero impor à minha questão geral é este: pretendo que seja uma questão sobre as condições de possibilidade do

Indivíduos

pensamento identificador sobre particulares que o pensador distingue de si mesmo e de suas próprias experiências, ou estados mentais, e considera como *objetos* reais ou possíveis dessas experiências. Daqui em diante, usarei a expressão "particulares objetivos" como uma abreviação da expressão completa "particulares que o pensador distingue etc.". Ora, pode ser que esse limite para a minha questão não seja, em um sentido, limite nenhum, pois pode ser que não exista algo como um pensamento identificador sobre particulares que não envolva essa distinção. Mas essa, também, é uma questão que deixarei de lado. Não preciso respondê-la e, talvez, não se possa respondê-la.

Posso, então, indicar a linha de investigação que tenho em mente ao levantar duas questões, reminiscentes na forma e um pouco no conteúdo de questões kantianas: (1) quais são as condições enunciáveis mais gerais do conhecimento de particulares objetivos? (2) Essas condições mais gerais envolvem a exigência de que os corpos materiais devem ser particulares básicos ou isso é simplesmente uma característica especial do nosso próprio esquema para o conhecimento dos particulares objetivos? Ou – para combinar as duas questões em uma só – o estatuto dos corpos materiais como particulares básicos é uma condição necessária do conhecimento dos particulares objetivos?

Ora, sugeri antes que se pode deduzir o fato de que corpos materiais são os particulares básicos do nosso esquema do fato de que o nosso esquema é de um determinado tipo, a saber, o esquema de um sistema espaçotemporal unificado de três dimensões espaciais e uma temporal. Se isso é correto, então encontrar um esquema no qual corpos materiais não são particulares básicos seria, pelo menos, encontrar um esquema que não é desse tipo. Essa reflexão sugere mais de uma direção para a qual se pode olhar. Mas, em particular, sugere uma direção muito simples, embora muito radical. Poder-se-ia perguntar: "pode haver um esquema que preveja um sistema de particulares objetivos que seja inteiramente não espacial?". Essa questão nos faz lembrar, mais uma vez, de Kant. Ele falou de duas formas de sensibilidade ou intuição, a saber, o espaço e o tempo. O tempo era a forma de todas as representações sensíveis; o espaço, somente de algumas. Ele considerava uma questão, não de absoluta necessidade, mas um fato muito fundamental, que tivéssemos essas duas, e somente essas duas, formas de intuição sensível. Provavelmente pensaria que é tautológico dizer que não podemos *imaginar* a nós mesmos tendo outras formas, embora pudéssemos, em algum sentido, conceber sua possibilidade. A meu ver, ele provavelmente também diria que é em algum sentido impossível *imaginar* a nós mesmos *não* tendo essas duas formas. "Não podemos nos representar a ausência de espaço."[1] Não sei exatamente o que isso significa. Mas, possamos ou não "nos representar a ausência de espaço", não vejo por que não deveríamos confinar nossa imaginação ao que não é espacial; e, então, ver que consequências conceituais se seguem. Kant sustentou que todas as representações estão no sentido interno, do qual o tempo é a forma, mas somente algumas representações são representações do sentido externo, do qual o espaço é a forma. Sugiro que investiguemos se poderia existir um esquema que previsse particulares objetivos, ao mesmo

---

1 I. Kant, *Crítica da razão pura*, B38.

Indivíduos

tempo que dispensasse o sentido externo com todas as suas representações. Sugiro que exploremos o mundo sem espaço. Será, pelo menos, um mundo sem corpos.

[2] Ora, no tocante ao que se segue, devo fazer uma observação ao mesmo tempo escusatória e cautelar. Levantarei diversas vezes questões de uma forma que elas podem parecer impossíveis de responder: especialmente na forma de perguntar se um ser cuja experiência fosse de algumas maneiras muito diferente das nossas poderia ou não ter um esquema conceitual com determinadas características gerais; ou se um ser cujo esquema conceitual fosse de determinadas maneiras muito diferente do nosso poderia ou não, contudo, reproduzir nele determinadas características do nosso. Assim apresentadas, essas questões podem parecer, no pior dos casos, sem sentido e, no melhor, admitir somente respostas altamente especulativas. Mas, em geral, pode-se ver essa forma de questão apenas como uma maneira conveniente, mesmo se talvez bastante dramática, de levantar tipos de questão mais evidentemente legítimas: questões não sobre seres hipotéticos, mas antes, por exemplo, sobre a medida, e as maneiras, em que *nós* poderíamos achar possível reinterpretar, dentro de uma parte de nossa experiência, alguns dos elementos conceituais mais gerais da nossa maneira de lidar com a experiência como um todo. Até onde podemos mapear a estrutura desse todo dentro de uma parte de si mesmo? Ou que analogias estruturais podemos descobrir entre alguma parte e o todo do qual é parte? Ou, de novo, até onde podemos desmantelar as conexões de determinados conceitos centrais uns com os outros e com determinados tipos de experiência sem parecer

destruir inteiramente esses conceitos? Questões que pertencem a esses tipos gerais são, sem dúvida, em algum sentido, vãs, mas parecem passíveis de discussão.

Na discussão subsequente, a ênfase mudará de certa maneira. Para o modelo selecionado de um mundo sem espaço, uma coisa admitida no primeiro capítulo passa a ser questionada, a saber, aquela distinção feita pelo usuário de um esquema conceitual entre, de um lado, ele mesmo e seus próprios estados e, de outro, os outros particulares dos quais ele tem conhecimento ou experiência. Descobrir-se-á que a questão sobre se as condições dessa distinção poderiam ser satisfeitas no mundo hipotético depende em parte, mas de jeito nenhum exclusivamente, da outra questão, a qual ecoa alguns temas do primeiro capítulo, a saber, a questão sobre se as condições de reidentificabilidade de particulares poderiam ser satisfeitas no mundo hipotético. Mas ela não se resolve pela discussão desta questão; e a tentativa adicional de resolvê-la nos leva de volta, no terceiro capítulo, a uma consideração direta do nosso mundo comum e das maneiras como as condições da distinção em pauta são de fato satisfeitas lá.

Então, este capítulo serve em parte como uma ponte entre o primeiro e o terceiro. Pode-se esperar, talvez, algum esclarecimento das características gerais do nosso pensamento real, ao se investigar até onde se podem reproduzir essas características sob a ótica fenomênica de uma simplicidade artificial, ao observar, por assim dizer, de que maneira temos de dar forma e modelo ao nosso material empobrecido para reproduzir a estrutura que conhecemos.

Indivíduos

[3] A que equivale a sugestão de que exploremos o mundo sem espaço? O que significa imaginarmos que dispensamos o sentido externo? Tradicionalmente, reconhecem-se cinco sentidos como modos distintos da percepção de objetos públicos. Salta aos olhos que, desses, paladar e olfato são mais triviais do que os outros e, além disso, o paladar tem uma complexidade lógica que o torna difícil de ser tratado. Não parece que supor nossa experiência livre de elementos gustativos e olfativos, por si mesmo, convidaria uma revolução conceitual significativa. (Não se *vê* o mundo de outra maneira, se se tem um resfriado.) Suponhamos, contudo, por simplicidade, que eles foram eliminados. Isso nos deixa com a visão, a audição e o tato. Qual desses teremos de supor eliminados a fim de eliminar o sentido externo? À primeira vista, parece que deveríamos eliminá-los todos – o que levaria a investigação a um fim imediato, pois, enquanto podemos de certo descobrir as características espaciais e as relações das coisas pela visão e pelo tato, parece não menos certo que também podemos descobrir pelo menos algumas características espaciais de algumas coisas pela audição. Sons parecem vir da direita ou da esquerda, de cima ou de baixo, aproximar-se ou afastar-se. Se os sons, os objetos próprios da audição, têm por si mesmos essas características de direção e de distância, não se segue que não teremos eliminado as características e os conceitos espaciais, mesmo se adotarmos a hipótese radical de uma experiência puramente auditiva? Essa conclusão, contudo, a meu ver, seria um erro, um erro bastante óbvio. O fato é que, quando a experiência não é somente de caráter auditivo, mas também pelo menos igualmente tátil e cinestésica – ou, como é na maioria dos casos, igualmente tátil,

cinestésica e visual –, podemos, então, às vezes, atribuir predicados espaciais com base unicamente na audição. Mas desse fato não se segue que, quando se supõe que a audição tem um caráter exclusivamente auditivo, haveria algum lugar para conceitos espaciais. A meu ver, é óbvio que não haveria nenhum lugar. Os únicos objetos da experiência sensível seriam sons. Sons, é claro, têm relações temporais entre si e podem variar de caráter de determinadas maneiras: em altura, tom e timbre. Mas eles não têm características espaciais intrínsecas: expressões como "à esquerda de", "espacialmente acima", "mais perto", "adiante" não têm significado auditivo intrínseco. Deixe-me contrastar, brevemente, a esse respeito, a audição com a visão e o tato. Como é óbvio, o campo visual é necessariamente extenso em qualquer momento e suas partes devem exibir relações espaciais umas com as outras. O caso do tato é menos óbvio: não é, por exemplo, claro o que se poderia querer dizer com um "campo tátil". Mas se combinarmos sensações táteis com cinestésicas, então pelo menos está claro que temos os materiais para conceitos espaciais. Dos cegos de nascença não se pergunta se eles realmente sabem o que significa dizer que uma coisa está em cima da outra ou mais distante de outra do que uma terceira está. De um conceito de espaço puramente visual ou um puramente tátil-cinestésico, poder-se-ia sentir que ele é empobrecido em comparação com o nosso próprio conceito, mas não que é uma impossibilidade. Um conceito de espaço puramente auditivo, de outro lado, é uma impossibilidade. O fato de que, com os tipos variados de experiência sensível que de fato temos, podemos, como se diz, "com base apenas na audição" atribuir direções e distâncias a sons e coisas que os emitem ou causam,

Indivíduos

não vale contra isso de nenhuma maneira, pois esse fato é bem explicado pela existência de correlações entre as variações das quais o som é intrinsecamente capaz e outras características não auditivas da nossa experiência sensível. Não quero dizer com isso que primeiro notamos essas correlações e, depois, fazemos inferências indutivas com base nessa observação, nem mesmo que poderíamos, refletindo, oferecê-las como razões para as atribuições de distância e de direção que de fato fazemos com base unicamente na audição. Sustentar alguma dessas concepções seria negar toda a força das palavras "com base apenas na audição" e estou bem preparado para conceder sua força completa. Estou somente sustentando a tese menos extrema, porque menos específica, de que a existência *de facto* dessas correlações é uma condição necessária da nossa atribuição de distâncias e de direções como fazemos com base apenas na audição. O que quer que seja sobre os sons que nos faz dizer coisas como "soa como se viesse de algum lugar à esquerda", isso não bastaria por si mesmo (isto é, se não houvesse fenômenos visuais, cinestésicos e táteis) para gerar conceitos espaciais. Considerarei que não são necessários argumentos adicionais para sustentar a ideia de que, ao supor a experiência como puramente auditiva, supomos um mundo sem espaço. Não estou, é claro, defendendo que a ideia de um mundo puramente auditivo é o único modelo possível para um mundo sem espaço. Há outras possibilidades mais complexas. Seleciono a ideia de um universo puramente auditivo como uma ideia com a qual é relativamente simples lidar e, contudo, tem uma certa riqueza formal.

A questão que consideraremos, então, é a seguinte: poderia um ser cuja experiência fosse puramente auditiva ter um esquema conceitual que previsse particulares objetivos? A questão é complexa e se divide em inúmeras outras questões. Considere, primeiro, a qualificação "objetivos" na expressão "particulares objetivos". Poderia parecer, à primeira vista, que essa qualificação não suscita dificuldades especiais, pois, tais como as coisas são agora, pode-se dizer que pessoas diferentes ouvem um único e o mesmo som particular – não apenas sons do mesmo tipo, casos do mesmo tipo de som, mas exatamente o mesmo som particular. Sons podem ser, e a maioria daqueles que ouvimos são, objetos públicos. Se, quando falamos de um som, visamos um som particular, então podemos visar, e comumente visamos, um particular objetivo, um objeto público. Assim, pode parecer óbvio que se, em um mundo puramente auditivo, pudéssemos operar com o conceito de um particular, então poderíamos operar com o conceito de um particular objetivo. Mas isso, na verdade, não está nem um pouco claro, pois chamar um som de objeto particular, dizer que diferentes pessoas podem ouvir um único e o mesmo som, parece significar, pelo menos, que os diferentes ouvintes normais podem ouvir mais ou menos ao mesmo tempo e ter experiências auditivas mais ou menos similares ou experiências auditivas sistematicamente relacionadas de maneiras enunciáveis, em ambientes similares; e talvez se deva acrescentar que, para satisfazer em alguma ocasião particular a exigência de que eles estão ouvindo o mesmo som, a fonte causal das experiências auditivas relevantes deve ser a mesma para todos eles. Podemos imaginar, por exemplo, que a mesma peça de música está sendo simultaneamente tocada em duas salas de concerto diferentes. Podemos imaginar um momento no qual um determinado

Indivíduos

acorde é tocado. Então, dois ouvintes normais diferentes, cada um em uma sala diferente, têm, quase ao mesmo tempo, experiências auditivas mais ou menos similares. Mas, embora em um sentido o som que ouvem seja o mesmo – é o *mesmo acorde* para cada um –, em outro, o sentido com que estamos preocupados, os sons que eles ouvem são distintos. Eles ouvem diferentes particulares sonoros, pois a condição da identidade de particulares referente aos ambientes e a condição da identidade de particulares referente às fontes causais não são satisfeitas. Dois ouvintes na mesma sala de concerto, contudo, ouvem cada um deles os mesmos particulares sonoros, bem como ouvem o mesmo acorde, isto é, o mesmo universal sonoro, pois, no seu caso, as condições da identidade de particulares referentes ao lugar e à fonte estão ambas satisfeitas.

Não quero dizer que as condições enunciadas para a identidade dos particulares sonoros ouvidos por diferentes ouvintes são exaustivas. O caso de sons transmitidos por vários meios artificiais, por exemplo, sugere outras possibilidades muito interessantes de diferentes critérios para a identidade dos particulares sonoros. Apenas escolho as condições enunciadas como o conjunto mais óbvio, sem excluir a possibilidade de outras.

Das condições enunciadas, pode-se talvez negligenciar a última, referente à causação, para o nosso universo puramente auditivo. As demais apresentam um problema agudo, pois, ao que parece, para dar à ideia de publicidade de sons um significado no mundo puramente auditivo, devemos dar significado, sob uma ótica somente auditiva, à ideia de outras pessoas e à ideia de elas estarem em ambientes particulares idênticos.

Peter F. Strawson

Mas *supor* que poderíamos dar um significado à ideia de identidade de ambientes particulares tendo em vista somente sons seria uma petição de princípio, pois os sons, sob cuja ótica devemos dar sentido a essa ideia, teriam de ser eles mesmos sons públicos; caso contrário, eles não poderiam fornecer a identidade de particulares referente a ambientes para diferentes usufruidores de experiências auditivas. Mas é precisamente a possibilidade de sons públicos, em um mundo puramente auditivo, que está em questão. Portanto, não podemos supor um desfecho favorável aqui. De fato, começamos a perder a esperança em um desfecho favorável.

Poder-se-ia, contudo, aumentar as nossas esperanças ao reduzir, ou tentar reduzir, nossas exigências. Acabei de glosar particulares "objetivos" como particulares "públicos" e isso envolvia as ideias de outros usufruidores de experiência e de ambientes compartilhados. Em favor dessa glosa, há, como já sugeri, muito a dizer, se uma determinada linha geral de pensamento for correta. Um resumo, o qual espero que não seja parecido com uma paródia, dessa linha de pensamento poderia ser como segue. Não poderíamos falar uns com os outros sobre o privado se não pudéssemos falar uns com os outros sobre o público. Não poderíamos falar a menos que pudéssemos falar uns com os outros. De qualquer forma, acima de um nível muito rudimentar, os limites do pensamento são os limites da linguagem ou "o que não podemos dizer, não podemos pensar". Por fim, não há nenhuma experiência digna do nome, decerto nenhum conhecimento, sem conceitos, sem pensamentos. Aplicada à presente questão, essa linha de pensamento produz a conclusão de que toda a ideia de uma experiência puramente auditiva é vazia, a menos

Indivíduos

que se possa dar um sentido, sob uma ótica puramente auditiva, à ideia de objetos auditivos públicos que são também tópicos de discurso entre seres que os ouvem.

Não tentarei, neste momento, me pronunciar sobre os méritos dessa linha de pensamento, pois introduzi antes a palavra "objetivo" dando-lhe um sentido certamente mais tradicional e talvez menos exato tendo em vista a distinção entre si mesmo e os estados de si mesmo, de um lado, e qualquer coisa, do outro lado, que não seja si mesmo ou um estado de si mesmo, mas do qual se tenha ou se possa ter experiência. Então, provisoriamente, interpretarei a questão "As condições de conhecimento de particulares objetivos podem ser satisfeitas por uma experiência puramente auditiva?" assim: "Um ser cuja experiência fosse puramente auditiva poderia fazer uso da distinção entre si mesmo e seus estados, de um lado, e alguma coisa que não é ele mesmo ou um estado de si mesmo, do qual ele tem experiência, do outro?". Visando a uma formulação conveniente, reformularei a pergunta como se segue: "As condições de uma consciência não solipsista podem ser satisfeitas por uma experiência puramente auditiva?". Isto é, por uma consciência não solipsista, eu quero dizer a consciência de um ser que tem um uso para a distinção entre ele mesmo e seus estados, de um lado, e alguma coisa que não é ele mesmo ou um estado de si mesmo, do qual ele tem experiência, do outro, e, por uma consciência solipsista, a consciência de um ser que não tem nenhum uso para essa distinção.

Essa questão, contudo, não é a única a que temos de responder. Acontece que há outra estreitamente associada a ela, a saber: podemos, sob uma ótica puramente auditiva,

97

encontrar algum espaço para o conceito de particulares identificáveis? Existiria, no mundo puramente auditivo, uma distinção entre a identidade qualitativa e a numérica? Isso não parece, à primeira vista, apresentar nenhuma dificuldade particular. Não poderia a continuidade ou descontinuidade audível ser usada como um critério para distinguir sons como particulares? Isto é, suponha, primeiro, que, durante uma determinada fatia temporal de experiência, um som de uma determinada altura, timbre e tom começasse a ser ouvido, continuasse sem interrupção e, então, parasse. Segundo, suponha que, durante essa fatia de experiência, esse som começasse, parasse, começasse de novo e parasse de novo. No primeiro caso, o número de sons como particulares seria um; no segundo, o número de sons como particulares seria dois. Em ambos os casos, existiria somente um e o mesmo som no sentido qualitativo de "mesmo", isto é, somente um som como universal. Mesmo quando um som de algum tipo é contínuo, como é comum quando se ouve música, podemos distinguir sons qualitativamente diferentes dentro do som geral e, portanto, pelo critério da interrupção, exemplos particulares diferentes do mesmo som qualitativo. Também, é claro, podemos, talvez mais facilmente, distinguir particulares sonoros mais complexos, compostos de conjuntos ou sequências de particulares sonoros distinguidos pelo método acima. Isso parece mostrar que poderiam existir particulares sonoros identificáveis – no sentido de *distinguíveis*.

Poderiam, contudo, existir particulares sonoros identificáveis no sentido de *reidentificáveis*? A menos que se responda essa questão com um "sim", o conceito de um particular com o qual estamos trabalhando seria, por assim dizer, um

Indivíduos

conceito muito magro. Ora, é claro, sons poderiam ser reidentificados, se "sons" é considerado no sentido de universais ou tipos. Uma nota, uma sequência de notas ou uma sonata poderia ser reidentificada. Mas que sentido se poderia dar à ideia de identificar um som *particular* como o mesmo de novo depois de um intervalo durante o qual não foi ouvido? Não podemos nos voltar para a identidade de particulares referente ao cenário não auditivo dos sons para justificar nossa afirmação – por exemplo, "Essa é a continuação daquela mesma sequência *particular* de sons que foi ouvida há pouco" –, pois, por hipótese, os sons não têm cenário, exceto outros sons. Pode-se enfatizar a dificuldade considerando o que poderia parecer uma exceção possível a ela. Suponha uma sequência de sons com alguma complexidade – e aqui estou falando de um tipo ou universal – que tem uma determinada, digamos, unidade musical, e à qual eu me referirei como M. Suponha que se possa distinguir nela quatro movimentos A, B, C, D. Suponha que se ouça um exemplo de A e então, depois de um intervalo adequado, se ouça um exemplo de D. O intervalo, contudo, não é ocupado por B e C, mas por outros sons. Não podemos supor que, nesse caso, quando se ouve o exemplo de D, este seja identificado como uma parte do mesmo particular M, do qual o exemplo previamente ouvido de A era uma parte, isto é, que quando se ouve D este é identificado como uma parte do mesmo particular M, como aquele do qual o exemplo A era uma parte, isto é, quando se ouve D, temos um caso do mesmo particular M reaparecendo, por assim dizer, depois de um intervalo e que, assim, temos aqui não somente a reidentificação de um universal, mas a identificação de um particular como o mesmo de novo? Mas, claro, para que essa sugestão seja de alguma utilidade, é preciso supor que temos algum critério para distinguir o caso de uma reaparição do mesmo particular M do caso em que temos apenas um exemplo de A seguido depois de um intervalo por um exemplo de D e em que os dois *não* são partes de um e o mesmo particular M. Isso lembra o caso das duas salas de concerto com a mesma (tipo ou universal) peça de música sendo tocada ao mesmo tempo em ambas. Aqui, os critérios para distinguir entre uma parte posterior da mesma peça *particular* e um exemplo de uma parte posterior da mesma peça *universal* eram bem evidentes; eles dependiam, mais uma vez, do cenário não auditivo. Mas em um mundo puramente auditivo esses critérios não estão disponíveis; e se *nenhum* critério está disponível para fazer a distinção, então não se deu nenhum sentido à ideia de reidentificação de particulares auditivos. A situação não é talvez tão grave como parece, pois se poderia sugerir uma espécie de critério. Poder-se-ia sugerir que, quando os exemplos de A e D fossem sons bastante suaves, enquanto os sons que preenchessem o intervalo entre eles fossem muito altos, então teríamos um caso claro de A e D serem partes do mesmo particular e, quando essa condição não fosse claramente preenchida, então teríamos um caso claro de não serem partes do mesmo particular. Mas as razões para nos sentirmos atraídos por essa sugestão são demasiado evidentes para *nós*. Ela nos ajuda a pensar em partes não ouvidas de um particular M sendo afogadas ou submergidas pelas estridências que intervêm entre o exemplo de A e o de D; e, assim, a pensar que elas estariam lá para serem ouvidas, que teriam sido ouvidas se não fossem essas estridências. Mas agora temos somente de pensar nas razões, nas provas, que temos para pensar em alguma coisa

Indivíduos

como essa na vida real — as raspadas visíveis, mas inaudíveis, do violinista de rua conforme a banda passa pela rua — e, então, perdemos o interesse no critério sugerido para o caso do mundo puramente auditivo.

Entretanto, algumas ideias importantes e inter-relacionadas emergem dessas considerações.

A primeira é a conexão entre a ideia de um particular reidentificável e a ideia da existência continuada de um particular enquanto este não está sendo observado. Essa conexão conferia qualquer atrativo que pudesse ter com base no critério de reidentificação dos particulares sonoros que acabei de considerar e rejeitar. Não era somente porque os sons intervenientes eram altos, mas também porque eles eram altos o suficiente para nós, de dentro do nosso mundo familiar, para pensarmos que eles *afogavam* os sons não ouvidos que ligavam as partes anterior e posterior do particular reidentificado. Mas esse pensamento vinha de maneira demasiado evidente do nosso mundo familiar e não tem relevância, ou ainda não lhe foi dada nenhuma relevância, em nosso mundo imaginário. Ainda temos de mostrar que se pode dar sentido à ideia de uma existência continuada de particulares não observados nesse mundo imaginário.

A primeira ideia leva diretamente à segunda. Levantou-se a questão de se "poderiam existir particulares sonoros reidentificáveis no mundo puramente auditivo?" como se fosse uma questão adicional que se deveria considerar além da outra questão, a saber: "um ser cuja experiência fosse puramente auditiva poderia dar sentido à distinção entre ele mesmo e seus estados, de um lado, e alguma coisa que não seja ele mesmo ou um estado de si mesmo, de outro?". Mas agora parece que essas questões não são independentes. Uma resposta afirmativa à segunda implica uma resposta afirmativa à primeira, pois ter um esquema conceitual no qual uma distinção é feita entre si mesmo ou estados de si mesmo e itens auditivos que não são estados de si mesmo é ter um esquema conceitual no qual a existência de itens auditivos é *logicamente* independente da existência dos estados de si mesmo ou de si mesmo. Assim, é ter um esquema conceitual no qual é logicamente possível que esses itens, estivessem sendo observados ou não, deveriam existir e, portanto, deveriam continuar a existir durante um intervalo em que não estivessem sendo observados. Desse modo, parece que deve ser o caso que poderiam existir particulares reidentificáveis em um mundo puramente auditivo, se as condições de uma consciência não solipsista pudessem ser preenchidas por esse mundo. Ora, poder-se-ia acrescentar, não tem sentido dizer que poderiam existir logicamente particulares reidentificáveis em um mundo puramente auditivo a menos que os critérios para reidentificação pudessem ser formulados e criados em termos puramente auditivos. E se isso é correto, como parece ser, temos a conclusão de que as condições de uma consciência não solipsista podem ser satisfeitas em tal mundo somente se pudermos descrever sob uma ótica puramente auditiva os critérios para a reidentificação de particulares sonoros.

A implicação é válida na outra direção também? Isto é, a existência da ideia de um particular reidentificável e, portanto, da ideia de um particular que continua a existir enquanto não é observado implica a existência da distinção entre si mesmo e estados de si mesmo, de um lado, e o que não é si mesmo ou um estado de si mesmo, de outro? Adiarei por um momento a

Indivíduos

resposta a essa questão. Mais adiante, sugerirei uma técnica para responder a ela e a todas as questões semelhantes, isto é, a todas as questões sobre se alguma coisa é ou não é uma condição suficiente para a existência de uma consciência não solipsista. Notemos de passagem, e rejeitemos, a tentação de dar uma resposta afirmativa a essa questão com base em razões equivocadas. Poder-se-ia estar tentado a responder afirmativamente apenas como um resultado da confusão de duas ideias diferentes: a do ser com a consciência solipsista e a do solipsista filosófico. Mas o ser com a consciência solipsista, a quem, para ser breve, chamarei de o verdadeiro solipsista, não pensaria a si mesmo dessa maneira, nem como um solipsista filosófico, nem como mais nada. Decerto, ele não pensaria que todas as coisas particulares que existissem seriam ele mesmo ou um estado de si mesmo. Quem afirmasse pensar isso poderia certamente ter alguma dificuldade, não necessariamente insuperável, em reconciliar sua doutrina com a ideia de um número de particulares que continuam a existir não observados. Mas o verdadeiro solipsista é antes alguém que simplesmente *não tem uso* para a distinção entre ele mesmo e o que não é ele mesmo. Resta ver se um esquema conceitual que permite particulares reidentificáveis deve necessariamente também dar lugar a essa distinção.

Enquanto isso, passemos para o próximo assunto. Investiguemos como, em nosso mundo familiar, as exigências recém-estabelecidas são satisfeitas. Isto é, com qual característica ou complexo de características de nosso mundo familiar a ideia de particulares reidentificáveis, que existem continuamente enquanto não observados, é mais íntima, natural e genericamente associada? A meu ver, a resposta é simples e óbvia, embora a descrição detalhada da característica em pauta seja de grande complexidade. Em linhas gerais, a ideia crucial para nós é a de um sistema espacial de objetos, por meio do qual uma pessoa, outro objeto, se move, mas o qual se estende além dos limites de sua observação o tempo todo ou, mais genericamente, nunca se revela completamente à observação em nenhum momento. É óbvio que essa ideia fornece a dimensão não temporal necessária para, por assim dizer, abrigar os objetos cuja existência contínua se supõe, embora não observados; ela fornece essa dimensão para objetos que não são eles próprios intrinsecamente espaciais, tais como sons, bem como para objetos que o são. Assim, o sentido mais familiar e de mais fácil compreensão em que existem sons que não ouço agora é o de que há *lugares* nos quais esses sons são audíveis, mas esses são lugares nos quais eu não me encontro agora. Há, é claro, outros sentidos que podem ser dados à ideia de sons não ouvidos. Mas muitos deles dependem de correlações entre fenômenos auditivos e fenômenos de outros tipos (por exemplo, fenômenos não auditivos causalmente associados com fenômenos auditivos) e a extrapolação dessas correlações além dos limites gerais da discriminação humana auditiva. Assim, eles não nos ajudam aqui. Ou então dependem de uma ideia como a de poderes sensíveis falhando. Mas por que pensaríamos que nossos poderes falham em vez de pensarmos que o mundo some? Não se pode usar essa escolha para explicar uma concepção pressuposta por ela.

Voltemo-nos, então, para o sentido mais familiar em que pensamos nos sons que existem agora, mas não são ouvidos por nós, e na sua relação com a ideia de lugares. Já vimos que

Indivíduos

não se pode dar um significado à ideia de lugar e, com ela, à de um sistema espacial de objetos sob uma ótica puramente auditiva. Contudo, parece que precisamos ter uma dimensão diferente da temporal na qual abrigar os particulares sensíveis não ouvidos no presente momento, se formos dar um significado satisfatório à ideia da sua existência não percebida e, portanto, à ideia de reidentificação de particulares em termos puramente auditivos e, portanto, talvez, à ideia de uma consciência não solipsista em um mundo puramente auditivo. Assim, nossa questão se torna a seguinte. Uma vez que não podemos dar nenhuma interpretação, mesmo se empobrecida, de conceitos espaciais sob uma ótica puramente auditiva, podemos pelo menos descobrir alguma espécie de característica variável em itens auditivos que fornecerão o que se pode chamar *uma analogia do espaço*? E, é claro — seja lá o que isso signifique —, uma analogia suficientemente próxima para nossos propósitos?

Mas que proximidade é suficientemente próxima? Queremos que a analogia do espaço se ocupe do particular não percebido, mas existente. Em linhas gerais, queremos que ela se ocupe de alguma coisa como a ideia de ausência e de presença — mas não somente ausência e presença no sentido mais completamente geral que essas palavras possam ter, mas também ausência ou presença em um sentido que pudesse nos permitir falar de alguma coisa que está removida ou separada em um grau maior ou menor do ponto em que estamos. Em outras palavras, queremos uma analogia da distância — de *mais próximo a* e *mais além de* —, pois somente nessa condição teríamos alguma coisa como a ideia de uma dimensão que não a temporal na qual se poderiam pensar que particulares não percebidos existem simultaneamente em *algum tipo de relação sistemática uns com os outros* e com particulares percebidos. Claro, os fenômenos espaciais com os quais estamos buscando uma analogia são infinitamente mais complexos do que isso. Os particulares remotos estão localizados, não apenas em uma dimensão de distância, mas em três; particulares podem ser não percebidos, não porque são muito remotos, mas porque estão escondidos por outros ou porque, de todas as direções em que podemos estar olhando ou sentindo, não estamos olhando ou sentindo na direção deles. Sob a ótica auditiva, porém, podemos perder a esperança de reproduzir analogias para toda essa complexidade. Ao procurar a característica mais simples para a qual poderíamos encontrar uma analogia, parece que a da distância é a mais fácil de todas. Para os aumentos, diminuições e obliterações de perspectiva poderíamos encontrar uma analogia.

É comum distinguir três dimensões de som: timbre, tom e altura. Podemos eliminar o timbre, pois diferenças de timbre não parecem admitir nenhuma ordenação sistemática em série. Tom parece muito mais promissor. De fato, costumeiramente falamos de diferenças de tom com analogia com uma dimensão espacial – falamos de notas mais altas e mais baixas – e, além disso, costumamos representar essas diferenças por intervalos espaciais. Se a analogia vale em uma direção, não poderia valer também na outra? Suponha que imaginamos a experiência puramente auditiva, a qual estamos considerando, com as seguintes características. Ouve-se continuamente um som de um determinado timbre distinto, a uma altura constante, embora com tom variado. Esse som é único em sua continuidade. Podemos chamá-lo o som dominante. Pode-se

Indivíduos

compará-lo ao assobio persistente, de tons variados, o qual, em um aparelho sem fio precisando de conserto, às vezes acompanha os programas que ouvimos. Além do som dominante, ouvem-se outros sons ou sequências de som de vários graus de complexidade. Pode-se supor que algumas dessas sequências têm o tipo de unidade que peças de música têm. Elas se repetem e são reconhecidas. São universais altamente complexos com exemplos particulares. Pode-se imaginar que transições para cima e para baixo do âmbito do tom do som dominante às vezes ocorrem de maneira muito rápida, enquanto em outros momentos o tom do som dominante permanece invariante por períodos bem consideráveis. Pode-se imaginar, por fim, que variações no tom do som dominante estão correlacionadas com variações nos outros sons ouvidos, de uma maneira muito parecida com a que variações na posição do botão de sintonia de um aparelho sem fio estão correlacionadas com os sons que se ouvem no aparelho sem fio. Suponha, assim, que um exemplo particular de uma das sequências de som unitárias mencionada por mim está sendo ouvido. Uma mudança gradual no tom do som dominante é acompanhada por uma diminuição gradual ou um aumento gradual é acompanhado por uma diminuição gradual na altura da sequência de som unitária em pauta até que não é mais ouvida. Se a mudança gradual no tom do som dominante continua na mesma direção, ouve-se uma sequência de som unitária diferente com altura gradualmente crescente. Se é revertida, todo o processo que acompanha é revertido também. Aqui, a comparação é com a perda gradual de sintonia de uma estação e a sintonização de outra — e o contrário para a reversão. Apenas, é claro, em vez de um botão de sintonia ser gradualmente girado, temos uma alteração gradual no tom do som dominante. Se, por outro lado, o tom do som dominante muda muito rapidamente, a mudança é acompanhada por esse tipo de sucessão cacofônica que se obtém ao girar o botão de sintonia em velocidade máxima. E se o tom do som dominante permanece constante, então uma sequência unitária reconhecível de sons se completa devidamente e outra começa.

Nessas circunstâncias, poder-se-ia sentir, a analogia seria suficientemente próxima para produzir a imagem de um mundo sonoro que levasse em conta particulares reidentificáveis. O tom do som dominante determinaria em qualquer momento o análogo auditivo da posição no mundo sonoro naquele momento. Concebe-se, então, que o mundo sonoro contém muitos particulares que não são ouvidos em algum momento, mas audíveis em posições diferentes da que se ocupa naquele momento. Há um critério claro para distinguir o caso da audição de uma parte posterior de uma sequência de som unitária *particular* da qual a parte anterior foi ouvida previamente, do caso mais geral de meramente ouvir a última parte da mesma sequência de som unitária *universal,* da qual uma parte anterior foi ouvida previamente. Suponha, por exemplo, uma determinada sequência de som unitária, à qual podemos nos referir como M (M sendo o nome de um universal), sendo ouvida em um determinado nível de tom do som dominante – digamos, no nível L. Suponha, em seguida, que o som dominante muda muito rapidamente no tom para o nível L' e de volta para o nível L e, então, ouve-se M mais uma vez, alguns compassos tendo sido perdidos. Então, identifica-se o particular sonoro agora sendo ouvido como

Indivíduos

o mesmo exemplo particular de M. Se, durante o mesmo tempo, o som dominante tivesse mudado, não de L para L', e de volta para L, mas de L para L", então, mesmo se se pudesse ouvir M mais uma vez, alguns compassos tendo sido perdidos, não é o mesmo exemplo particular de M que se ouve, mas um exemplo diferente. De novo, o aparelho sem fio fornece a comparação fácil: pode-se dessintonizar uma estação e sintonizar outra, enquanto a mesma peça está sendo tocada ou, em vez disso, pode-se sintonizar uma estação diferente quando a mesma peça está sendo simultaneamente tocada por uma orquestra diferente.

Mas, é claro, embora possa ser razoavelmente persuasiva, razoavelmente atrativa, a analogia não é convincente, e, portanto, o esquema conceitual resultante que leva em conta particulares reidentificáveis também não o é. Nós poderíamos adotar um esquema diferente de descrição que levasse em conta universais reidentificáveis, mas não particulares reidentificáveis. O que não podemos consistentemente fazer é como que parecer aceitar um esquema que leva em conta a reidentificação de particulares sonoros e, então, dizer que, é claro, a identidade de particulares estaria sempre em dúvida, que não haveria possibilidade de *certeza* sobre ela. Essa seria a posição do ceticismo filosófico sobre a identidade de particulares sonoros e, no final das contas, sobre a realidade independente do mundo sonoro. Ela envolveria aquela inconsistência que comentei anteriormente – a aceitação e a rejeição simultâneas de um determinado esquema conceitual para a realidade. Uma alternativa seria interpretá-la como um tipo de defesa confusa de um esquema diferente: nesse caso, de um esquema que ou não levasse em conta a reidentificação de particulares, ou que

Peter F. Strawson

contemplasse critérios mais estritos ou mais complexos de reidentificação do que aqueles por mim descritos.

Detenhamo-nos um pouco para comparar a situação nos mundos auditivo e comum. Ao descrever um esquema possível que leva em conta a reidentificação de particulares sonoros no mundo auditivo, obviamente descrevi um esquema que leva em conta a sua reidentificação sem nenhum tipo de referência a particulares de outro tipo exceto o seu próprio tipo, pois não se considerou nenhum outro tipo de particular. Tanto no mundo auditivo como no mundo comum, a possibilidade de reidentificação de particulares depende da ideia de uma dimensão na qual particulares não percebidos podem ser abrigados, a qual se pode pensar que eles ocupam. Mas, no nosso mundo ordinário, a palavra "abrigado" mal é uma metáfora e a palavra "ocupar" não é uma metáfora de jeito nenhum, pois, em nosso mundo comum, essa "dimensão" é, precisamente, o espaço tridimensional. Ora, é o caráter geral dessa dimensão que, para *todo* esquema conceitual, determina os tipos de particulares que podem ser reidentificados sem dependência de particulares de outros tipos. Assim, em nosso esquema real, os particulares que podem ser reidentificados independentemente dessa maneira devem pelo menos ser coisas intrinsecamente espaciais, ocupantes de espaços; e particulares sonoros, não tendo esse caráter, não são independentemente reidentificáveis. Mas, no esquema imaginado que estamos considerando agora, a dimensão em pauta é fornecida por variações nos fenômenos puramente auditivos. A dimensão é, por assim dizer, o âmbito de tom do som dominante. Assim, particulares reidentificáveis de maneira independente podem, nesse esquema, ser eles próprios puramente auditivos.

Indivíduos

Voltemos à analogia auditiva da distância, por meio da qual tentamos conceber um esquema conceitual que preveja particulares reidentificáveis. Eu disse que a analogia poderia ser razoavelmente persuasiva, mas não convincente. Alguns podem achá-la menos persuasiva do que outros. Posso imaginar uma pessoa que não está nada disposta a ser persuadida por ela argumentando assim: você se referiu aos três tipos característicos de variação dos quais o som é suscetível, a saber, altura, tom e timbre, e tentou fazer que eles, em particular o tom, produzissem entre si o análogo da distância espacial. Um elemento indispensável na construção é o artifício do som dominante. O que quer que se tenha conseguido, isso foi feito com a ajuda desse truque. Se compararmos agora o som com a cor – algo intrinsecamente espacial –, vemos quão fraca a analogia realmente é, pois a cor, como o som, exibe três modos característicos de variação – brilho, saturação e matiz –, dos quais os dois primeiros, como o tom e a altura, admitem uma ordem serial com relação ao grau, enquanto o último, talvez, como o timbre, não admite. No caso de uma cena visual, áreas coloridas podem apresentar-se a nós, exibindo entre elas variações de todos os três tipos simultaneamente e, até aqui, *há* uma analogia com o som. Mas quando essa cena se apresenta a nós, apresenta-se também a nós de modo necessário alguma coisa que simultaneamente exibe um princípio adicional de ordenação de suas partes. Suponha que dividamos a cena como que em seus elementos uniformes, isto é, em elementos que não exibem variação a todo momento, mas cada um dos quais é de um matiz, brilho e saturação definidos. Então, esses elementos simultaneamente apresentados, além de estar relacionados uns aos outros nesses três aspectos, também se apresentam simultaneamente como relacionados em outro aspecto, a saber, em um aspecto que nos leva a caracterizar um elemento como *acima* ou *abaixo* ou à *esquerda* ou à *direita* do outro, ou, se houver alguma dificuldade a respeito dessas palavras no nível fenomênico, que de qualquer forma nos leva a caracterizar um elemento como mais longe de outro em uma certa direção do que um terceiro etc. A ideia é que as relações entre elementos a respeito da dimensão espacial se apresentam todas de uma vez — não precisamos de um tom dominante mutável para nos dar a ideia dessa dimensão. Mas as relações entre elementos a respeito do análogo auditivo da dimensão espacial não podem se apresentar simultaneamente, todas de uma vez. Elas dependem essencialmente da mudança. De modo geral, podem-se ver os dois elementos visuais ao mesmo tempo a uma determinada distância visual um do outro, enquanto não se podem ouvir os dois elementos auditivos ao mesmo tempo como se estivessem a uma determinada distância auditiva um do outro. Ou, para expressar isso de outra maneira, os estados momentâneos das manchas de cor de uma cena visual exibem visivelmente relações espaciais umas com as outras em um determinado momento; ao passo que os estados momentâneos das manchas de som da cena auditiva não exibem auditivamente o análogo auditivo das relações espaciais recíprocas em um determinado momento. Os sons particulares poderiam exibir essas relações somente aumentando ou diminuindo conforme o tom do som dominante varia no tempo, não em seus estados momentâneos. Mas, certamente, a ideia de existência simultânea do percebido e do não percebido está ligada a essa ideia da apresentação simultânea dos elementos, cada um de um caráter definido, mas que exibe

Indivíduos

simultaneamente um sistema de relações além daquelas que surgem do caráter definido de cada um. Por certo, a primeira ideia é necessariamente uma extensão da última, é apenas a ideia desse sistema de relações que se estendem além dos limites da observação. Assim pode argumentar o objetor. (Argumentando assim, a meu ver, ele, pelo menos na última frase, se excede, ao ignorar a importância, para a sua própria doutrina sobre a extensão da ideia desse sistema de relações, da noção de movimento mutuamente relativo da cena e do observador e, portanto, de mudança. Mas ele pode responder a essa dificuldade dizendo que estava enunciando somente uma condição necessária e não uma condição suficiente dessa extensão.) Se o objetor argumentar assim, há um sentido no qual não podemos responder às suas objeções. Isto é, embora possamos complicar nossa imagem do mundo auditivo de muitas maneiras, não podemos, enquanto a mantivermos como uma imagem auditiva, incorporar apenas aquela característica na qual ele parece insistir como uma condição para considerar a analogia do espaço próxima o suficiente para satisfazê-lo. De fato, não se pode conceber nada exceto um sistema de relações espaciais, e possivelmente nada exceto relações espaciais como visualmente percebidas, que *satisfaria* essa condição. Se é assim, então o objetor não está simplesmente criticando nosso método de buscar uma analogia, mas rejeitando a ideia mesma dessa analogia. Isso poderia ser uma coisa razoável, se o motivo para rejeitá-la fosse que não há paralelos formais dignos de consideração entre o sensivelmente espacial e o auditivo. Mas essa opinião seria simplesmente falsa. Dever-se-iam lembrar aqui não somente as analogias espaciais implícitas em nossa fala ordinária sobre sons, mas também a tendência persistente e nem um pouco irracional de críticos de música e das artes plásticas de discutir as propriedades formais das obras que estão criticando com termos que, na sua aplicação literal, pertencem ao vocabulário tanto de uma como de outra.

A incompletude necessária da analogia, então, não é uma objeção decisiva. Resta uma dúvida sobre o *significado* de dizer que temos aqui uma possível reinterpretação da ideia de um não percebido e, portanto, de um particular reidentificável. Quais são os testes para saber se é uma reinterpretação possível ou não? Não penso que exista nenhum teste exceto o que achamos que é satisfatório dizer. Decerto, pode-se influenciar o que achamos apontando aspectos em que o paralelo vale ou não vale – e se podem também sugerir melhorias. Mas nada mais.

A questão sobre se poderíamos encontrar um lugar no mundo puramente auditivo para o conceito de um particular reidentificável não era, contudo, a única questão que nos propusemos. Havia também a questão sobre se as condições de uma consciência não solipsista poderiam ser satisfeitas nesse mundo. Uma resposta afirmativa à primeira questão pareceu pelo menos uma condição necessária para uma resposta à segunda. Deixei em aberto se era também uma condição suficiente. Poderia parecer óbvio que era uma condição suficiente, pois sustentava-se que o conceito de um particular reidentificável implicava o de um particular que existe enquanto não observado e, portanto, em geral, a distinção entre ser observado e ser não observado ou, pelo menos, alguma distinção bem análoga. Mas como pode essa distinção existir sem a ideia de um observador? Como, portanto, pode o ser com

Indivíduos

experiência auditiva fazer uso de alguma distinção desse tipo sem a ideia de *si mesmo* como um observador? Além disso, quando preparávamos a construção do nosso análogo auditivo do espaço, falamos de observadores ordinários que pensam a *si mesmos* como seres que estão em diferentes lugares em momentos diferentes. O ser com experiência puramente auditiva não deve igualmente pensar a *si mesmo* como "em" diferentes lugares no espaço auditivo? Esse raciocínio é atraente.[2] Mas, uma vez que o propósito dessa especulação é pôr o máximo de pressão sobre as associações normais dos nossos conceitos, está de acordo com o nosso programa geral resistir a esse raciocínio atraente, se pudermos. A meu ver, podemos resistir-lhe. A questão, em sua essência, é se é possível traçar uma distinção paralela em outros aspectos à distinção ordinária "observado e não observado" sem precisar de nenhuma ideia tal como ordinariamente expressamos por meio do pronome da primeira pessoa do singular e formas associadas. Por que não poderia ser assim? Consideremos uma técnica possível para responder a essas questões. Devemos imaginar a nós mesmos, nossos si mesmos ordinários, com todo o aparato conceitual e linguístico ordinário, escrevendo relatos sobre uma parte especial da nossa experiência. A parte é definida pela descrição dada do mundo puramente auditivo. Mas a redação dos nossos relatos é governada por uma regra importante. A

---

2 Lembramo-nos aqui da doutrina de Kant da unidade analítica da apercepção, do "eu penso" que acompanha todas as "minhas" percepções. Mas Kant foi muito cuidadoso para esvaziar esse "eu" da força referencial e identificadora. Ele poderia igualmente bem tê-lo deixado inteiramente fora ou o substituído por um "é pensado" impessoal. Ver Capítulo 3, p.145-6.

regra é que, em nossos relatos, não devemos fazer uso de quaisquer conceitos que derivam sua função do fato de que essa parte especial da nossa experiência está de fato integrada à nossa experiência em geral, fez parte de um todo maior. Todos os conceitos ou expressões que devemos empregar encontram sua justificação *dentro* da parte da nossa experiência em pauta. Todos eles devem ser conceitos ou expressões cujo uso achamos essencial ou conveniente apenas para fazer justiça às características internas dessa parte de nossa experiência. Por exemplo, supondo que a descrição do mundo puramente auditivo é como nós a demos até aqui, então se, ao escrever os nossos relatos, escrevermos a frase "Eu ouvi M depois de N em L" (para os propósitos desse exemplo, não importa se "M" e "N" são nomes de universais ou não), teremos violado essa regra importante. Não se deve usar o verbo "ouvir". Este é redundante, uma vez que a descrição do universo do discurso em pauta especifica que ele não contém itens sensoriais exceto sons. E, no que diz respeito à descrição dada até aqui, o pronome pessoal parece igualmente supérfluo. A frase no relato deveria ser lida simplesmente "Observou-se N em L seguido de M". Isto é, para a descrição do universo dado até aqui, não parece que, se seguirmos a regra, precisemos fazer qualquer uso da distinção entre si mesmo e o que não é si mesmo.

Pode parecer que devamos introduzir a necessidade dessa distinção modificando a descrição da seguinte maneira. Até aqui, supusemos que o movimento para cima e para baixo no âmbito do som dominante meramente acontece. Não introduzimos a distinção entre mover e ser movido. Suponha que introduzamos essa distinção, isto é, suponha que o ser cuja

Indivíduos

experiência é puramente auditiva às vezes simplesmente sofra mudança de posição – a mudança simplesmente ocorre – e às vezes ele a inicia. (Se alguém perguntar como se deve entender isso tendo em vista o movimento ao longo de uma escala auditiva, remeto-o às diferenças na maneira como ele antecipa o que vai fazer e o que vai acontecer-lhe – diferenças nos tipos de *conhecimento* que ele tem dessas duas coisas.) Pode parecer que a introdução em nosso universo dessa distinção – a distinção, falando genericamente, entre mudanças que são produzidas e mudanças que meramente ocorrem – necessitaria da introdução da ideia do que produz as mudanças deliberadas e, portanto, da ideia da distinção entre si mesmo e o que não é si mesmo. Decerto, poder-se-ia dizer em uma expressão similar à de Locke, a ideia de si mesmo como um agente forma uma grande parte da ideia de si mesmo. De fato, a meu ver, forma parte e, talvez, uma parte necessária. Contudo, a modificação sugerida do universo imaginado pode ser insuficiente para necessitar a distinção problemática. Suponha que os nossos "relatos" devam ser compostos com um olho no futuro bem como no presente e no passado. Então, ao jogar nosso jogo de escrever relatos para o universo revisado, precisaremos assinalar de alguma maneira a distinção entre o que, em relação ao nosso aparato conceitual ordinário, poderíamos chamar de anúncios de intenção, de um lado, e predições, de outro. Mas pode-se muito bem assinalar essa distinção sem o uso da primeira pessoa. Precisaremos de alguma coisa, talvez, como uma distinção gramatical de voz (esse movimento ocorrerá; esse movimento será executado). Até aqui, porém, não há razão pela qual deveríamos admitir também a distinção gramatical de pessoa. Precisamos distinguir o que acontece por ação do que não acontece assim. Mas não precisamos distinguir entre agentes. O mesmo se aplica a relatos em sentido próprio, isto é, aqueles que se referem ao presente e ao passado. A forma impessoal de artigos científicos, nos quais se traça, contudo, uma distinção entre o que foi *feito* e o que se descobriu acontecer, será perfeitamente adequada para os relatos. Mais exatamente, não precisaremos, na linguagem dos relatos, de uma distinção entre uma forma pessoal e uma forma impessoal.

Se, então, essa modificação do mundo puramente auditivo não bastará, com base no teste sugerido, para produzir as condições de uma consciência não solipsista, quais modificações adicionais ou alternativas são exigidas para produzi-las? De fato, alguma seria suficiente? Essas questões ecoam muitas outras na filosofia, as quais são, de uma ou de outra maneira, associadas à questão do solipsismo. Pense por um momento em nossas concepções ordinárias de nós mesmos, dos tipos de maneiras como falamos de nós mesmos. Não somente nos atribuímos percepção sensível das coisas que não são nós mesmos, e ação e intenção. Atribuímo-nos características físicas de um tipo compartilhado com outros particulares básicos do nosso esquema conceitual real, isto é, temos corpos materiais. Atribuímo-nos pensamentos e sensações, dores e prazeres, que também atribuímos aos outros; e pensamos em nós mesmos como quem tem transações com outros, como quem influencia e é influenciado por eles. Não é óbvio quais dessas características são essenciais para um esquema não solipsista e quais, portanto, devemos tentar reproduzir ou para as quais devemos tentar encontrar análogos nos termos sensórios deliberadamente restritos do mundo auditivo. Poderíamos reproduzir todas essas características, enquanto não estendemos o âmbito da experiência sensível além da auditiva? Parece improvável, mas talvez não seja impossível. Podemos, por exemplo, supor que o nosso habitante do mundo auditivo é capaz não somente de iniciar movimento ao longo do âmbito de tom do som dominante, mas também de iniciar sons de um caráter diferente daqueles não iniciados por ele – dotá-lo, por assim dizer, de uma voz. O problema de equipá-lo com um corpo audível persistente pode ser, talvez, resolvido por meio do próprio som dominante. Este é audível por ele todo o tempo e podemos supor que, para cada habitante do mundo auditivo, existe um som dominante de um timbre diferente, embora ninguém ouça o do outro, exceto quando está no mesmo nível de tom ou quase no mesmo nível de tom que o seu próprio. Dois ouvintes estão, então, no mesmo lugar auditivo. Parece que ainda não conseguimos o que se exige, como é evidente se repensarmos essa descrição em termos da experiência auditiva de um único ser desse tipo. O que introduzimos, ao introduzir diferentes "vozes", são diferentes conjuntos de itens auditivos dos quais se pode supor: (a) que eles são como os sons iniciados por um único ser desse tipo de uma maneira geral; (b) que eles não são como outros sons não iniciados por ele; (c) que cada um desses conjuntos difere de todos os demais conjuntos de maneiras características; (d) que cada conjunto com características diferentes está sempre associado a um som que é como seu próprio som dominante de uma certa maneira geral e nunca é ouvido por ele em um tom diferente ou muito diferente do tom do seu som dominante a todo momento. A direção adicional mais favorável é provavelmente a de supor ao mesmo tempo que: (a) dos sons não iniciados por um ser particular, aqueles que são parecidos aos que são iniciados assim podem ser influenciados indiretamente em determinadas maneiras-padrão por sons que são iniciados por ele; e (b) sons desse caráter tendem a estimular (fornecer "razões" ou "motivos" para) mudanças iniciadas, seja na posição, seja na iniciação do som. Isso parece abrir as portas para alguma coisa como a comunicação. Podemos ainda supor que a habilidade de iniciar movimento é um desenvolvimento para o único ser, não uma capacidade original, e segue como que um período de subordinação a outro som dominante. Evidentemente, ao fazer essas suposições, se estaria tentando produzir uma analogia tão próxima quanto possível da nossa condição humana real. Mas a fantasia, além de ser tediosa, seria difícil de elaborar, pois é muito pouco claro quais características gerais deveríamos tentar reproduzir e por quê. Seria melhor, a esta altura, abandonar o mundo auditivo e enfrentar as questões suscitadas pelo solipsismo em conexão mais próxima com o mundo ordinário. Essa tarefa nos ocupará no próximo capítulo.

Antes de deixar de vez o mundo auditivo, devo considerar uma objeção possível a todo o procedimento deste capítulo. Levantei a questão sobre se poderíamos tornar inteligível a nós mesmos a ideia de um esquema conceitual que se ocupasse de particulares objetivos, mas no qual corpos materiais não fossem básicos para a identificação de particulares; e selecionei o modelo do mundo auditivo como um mundo em que corpos estavam totalmente ausentes. Afirmei que, tendo em vista o modelo, algumas das condições desse esquema poderiam ser preenchidas; mas concluí que, para nos convencermos de que todas elas seriam preenchidas, deveríamos ter

Indivíduos

de reproduzir, nos termos sensíveis restritos disponíveis, cada vez mais características gerais da situação humana real. Em etapas intermediárias na elaboração desse modelo de uma experiência puramente auditiva, disse que ela satisfazia as condições para um esquema conceitual que incluísse tais e tais características do nosso e excluísse tais e tais outras. Mas com que direito eu suponho a possibilidade desses tipos de experiência e desses esquemas? Com que direito, em particular, suponho que poderia existir uma coisa como a consciência solipsista?

Espero já ter antecipado a objeção. Não faço essas suposições aqui questionadas. Minha verdadeira preocupação é com o nosso próprio esquema e os modelos deste capítulo não foram construídos com o propósito de especular sobre o que realmente aconteceria em certas contingências remotas. Seu objeto é diferente. São modelos que servem para testar e fortificar nosso próprio entendimento reflexivo da nossa própria estrutura conceitual. Assim, podemos *supor* tais e tais condições; podemos discutir quais possibilidades e exigências conceituais que, a nosso ver, criam; podemos argumentar que não são, de tais e tais maneiras, as condições para uma estrutura conceitual como a nossa. Em tudo isso, não precisamos afirmar que estamos supondo possibilidades reais mais do que uma pessoa que, em esferas mais estritas do raciocínio, supõe alguma coisa autocontraditória e argumenta de maneira válida a partir dela. De fato, podemos, se quisermos, pensar cada trecho de argumento como precedido por uma cláusula hipotética protetora, por palavras como "Se esse ser, ou esse tipo de experiência, fosse possível...".

3
Pessoas

[1] Cada um de nós distingue entre, de um lado, si mesmo e estados de si mesmo e, de outro, o que não é si mesmo ou um estado de si mesmo. Quais são as condições do nosso fazer essa distinção e como são elas cumpridas? De que maneira a fazemos e por que a fazemos da maneira como fazemos? Pode parecer um termo impróprio referir-me a esse grupo de questões como a questão do solipsismo, mas não tenho escrúpulos quanto à apropriação do nome, pois aquela que costumamos chamar assim não é, como veremos, uma questão genuína de modo nenhum.

Na discussão desse tópico, a noção de identificação de particulares é mais uma vez crucial, sobretudo no sentido de distinguir um particular de outros no pensamento, ou na observação, mas também nos sentidos originais do falante--ouvinte.

Lembremo-nos de alguns dos passos que conduziram a essa questão do solipsismo. Argumentei que, em nosso esquema conceitual real, os corpos materiais, em um sentido amplo da expressão, eram os particulares básicos, isto é, que os corpos materiais poderiam ser identificados e reidentificados sem referência a particulares de outros tipos ou categorias que não os de sua própria categoria, ao passo que a identificação e a reidentificação de particulares de outras categorias repousavam, em última instância, na identificação de corpos materiais. Investiguei, então, se poderíamos tornar inteligível para nós mesmos a ideia de um esquema conceitual que previsse um sistema de particulares objetivos no qual, porém, os corpos materiais não fossem básicos. Isso levou à construção de um modelo de mundo não espacial, no qual todos os itens sensoriais fossem auditivos, mas no qual não pareceu possível encontrar um lugar para a ideia de um particular reidentificável, ao explorar determinados análogos auditivos da ideia de distância espacial. A exigência, contudo, era de um esquema em que a distinção fosse feita entre si mesmo e o que não é si mesmo. Apesar de ter parecido possível que as condições para essa distinção pudessem ser cumpridas nesse mundo, não era óbvio *como* deveriam ser cumpridas. A introdução da ideia de ação – de uma distinção entre mudanças que eram iniciadas por deliberação e aquelas que simplesmente ocorriam – pareceu inadequada para forçar essa distinção crucial; e a tentativa final de produzir no mundo auditivo as condições de uma consciência não solipsista pareceu apenas uma tentativa de copiar sem cuidado as características da nossa experiência humana comum nos restritíssimos termos sensoriais disponíveis. Assim, para tentar tornar mais claro quais são em geral essas condições, pareceu recomendável investigar como de fato elas se cumprem na experiência humana comum.

Indivíduos

Embora eu queira levantar essa questão em relação à nossa experiência humana comum, há, contudo, uma certa vantagem em manter diante da nossa mente a imagem de um mundo puramente auditivo, a imagem de uma experiência muito mais restrita do que a que de fato temos, pois isso pode ajudar a aguçar para nós a questão de que nos ocupamos, pode ajudar a dar-nos um sentido contínuo da estranheza do que, de fato, fazemos; e queremos manter vivo esse sentido de estranheza para ver se efetivamente o enfrentamos e o removemos, em vez de somente perdê-lo ou suprimi-lo. Ajuda desta maneira. Delineamos uma imagem de uma experiência puramente auditiva e a elaboramos até o ponto em que pareceu que o ser de cuja experiência se tratava – se um tal ser era de fato possível – poderia reconhecer universais sonoros e reidentificar particulares sonoros e, em geral, formar para si mesmo uma ideia de seu mundo auditivo, mas ainda, assim pareceu, ele não teria lugar nenhum para a ideia de si mesmo como o sujeito dessa experiência, nem faria uma distinção entre um item especial, isto é, ele mesmo, e outros itens nesse mundo. Não pareceria deveras estranho sugerir que ele poderia distinguir-se a si mesmo como um item entre outros nesse mundo auditivo, isto é, como um som ou uma sequência de sons?, pois como poderia uma tal coisa – um som – ser também o que *tinha* todas aquelas experiências? Contudo, para ter uma ideia de si mesmo, não deve ele ter a ideia de um sujeito das experiências, daquele que as tem? Assim, pode começar a parecer impossível que ele possa ter a ideia de si mesmo – ou, de qualquer modo, a ideia correta, pois, para ter a ideia, parece que deve ser uma ideia de algum ser particular do qual ele tem experiência e que se destaca ou contrasta com outras coisas das quais ele tem experiência, mas que não são ele mesmo. Mas se é apenas um item *dentro* da sua experiência, como pode ser uma ideia daquilo que *tem* todas as suas experiências? E agora parece que chegamos a uma forma de problema que é completamente geral, que se aplica tanto ao mundo comum quanto ao mundo auditivo. Esse deve ser, parece, solúvel para o mundo comum.

Pensemos agora em algumas das maneiras em que comumente falamos de nós mesmos, em algumas das coisas que comumente nos atribuímos. São de muitas espécies. Atribuímo-nos *ações* e *intenções* (estou fazendo, fiz, farei); *sensações* (estou com calor, com dor); *pensamentos* e *sentimentos* (penso, imagino, quero isso, estou bravo, desapontado, contente); *percepções* e *memórias* (vejo isto, ouço isso, lembro aquilo). Atribuímo-nos, em dois sentidos, posições: *lugar* (estou no sofá) e *atitude* (estou deitado). E, claro, atribuímo-nos não apenas condições, estados e situações temporárias como essas, mas também características relativamente permanentes, inclusive características físicas como altura, cor, forma e peso, isto é, entre as coisas que nos atribuímos, estão coisas de uma espécie que também atribuímos aos corpos materiais, aos quais nem sequer sonharíamos em atribuir outras das coisas que nos atribuímos. Ora, nada parece necessitar de explicação no fato de que a altura, cor e posição física particulares que nos atribuímos possam ser atribuídas a *alguma coisa ou outra*, pois aquilo que se chama corpo de alguém é, pelo menos, um corpo, uma coisa material. Ele pode ser destacado de outros, identificado por critérios físicos comuns e descrito em termos físicos comuns. Mas, enquanto mantivermos isso para o indispensável sentido presente de estranheza, pode e deve parecer que necessita de explicação que se atribuam os estados

Indivíduos

de consciência de alguém, as sensações e os pensamentos de alguém *precisamente à mesma coisa* a que se atribuem essas características físicas, essa situação física. Isto é, temos não apenas a questão: *por que se atribuem os estados de consciência de alguém a alguma coisa?* Temos também a questão: *por que eles são atribuídos precisamente à mesma coisa a que se atribuem determinadas características corporais, uma determinada situação física etc.?* Não se deve supor que as respostas a essas questões sejam independentes uma da outra.

[2] É possível, decerto, pensar que se poderia encontrar uma resposta a ambas as questões no papel único que o corpo de cada pessoa desempenha na sua experiência, particularmente na sua experiência perceptiva. Todos os filósofos que lidaram com essas questões se referiram à unicidade desse papel. Descartes estava bem consciente de sua unicidade: "Eu *não* estou presente no meu corpo como um piloto está presente em um navio". Em que consiste essa unicidade? Consiste, é claro, em uma quantidade muito grande de coisas. Considere apenas algumas das maneiras em que o caráter de uma *experiência perceptiva* de alguém é dependente de fatos acerca de seu próprio corpo. Tomemos a sua experiência visual. A dependência é mais complicada e multifacetada do que pode parecer à primeira vista. Primeiro, há aquele grupo de fatos empíricos dos quais o mais familiar é o de que, se as pálpebras daquele corpo estão fechadas, a pessoa não vê nada. A esse grupo, pertencem todos os fatos conhecidos pelos cirurgiões oftálmicos. Segundo, há o fato de que o que cai dentro do seu campo de visão em algum momento depende em parte da *orientação* dos seus olhos, isto é, da direção para a qual aponta

sua cabeça e da *orientação* de seus globos oculares em suas cavidades. E, terceiro, é um fato que *de onde ele vê* – ou qual é seu campo possível de visão em qualquer momento – depende de onde seu corpo está localizado, particularmente a sua cabeça. Divido esses fatos em três grupos porque quero enfatizar que o fato de que a experiência visual é, em todas as três maneiras, dependente de fatos acerca de algum corpo ou alguns corpos não implica que o corpo deveria ser o mesmo corpo em cada caso. É um fato contingente que seja o mesmo corpo, pois é possível imaginar o seguinte caso. Há um sujeito S de uma experiência visual e há três corpos relevantes: A, B e C. (1) Se as pálpebras de B e C estão ou não abertas é causalmente irrelevante para se S vê, mas S vê apenas se as pálpebras de A estão abertas. E se se realiza uma operação nos olhos de A, o resultado afeta a visão de S, mas não a afeta se se realiza uma operação nos olhos de B e C. (2) Onde A e B possam estar, contudo, é completamente irrelevante para o lugar de onde S vê, isto é, para o seu campo possível de visão. Isso é determinado apenas pela localização de C. Enquanto C está na sala de visitas e as cortinas estão abaixadas, S só pode ver o que está na sala de visitas. (Caso se tenha alguma dificuldade com essa ideia de "de onde alguém vê", pode-se pensar na maneira como alguém sabe, ao olhar uma fotografia, onde a câmera estava quando essa fotografia foi tirada. Do mesmo modo, a perspectiva de S sobre o mundo é dada pela posição de C.) Mas (3) a direção para a qual a cabeça e os globos oculares de A e C estão virados é completamente irrelevante para o que S vê. Dada a localização de C, então de todas as visões que são possíveis dessa posição qual é a visão vista por S depende da direção para a qual a cabeça e os globos oculares de B estão

Indivíduos

virados, qualquer que seja o lugar em que B possa se encontrar. Descrevi agora uma situação na qual a experiência visual de S é dependente de três maneiras diferentes do estado ou posição de cada um dos corpos A, B e C. A dependência em cada caso terá determinadas repercussões na maneira como cada um desses corpos poderá ser um objeto de uma experiência visual de S. Assim, S poderá nunca ver A ou B, mas, se vê A ou B, S não pode nunca ver A com as pálpebras de A fechadas e não pode nunca ver o rosto de B, apesar de poder às vezes olhar de relance o perfil de B "com o canto de seu olho" (como *nós* dizemos) e se tornar muito familiar, talvez, com a nuca da cabeça de B. Sempre que S estiver "olhando no" espelho, isto é, tiver uma visão frontal de um espelho, verá a cabeça de C, mas ele pode ter *qualquer* visão da cabeça, isto é, ele não verá necessariamente o rosto. Mas é óbvio que a nossa situação real não é como essa. Claro, de fato, para qualquer sujeito de experiência visual S, há apenas um corpo, de cujo estado e posição o caráter de sua experiência visual é dependente em todas essas três maneiras, e essa tripla dependência tem suas repercussões familiares na maneira como esse mesmo corpo se torna um objeto da experiência visual de S. Notamos a contingência e a complexidade dessa dependência. Se nos voltarmos para a audição e o olfato, os outros sentidos de "distância", a dependência é menos complicada, porque a orientação é comparativamente pouco importante. Mas ainda há a dupla dependência do caráter da experiência com relação à localização e ao estado de determinados órgãos de um e o mesmo corpo. Novamente, esses poderiam ser imaginados existindo em separado. Poderíamos, por exemplo, dar uma definição independente do ponto "a partir do qual" se ouve um som do seguinte modo: um som α, produzido por determinada fonte de som β, é *"ouvido a partir"* do ponto P pelo sujeito S, se, dado que nenhuma outra mudança ocorra exceto o movimento de β, então α é ouvido com mais intensidade por S quando β está em P do que quando está em qualquer outro ponto e é ouvido por S com diminuição constante de intensidade conforme β se afasta de P em qualquer direção. Novamente, então, poderíamos imaginar "o ponto a partir do qual" o som é ouvido por um dado ouvinte como sendo dependente da posição de um corpo, enquanto se aquele ouvinte ouviu de fato alguma coisa dependeria da condição dos ouvidos, dos tímpanos etc. de um outro corpo. Igualmente óbvia é a posição especial de um corpo em relação a todas as experiências de um dado sujeito que se atribuem ao sentido do tato. Inúmeros corpos materiais podem ser observados por um dado sujeito como estando, ou estarão, em contato com outros, mas há apenas um corpo do qual é verdade que, quando aquele corpo é uma parte dessa situação de "estabelecer contato", então o sujeito normalmente tem aquelas experiências às quais alude quando fala de *sentir* algum corpo material ou outro. O sujeito *sente* o punhal ou a pena somente quando o punhal entra, ou quando a pena roça levemente, *esse* corpo.

Esses pontos ilustram algumas das maneiras pelas quais o corpo de uma pessoa ocupa uma posição especial em relação à sua experiência perceptiva. Podemos resumir esses fatos dizendo que para cada pessoa há um corpo que ocupa uma determinada posição *causal* em relação à sua experiência perceptiva, uma posição causal que de várias maneiras é única em relação a cada uma das várias espécies de experiência perceptiva que ela tem; e – como uma consequência adicional – que esse corpo é também único para ela como um *objeto* de várias espécies de experiência perceptiva que ela tem. Também notamos que essa unicidade complexa de apenas um corpo apareceu como sendo uma questão contingente, ou antes um grupo de questões contingentes, pois parece que podemos imaginar muitas combinações peculiares de dependência e independência de aspectos da nossa experiência perceptiva sobre fatos acerca de diferentes corpos.

Lembramo-nos da posição especial que o corpo de uma pessoa ocupa em sua experiência na esperança de que isso pudesse ajudar a proporcionar uma resposta para duas questões: (1) por que se atribuem os estados de consciência de alguém a alguma coisa? e (2) por que são eles atribuídos precisamente à mesma coisa a que se atribuem determinadas características corporais, uma determinada situação física etc.? Mas, agora, devo dizer de imediato que os fatos que estive lembrando não parecem, a meu ver, proporcionar, por si mesmos, nenhuma resposta para nossas questões. Eles proporcionam uma boa explicação de por que um sujeito de experiência deveria ter um olhar muito especial para apenas um corpo, por que ele deveria pensar esse corpo como único e talvez mais importante do que qualquer outro. Eles explicam – se me for permitido falar assim – por que eu me sinto peculiarmente unido ao que de fato chamo meu próprio corpo. Poder-se-ia até dizer que explicam por que, concedido que vou falar de um corpo como *meu*, eu deveria falar *desse* corpo como meu. Mas não explicam por que eu deveria ter o conceito de *eu mesmo*, por que eu deveria atribuir meus pensamentos e minhas experiências a *alguma coisa*. Além disso, ainda que estivéssemos satisfeitos com alguma outra explicação de por que se atribuíram os estados de consciência de alguém, pensamentos e sentimentos e percepções, a *alguma coisa*, e pensássemos que os fatos em pauta bastavam para explicar por que se deveria atribuir a "posse" de um corpo particular à *mesma* coisa (isto é, explicar por que se deveria dizer que um corpo particular está em alguma relação especial — chamada "ser possuído por" — a essa coisa), os fatos em pauta ainda não explicam por que deveríamos, como fazemos, atribuir determinadas características corporais não simplesmente ao corpo que está nessa relação especial à coisa à qual atribuímos pensamentos e sentimentos etc., mas à própria coisa à qual atribuímos aqueles pensamentos e sentimentos, pois dizemos "sou careca" bem como "tenho frio", "estou deitado no tapete da lareira" bem como "vejo uma aranha no teto". Em suma, os fatos em pauta explicam por que um sujeito de experiência deveria distinguir um corpo de outros, dar a esse corpo, talvez, um nome honrado e atribuir-lhe quaisquer características que tiver; mas não explicam de maneira nenhuma por que se deveriam atribuir as experiências a algum sujeito; e, se se devem atribuir as experiências a alguma coisa, esses fatos não explicam por que se deveriam atribuir elas *e* as características corporais que se devem verdadeiramente atribuir ao corpo favorecido à mesma coisa. Assim, os fatos em pauta não explicam o uso que fazemos da palavra "eu", nem como qualquer palavra tem o uso que essa palavra tem. Eles não explicam o conceito que temos de uma pessoa.

[3] Uma reação possível, neste ponto, é dizer que o conceito que temos está errado ou é confuso, ou, se seguirmos a

Indivíduos

regra de não dizer que os conceitos que temos são confusos, que o uso que temos, por meio do qual atribuímos, ou parecemos atribuir, essas diferentes espécies de predicado a uma e à mesma coisa, gera confusão, pois esconde a verdadeira natureza dos conceitos envolvidos ou alguma coisa assim. Pode-se encontrar essa reação em dois tipos muito importantes de concepção sobre essas questões. O primeiro tipo é o cartesiano, a concepção de Descartes e de outros que pensaram como ele. A respeito do segundo tipo, sou mais hesitante, mas há alguns indícios de que Wittgenstein, em um período, e possivelmente também Schlick a sustentaram. Em ambas, as concepções, uma das questões que estamos considerando – a saber, "Por que atribuímos nossos estados de consciência precisamente à mesma coisa a que atribuímos determinadas características corporais etc.?" – é uma questão que não surge, pois, em ambas as concepções, é apenas uma ilusão linguística que se atribuam adequadamente as duas espécies de predicados a uma e mesma coisa, que haja um possuidor comum, ou sujeito, dos dois tipos de predicado. Na segunda dessas concepções, a outra questão que estamos considerando – a saber, "Por que atribuímos os nossos estados de consciência a alguma coisa?" – é também uma questão que não surge, pois, nessa concepção, é apenas uma ilusão linguística que se atribuam os próprios estados de consciência, que exista algum sujeito adequado dessas aparentes atribuições, que estados de consciência pertençam a alguma coisa ou sejam estados dessa coisa.

É bastante conhecido que Descartes sustentou a primeira dessas concepções.[1] Quando falamos de uma pessoa, estamos

---

1 Ou, pelo menos, se supõe isso amplamente, a ponto de justificar que a chamemos de a concepção cartesiana.

realmente referindo-nos a uma ou ambas de duas substâncias diferentes, cada uma das quais tem seus tipos adequados próprios de estado e de propriedade; e nenhum dos estados ou das propriedades de uma delas pode ser um estado ou uma propriedade da outra. Estados de consciência pertencem a uma dessas substâncias e não à outra. Não direi mais nada sobre a visão cartesiana por enquanto – o que tenho a dizer aparecerá depois –, exceto para notar de novo que, enquanto ela escapa a uma de nossas questões, não escapa, mas realmente convida, à outra: "Por que os estados de consciência são *atribuídos* a *algum* sujeito?".

Chamarei a segunda dessas concepções de doutrina do eu "não possessiva" ou "sem sujeito". Tenha alguém sustentado essa concepção explicitamente ou não, é importante reconstruí-la, ou construí-la, em esboço,[2] pois os erros em que ela

---

2 A prova de que Wittgenstein, uma vez, sustentou tal visão pode ser encontrada nos artigos de Moore na *Mind* sobre "Wittgenstein's Lectures in 1930-33" (*Mind*, vol. LXIV, p.13-4). Relata-se que ele sustentou que o uso de "eu" era completamente diferente no caso de "eu tenho uma dor de dente" ou "eu vejo uma mancha vermelha" do seu uso no caso de "eu tenho um dente ruim" ou "eu tenho uma caixa de fósforo". Ele pensava que havia dois usos de "eu" e que, em um deles, "eu" era substituível por "esse corpo". Até aí essa concepção poderia ser cartesiana. Mas ele também disse que, no outro uso (o uso exemplificado por "eu tenho uma dor de dente" enquanto oposto a "eu tenho um dente ruim"), "eu" *não denota um possuidor* e que nenhum Ego está envolvido no pensar ou no ter dor de dente, referindo-se com aparente aprovação ao dito de Lichtenberg de que, em vez de dizer "eu penso", nós (ou Descartes) deveríamos dizer "pensa-se" (isto é, "*Es denkt*").
A atribuição de uma tal concepção a Schlick teria que repousar em seu artigo "Meaning and Verification" (veja *Readings in Philosophical*

Indivíduos

incide são instrutivos. Pode-se presumir que o teórico "não possessivo" começa sua explicação com fatos da espécie que ilustra a posição causal única de um determinado corpo material em uma experiência de uma pessoa. O teórico sustenta que a unicidade desse corpo é suficiente para dar origem à ideia de que se podem atribuir as experiências de alguém a alguma coisa particular e individual, que se pode dizer que são possuídas ou contidas por essa coisa. Essa ideia, ele pensa, embora expressa de modo confuso e infeliz com respeito à posse, teria alguma validade, teria alguma espécie de sentido, enquanto pensarmos nessa coisa individual, a possuidora das experiências, como o próprio corpo. Enquanto pensarmos dessa maneira, atribuir um estado particular de consciência a esse corpo, a essa coisa individual, seria pelo menos dizer algo que poderia ser falso, pois a experiência em pauta poderia ter sido causalmente dependente do estado de algum outro corpo; no sentido presente da palavra, admissível embora infeliz, ela poderia ter "pertencido" a alguma outra coisa

---

Analysis, ed. Feigl and Sellars). Como Wittgenstein, Schlick cita Lichtenberg e, então, diz: "Assim, vemos que, a menos que escolhamos chamar nosso corpo de o possuidor ou portador dos dados [os dados imediatos da experiência] – o que parece ser antes uma expressão enganadora –, temos de dizer que os dados não têm possuidor ou portador". O significado completo do artigo de Schlick é, contudo, obscuro para mim e é muito provável que uma falsa impressão seja dada pela citação de uma única frase. Direi apenas que me apoiei no artigo de Schlick ao construir o caso de meu hipotético teórico "sem sujeito", mas não afirmarei estar representando suas opiniões. O dito anticartesiano de Lichtenberg é, como o argumento subsequente mostrará, um dito que endossarei, se adequadamente usado, mas ele parece ter sido repetido, sem ser entendido, pela maioria dos críticos de Descartes. (Eu não me refiro a Wittgenstein e Schlick.)

individual. Mas agora, o teórico sugere, confundimo-nos: deslizamos do sentido admissível, em que se pode dizer que as experiências de alguém pertencem a alguma coisa particular, ou são possuídas por ela, para um sentido totalmente inadmissível e vazio dessas expressões, em que não se pensa a coisa particular como um corpo, mas como algo diferente, digamos um Ego, cuja única função é proporcionar um possuidor para as experiências. Suponha que chamemos o primeiro tipo de posse, que é realmente um determinado tipo de dependência causal, "ter$_1$" e o segundo tipo de posse, "ter$_2$"; chamemos o indivíduo do primeiro tipo de "C" e o suposto indivíduo do segundo tipo de "E". Então, a diferença é que, conquanto seja uma questão genuinamente contingente que *todas as minhas experiências são tidas$_1$ por C*, aparece como uma verdade necessária que *todas as minhas experiências são tidas$_2$ por E*. Mas a crença em E e a crença em "ter$_2$" é uma ilusão. Apenas aquelas coisas cuja posse é logicamente transferível podem ser possuídas. Assim, experiências não são possuídas por nada exceto no sentido duvidoso de ser causalmente dependentes do estado de um corpo particular; essa é pelo menos uma relação genuína com uma coisa, no sentido de que elas poderiam ter permanecido nessa relação com outra coisa. Uma vez que toda a função de E era possuir experiências, em um sentido logicamente não transferível de "possuir", e que experiências não são possuídas por alguma coisa nesse sentido, pois não há tal sentido de "possuir", E deve ser totalmente eliminado do quadro. Ele só entrou por causa de uma confusão.

A meu ver, deve estar claro que essa explicação do assunto, embora contenha alguns dos fatos, não é coerente. Não é coerente porque quem a sustenta é forçado a fazer uso daquele

Indivíduos

sentido de posse cuja existência ele nega, ao apresentar o seu argumento para a negação. Quando tenta expressar o fato contingente, que pensa dar origem à ilusão do "ego", ele tem de expressá-lo em alguma forma como "todas as *minhas* experiências são tidas₁ pelo (isto é, unicamente dependentes do estado do) corpo C", pois qualquer tentativa de eliminar o "minhas", ou qualquer expressão com força possessiva similar, produziria alguma coisa que não seria de maneira nenhuma um fato contingente. A proposição de que *todas* as experiências são causalmente dependentes do estado de um corpo C, por exemplo, é simplesmente falsa. O teórico pretende dizer que todas as experiências *tidas por uma determinada pessoa* são contingentemente dependentes dessa maneira. E o teórico não pode argumentar com consistência que "todas as experiências de uma pessoa P" *significa a mesma coisa que* "todas as experiências contingentemente dependentes de um determinado corpo C", pois, então, sua proposição não seria contingente, como a sua teoria exige, mas analítica. Ele deve pretender estar falando de alguma classe de experiências de cujos membros é de fato contingentemente verdadeiro que são todos dependentes do corpo C. A característica definidora dessa classe é, de fato, que elas são "*minhas* experiências" ou "experiências *de* alguma pessoa", em que a ideia de posse expressa por "minhas" e "de" é a que ele põe em questão.

Essa incoerência interna é um assunto sério quando se trata de negar o que *prima facie* é o que ocorre, isto é, atribui-se genuinamente os próprios estados de consciência a alguma coisa, a saber, a si mesmo, e essa espécie de atribuição é precisamente aquilo que o teórico julga insatisfatório, ou seja, é tal que não parece fazer sentido sugerir, por exemplo, que a dor idêntica que de fato era a sua própria poderia ter sido a de outrem. Não temos de procurar longe para entender o lugar dessa espécie de posse logicamente não transferível no nosso esquema geral de pensamento, pois se pensamos, uma vez mais, sobre as exigências da referência identificadora a estados *particulares* de consciência, ou experiências privadas, na fala, vemos que não se pode referir dessa maneira identificadora a esses particulares, exceto como estados ou experiências *de* alguma *pessoa* identificada. Estados, ou experiências, poder-se-ia dizer, *devem* sua identidade como particulares à identidade da pessoa da qual são estados ou experiências. Disso se segue imediatamente que, se podem mesmo ser identificados como estados ou experiências particulares, eles devem ser possuídos ou atribuíveis exatamente daquela maneira ridicularizada pelo teórico "não possuidor", isto é, da maneira em que é logicamente impossível que um estado ou experiência particular de fato possuído por alguém possa ter sido possuído por qualquer outro. As exigências da identidade excluem a transferibilidade lógica da posse. Assim, o teórico poderia manter sua posição somente negando que poderíamos alguma vez referir-nos a estados ou experiências particulares; e *essa* posição é ridícula.

Podemos notar, mesmo agora, uma possível conexão entre a doutrina "não possuidora" e a posição cartesiana. A última é, sem nenhum rodeio, um dualismo de dois sujeitos, ou dois tipos de sujeito. A primeira poderia, um pouco paradoxalmente, ser também chamada de um dualismo: um dualismo de um sujeito – o corpo – e um não sujeito. Podemos suspeitar que o segundo dualismo, paradoxalmente assim chamado, surge do primeiro dualismo, não paradoxalmente assim chamado. Em outras palavras, se tentarmos pensar naquilo a que se atribuem os estados de consciência como algo completamente diferente daquilo a que se atribuem determinadas características corporais, então de fato se torna difícil ver por que se deveriam atribuir estados de consciência a alguma coisa ou se deveria pensá-los como pertencendo a alguma coisa. Quando pensamos nessa possibilidade, podemos também pensar em uma outra, a saber, que tanto o teórico cartesiano quanto o teórico não possessivo estão profundamente errados em sustentar, como cada um deve sustentar, que há dois usos de "eu", num dos quais ele denota algo que não denota no outro.

[4] O teórico não possessivo não explica todos os fatos. Ele explica alguns deles. Ele dá a entender, corretamente, que a posição ou papel único de apenas um corpo na experiência de alguém não é uma explicação suficiente do fato de que as experiências, ou estados de consciência, de alguém são atribuídos a alguma coisa que os *tem* com aquela espécie de posse peculiar não transferível que está aqui em pauta. Pode ser uma parte necessária da explicação, mas não é, por si mesma, uma explicação suficiente. O teórico, como vimos, vai além e sugere que talvez seja uma explicação suficiente de alguma outra coisa, a saber, do nosso *pensar* confuso e equívoco de que se devem atribuir estados de consciência a alguma coisa dessa maneira especial. Mas isso, como vimos, é incoerente, porque envolve a negação de que os estados de consciência de alguém são de alguma pessoa. Evitamos a incoerência dessa negação, ao passo que concordamos que o papel especial de apenas um corpo na experiência de alguém não basta para explicar por que se deveria atribuir essa experiência a alguma pessoa. O

fato desse papel especial não dá, por si mesmo, uma razão suficiente de por que o que *nós* pensamos como um sujeito de experiência deveria ter algum uso para a concepção de si mesmo como um tal sujeito.

Quando digo que a explicação do teórico não possessivo não considera todos os fatos, tenho em mente um pensamento muito simples, mas muito central nessa questão, a saber, é uma condição necessária para a atribuição de estados de consciência e experiências a si mesmo, na maneira como se faz, que se deva também atribuí-los, ou estar preparado para atribuí-los, a outros que não são si mesmo.[3] Isso não significa menos

---

3 Posso imaginar uma objeção à forma não qualificada dessa afirmação, uma objeção que se pode formular como se segue. Certamente, a ideia de um predicado aplicável unicamente, isto é, um predicado que pertence a apenas um único indivíduo, não é absurda. E se não o é, então certamente o máximo que se pode afirmar é que uma condição necessária da atribuição de predicados de uma certa classe a um indivíduo, isto é, a si mesmo, é que se deve estar preparado, ou pronto, nas ocasiões adequadas, a atribuí-los a outros indivíduos e, portanto, que se deve ter uma concepção do que seriam aquelas ocasiões adequadas para atribuí-los, mas não necessariamente que alguém deva realmente fazer assim em alguma ocasião.

O caminho mais curto para lidar com a objeção é admiti-la ou, pelo menos, abster-se de discuti-la, pois a premissa menor é tudo o que o argumento estritamente exige, apesar de ser um pouco mais simples conduzi-lo à luz da premissa maior. Mas é conveniente apontar, além disso, que não estamos falando de um predicado isolado, mas de toda uma enorme classe de predicados, tal que a aplicabilidade daqueles predicados ou suas negações define um tipo lógico maior ou categoria de indivíduos. Insistir, nesse nível, na distinção entre a premissa maior ou menor é levar a distinção de um nível no qual ela é claramente correta para um nível em que ela pode aparecer como vã e possivelmente sem sentido.

do que diz. Significa, por exemplo, que as expressões atribuidoras são usadas precisamente no mesmo sentido quando o sujeito é outrem e quando o sujeito é ele mesmo. É claro, o pensamento de que isso é assim não oferece problemas para o não filósofo: o pensamento, por exemplo, de que "com dor" significa o mesmo se se diz "estou com dor" ou "ele está com dor". O dicionário não dá dois conjuntos de significados para cada expressão que descreve um estado de consciência: um significado para a primeira pessoa e um significado para as segunda e terceira pessoas. Mas para o filósofo esse pensamento ofereceu problemas. Como o sentido poderia ser o mesmo quando o método de verificação é tão diferente nos dois casos – ou antes, quando *há* um método de verificação em um caso (o caso dos outros) e não, propriamente falando, no outro caso (o caso de si mesmo)? Ou, de novo – um escrúpulo mais sofisticado –, como pode ser correto falar em *atribui*ção no caso de si mesmo?, pois, decerto, pode existir uma dúvida sobre a atribuição só se houver ou se pudesse haver uma dúvida sobre a identificação daquilo a que a atribuição é feita e, apesar de poder haver uma dúvida sobre a identificação daquele que está com dor quando esse alguém é um outro, como pode haver essa dúvida quando esse alguém é ele mesmo? Mas essa pergunta responde a si mesma tão logo nos lembramos de que *falamos* primariamente para outros, para a informação de outros. Em um sentido, de fato, não há dúvida de eu ter de *dizer quem é* que está com dor, quando eu

---

A principal ideia aqui é puramente lógica: a ideia de um predicado é correlativa àquela de uma *série* de indivíduos distinguíveis dos quais se pode afirmar o predicado com significado, embora não necessariamente de modo verdadeiro.

estou com dor. Em outro sentido, contudo, posso ter de *dizer quem é*, isto é, dar a saber aos outros quem é.

O que acabei de dizer explica, talvez, como se pode adequadamente dizer que alguém atribui estados de consciência a si mesmo, dado que ele pode atribuir a outros. Mas como é que ele pode atribuí-los a outros? Ora, uma coisa é certa aqui: *se* se pensam as coisas às quais alguém atribui estados de consciência, ao atribuí-las a outros, como conjuntos de egos cartesianos aos quais somente experiências privadas podem, em gramática lógica correta, ser atribuídas, *então* essa questão é irrespondível e esse problema, insolúvel. Se, ao identificar as coisas às quais se devem atribuir os estados de consciência, só se tiver experiências privadas em que basear-se, então, precisamente pela mesma razão pela qual, do ponto de vista de uma pessoa, não há dúvida no dizer que uma experiência privada é a sua própria, tampouco há dúvida no dizer que uma experiência privada é de outrem. Todas as experiências privadas, todos os estados de consciência serão meus, isto é, de ninguém. Em suma: podem-se atribuir estados de consciência a si mesmo somente se se puder atribuí-los a outros. Podem-se atribuí-los a outros somente se se puderem identificar outros sujeitos de experiência. E não se podem identificar outros se se puderem identificá-los *somente* como sujeitos de experiência, possuidores de estados de consciência.

Poder-se-ia objetar que essa maneira de lidar com o cartesianismo é muito sumária. Afinal, não há dificuldade em distinguir corpos uns dos outros, nenhuma dificuldade em identificar corpos. Isso não nos dá uma maneira indireta de identificar sujeitos de experiência, enquanto preservamos o modo cartesiano? Não podemos identificar um tal sujeito como, por exemplo, "o sujeito que tem com esse corpo a mesma relação especial que eu tenho com este corpo", ou, em outras palavras, "o sujeito daquelas experiências que estão na mesma relação causal única com o corpo N como *minhas* experiências estão com o corpo M"? Essa sugestão, porém, é inútil. Ela exige que eu tenha notado que *minhas* experiências estão em uma relação especial com o corpo M, quando é precisamente o direito de falar de *minhas* experiências que está em questão. Ou seja, ela exige que eu tenha notado que *minhas* experiências estão em uma relação especial com o corpo M; mas ela exige que eu tenha notado isso como uma condição para ser capaz de identificar outros sujeitos de experiência, isto é, como uma condição para eu ter a ideia de mim mesmo como um sujeito de experiências, isto é, como uma condição para pensar quaisquer experiências como *minhas*. Enquanto persistirmos em falar, no modo dessa explicação, de experiências, de um lado, e de corpos, de outro, o máximo que me será permitido ter notado é que experiências, *todas* as experiências, estão em uma relação especial com o corpo M, que o corpo M é único precisamente nessa maneira, que isso é o que torna o corpo M único entre os corpos. (Esse "máximo" talvez seja excessivo – por causa da presença da palavra "experiências".) A explicação oferecida diz: "Outro sujeito de experiência é distinguido e identificado como o sujeito daquelas experiências que estão na mesma relação causal única com o corpo N em que estão *minhas* experiências com o corpo M". E a objeção é: "Mas o que faz a palavra 'minhas' nessa explicação?". Não é como se a explicação pudesse prosseguir sem essa palavra. Há outra objeção, à qual voltaremos.[4] Ela diz: "Que direito temos, nessa explicação, de falar do sujeito, implicando unicidade? Por que não deveria existir qualquer número de sujeitos de experiência – talvez qualitativamente indistinguíveis –, cada sujeito e cada conjunto de experiências estando na mesma relação única com o corpo N (*ou* com o corpo M)? Unicidade do corpo não garante a unicidade da alma cartesiana".

O que temos de reconhecer, para começar a nos livrar dessas dificuldades, é a primitividade do conceito de uma pessoa. O que quero dizer com o conceito de uma pessoa é o conceito de um tipo de entidade tal que *tanto* os predicados atribuidores de estados de consciência *como* os predicados atribuidores de características corpóreas, de uma situação física etc., são igualmente aplicáveis a um único indivíduo daquele tipo único. O que quero dizer ao falar que esse conceito é primitivo pode ser expresso de diversas maneiras. Uma maneira é retornar àquelas duas questões que apresentei anteriormente: a saber, (1) por que se atribuem os estados de consciência a alguma coisa? e (2) por que são atribuídos precisamente à mesma coisa a que se atribuem as características corporais, uma determinada situação física etc.? Observei no começo que não se deveria supor que as respostas a essas questões seriam independentes uma da outra. Devo dizer agora que estão associadas desta maneira: uma condição de se atribuírem os estados de consciência é a de que se deveria atribuí-los *precisamente à mesma coisa* a que se atribuem determinadas características corpóreas, uma determinada situação física etc. Isto é, não se poderiam atribuir estados de consciência de maneira

---

4 No próximo capítulo. Veja p.185-8.

Indivíduos

nenhuma, *a menos que* fossem atribuídos a pessoas, no sentido que reivindiquei para essa palavra. Somos tentados a conceber uma pessoa como um tipo composto de duas espécies de sujeitos: um sujeito de experiências (uma consciência pura, um ego), de um lado, e um sujeito de atributos corpóreos, de outro. Muitas questões surgem quando pensamos dessa maneira. Mas, em particular, quando nos perguntamos como chegamos a cunhar o conceito desse composto de dois sujeitos, ou a dar-lhe um uso, a imagem – se somos honestos e cuidadosos – é apta a mudar da imagem de dois sujeitos para a imagem de um sujeito e um não sujeito, pois se torna impossível ver como poderíamos chegar à ideia de sujeitos diferentes, distinguíveis e identificáveis – consciências diferentes – *se se pensar essa ideia como logicamente primitiva*, como um ingrediente lógico na ideia composta de uma pessoa, a última sendo composta de dois sujeitos, porque nunca poderia haver dúvida sobre a atribuição de uma experiência, como tal, a algum sujeito senão a si mesmo; e, portanto, nunca poderia haver dúvida sobre a sua atribuição a si mesmo também, não haveria dúvida sobre a sua atribuição a um sujeito. Assim, o conceito de uma consciência individual pura – o ego puro – é um conceito que não pode existir ou, pelo menos, não pode existir como um conceito primário com base no qual se pode explicar ou analisar o conceito de pessoa. Ele pode existir, se puder, somente como um conceito secundário e não primitivo, que tem de ser ele próprio explicado e analisado com base no conceito de uma pessoa. Era a entidade correspondente a esse conceito primário e ilusório da consciência pura, a substância-ego, que Hume estava procurando, ou, ironicamente, fingindo procurar, quando olhou para dentro de si mesmo e se queixou de não ter nunca descoberto a si mesmo sem uma percepção, nem podia descobrir nada senão a percepção. Com maior gravidade – e dessa vez não havia nenhuma ironia, mas uma confusão, uma confusão de Nêmesis para Hume –, era essa a entidade para a qual Hume inutilmente procurou o princípio de unidade, confessando-se perplexo e derrotado; procurou inutilmente porque não há princípio de unidade quando não há princípio de diferenciação. Também foi a essa que Kant, mais perspicaz aqui do que Hume, concedeu uma unidade puramente formal ("analítica"): a unidade do "eu penso" que acompanha todas as minhas percepções e, portanto, poderia igualmente bem não acompanhar nenhuma. Finalmente, é dessa unidade, talvez, que Wittgenstein falou quando disse, do sujeito, primeiro que não havia tal coisa e, depois, que não era parte do mundo, mas seu limite.

Assim, então, a palavra "eu" nunca se refere a isso, ao sujeito puro. Mas isso não significa, como o teórico não possessivo deve pensar, que "eu" em alguns casos não se refere de maneira nenhuma. Ele refere-se; porque eu sou uma pessoa entre outras; e os predicados que *per impossibile* pertenceriam ao sujeito puro, se fosse possível referir-se a ele, pertencem propriamente à pessoa a que "eu" de fato se refere.

O conceito de uma pessoa é logicamente anterior ao de uma consciência individual. Não se deve analisar o conceito de uma pessoa como o de um corpo animado ou de uma alma corporificada. Isso não quer dizer que o conceito de uma consciência individual pura não poderia ter uma existência logicamente secundária, se alguém pensar, ou julgar, que isso é desejável. Falamos de uma pessoa morta – um corpo – e da mesma maneira secundária podemos pelo menos pensar em

Indivíduos

uma pessoa descorporificada. Uma pessoa não é um ego corporificado, mas um ego poderia ser uma pessoa descorporificada, mantendo o benefício lógico da individualidade de ter sido uma pessoa.

[5] É importante compreender todo o alcance do reconhecimento que se faz ao reconhecer-se a primitividade lógica do conceito de uma pessoa. Deixe-me repetir em poucas palavras as etapas do argumento. Não haveria dúvida sobre atribuir-se os próprios estados de consciência, ou experiências, a alguma coisa, a menos que também se atribuísse, ou se estivesse preparado para e se fosse capaz de atribuir, estados de consciência, ou experiências, a outras entidades individuais do mesmo tipo lógico que essa coisa a que se atribuem seus próprios estados de consciência. A condição de considerar a si mesmo como um sujeito desses predicados é a de que se deveria também considerar outros como sujeitos desses predicados. A condição, por sua vez, de que isso seja possível, é a de que se deveria ser capaz de distinguir uns dos outros, separar ou identificar diferentes sujeitos desses predicados, isto é, diferentes indivíduos do tipo em pauta. A condição, por sua vez, de isso ser possível é que os indivíduos em pauta, inclusive si mesmo, deveriam ser de um determinado tipo único: de um tipo, a saber, tal que a cada indivíduo desse tipo devem ser atribuídos, ou atribuíveis, *tanto* estados de consciência *como* características corporais. Mas essa caracterização do tipo é ainda muito opaca e nem sequer exibe de maneira clara o que está envolvido. Para exibir isso, tenho de fazer uma divisão imprecisa, em dois tipos, das espécies de predicados que se aplicam adequadamente a indivíduos desse tipo. A primeira

espécie de predicado consiste naqueles que também se aplicam adequadamente a corpos materiais aos quais nem sequer sonharíamos em aplicar os predicados atribuidores de estados de consciência. Chamarei essa primeira espécie de predicados-M: eles incluem coisas como "pesa 10 quilos", "está na sala de visitas" e assim por diante. A segunda espécie consiste em todos os outros predicados que aplicamos a pessoas. Esses, chamarei de predicados-P. Predicados-P, é claro, serão muito variados. Eles incluirão coisas como "está sorrindo", "está indo passear", bem como coisas como "está com dor", "está pensando profundamente", "crê em Deus" e assim por diante.

Até aqui, eu disse que se deve entender o conceito de uma pessoa como o conceito de um tipo de entidade tal que *tanto* predicados atribuidores de estados de consciência *como* predicados atribuidores de características corporais, de uma situação física etc. sejam igualmente aplicáveis a uma entidade individual desse tipo. Tudo o que eu disse sobre o significado de dizer que esse conceito é primitivo é que não se deve analisá-lo de uma determinada maneira ou maneiras. Não devemos pensar nele, por exemplo, como uma espécie secundária de entidade em relação a duas espécies primárias, a saber, uma consciência particular e um corpo humano particular. Dei a entender também que o erro cartesiano é apenas um caso especial de um erro mais geral, presente em uma forma diferente nas teorias do tipo não possessivo, de pensar que as designações, ou designações aparentes, de pessoas *não* denotam precisamente a mesma coisa ou entidade para todas as espécies de predicados atribuídos à entidade designada. Isto é, se devemos evitar a forma geral desse erro, *não* devemos conceber "eu" ou "Smith" como sofrendo de ambiguidade de tipo. De fato, se quisermos situar essa ambiguidade em algum lugar, poderíamos situá-la melhor em determinados predicados como "está na sala de visitas", "foi atingido por uma pedra" etc., e dizer que eles significam uma coisa quando aplicados a objetos materiais e outra quando aplicados a pessoas.

Isso é tudo o que eu disse ou dei a entender até agora sobre o significado de dizer que o conceito de pessoa é primitivo. O que se deve agora trazer à luz é quais são as implicações de dizer isso com respeito ao caráter lógico desses predicados com os quais atribuímos estados de consciência. Para esse propósito, podemos considerar os predicados-P em geral, pois, embora nem todos os predicados-P sejam o que chamamos de "predicados que atribuem estados de consciência" (por exemplo, "ir passear" não o é), pode-se dizer que eles têm isso em comum, que implicam a posse de consciência da parte daquilo a que são atribuídos.

Quais são, então, as consequências dessa concepção quanto ao caráter dos predicados-P? A meu ver, são as seguintes. Claramente, não há sentido em falar de indivíduos identificáveis de um tipo especial, um tipo tal que eles possuam tanto predicados-M quanto predicados-P, a menos que haja em princípio alguma maneira de dizer, com respeito a qualquer indivíduo desse tipo e a qualquer predicado-P, se esse indivíduo possui esse predicado-P. E, no caso de pelo menos alguns predicados-P, as maneiras de dizer devem constituir, em algum sentido, espécies logicamente adequadas de critérios para a atribuição do predicado-P. Com efeito, suponha que em nenhum caso essas maneiras de dizer constituíssem espécies de critério logicamente adequadas. Então, teríamos de pensar a relação entre as maneiras de dizer e aquilo que o predicado-P atribui, ou parte do que atribui, sempre da seguinte maneira: teríamos de pensar nas maneiras de dizer como *sinais* da presença, no indivíduo em pauta, dessa coisa diferente, a saber, do estado de consciência. Mas então só poderíamos saber que a maneira de dizer que era um sinal da presença da coisa diferente atribuída pelo predicado-P pela observação das correlações entre os dois. Mas cada um de nós somente poderia fazer essa observação em um único caso, a saber, o seu próprio caso. E agora voltamos à posição do defensor do cartesianismo, que pensava que a nossa maneira de lidar com isso era muito sumária, pois, agora, o que significa "o próprio caso"? A ideia de atribuir estados de consciência a si mesmo só tem sentido se o atribuidor já souber como atribuir pelo menos alguns estados de consciência a outros. Assim, ele não pode argumentar em geral "a partir do seu próprio caso" para conclusões sobre como fazer isso, pois, a menos que já saiba como fazer isso, ele não tem concepção do *seu próprio caso*, nem de nenhum *caso*, isto é, de nenhum sujeito de experiências. Ao contrário, ele somente tem indícios de que se pode esperar dor etc. quando determinado corpo é afetado de determinadas maneiras, e não quando outros corpos o são. Se ele especulasse a favor do contrário, suas especulações seriam imediatamente falsificadas.

A conclusão aqui não é, obviamente, nova. O que eu disse é que alguém atribui predicados-P a outros com base na observação de seus comportamentos e que os critérios de comportamento em que alguém se baseia não são apenas sinais da presença do que é significado pelo predicado-P, mas são critérios de uma espécie logicamente adequada para a

Indivíduos

atribuição do predicado-P. A favor dessa conclusão, contudo, estou afirmando que ela se segue de uma consideração das condições necessárias para qualquer atribuição de estados de consciência para qualquer coisa. A ideia não é que devemos aceitar essa conclusão para evitar o ceticismo, mas que devemos aceitá-la para explicar a existência do esquema conceitual em cujos termos o problema cético está formulado. Mas, uma vez aceita a conclusão, o problema cético não surge. Assim se dá com muitos problemas céticos: sua formulação envolve a pretensa aceitação de um esquema conceitual e, ao mesmo tempo, o repúdio silencioso de uma de suas condições de existência. É por isso que eles são, da maneira como estão formulados, insolúveis.

Mas essa é apenas uma metade do quadro sobre predicados-P, pois, claro, é verdadeiro a respeito de algumas classes importantes de predicados-P que, quando alguém os atribui *a si mesmo*, não o faz com base na observação daqueles critérios de comportamento com base nos quais alguém os atribui aos outros. Isso não é verdadeiro em relação a todos os predicados-P. Não é, em geral, verdadeiro a respeito daqueles que contêm avaliações de caráter ou de capacidade: esses, quando autoatribuídos, são em geral atribuídos sobre a mesma espécie de base que aquela sobre a qual são atribuídos aos outros. Mesmo desses predicados-P, dos quais é verdadeiro que alguém geralmente não os atribui a si mesmo com base no mesmo critério pelo qual os atribui aos outros, há muitos dos quais é também verdadeiro que sua atribuição é passível de correção pelo autoatribuidor sobre essa base. Mas ainda há muitos casos nos quais se tem uma base inteiramente adequada para atribuir um predicado-P a si mesmo e, contudo, essa base é totalmente distinta daquelas em que se atribui o predicado a outrem. Assim, diz-se, relatando um estado presente da mente ou uma sensação: "sinto-me cansado, estou deprimido, estou com dores". Como pode esse fato ser reconciliado com a doutrina de que os critérios com base nos quais se atribuem predicados-P aos outros são critérios de uma espécie logicamente adequada para essa atribuição?

A dificuldade aparente em produzir essa reconciliação pode tentar-nos em muitas direções. Pode tentar-nos, por exemplo, a negar que essas autoatribuições são realmente atributivas, a *assimilar* as atribuições de primeira pessoa de estados de consciência àquelas outras formas de comportamento que constituem os critérios com base nos quais uma pessoa atribui predicados-P a outra. Esse expediente parece evitar a dificuldade e não é, em todos os casos, inteiramente inadequado. Mas obscurece os fatos e não é necessário. É apenas uma forma sofisticada da incapacidade de reconhecer o caráter especial de predicados-P ou, antes, de uma classe crucial de predicados-P, pois, assim como não há em geral um processo primário de aprendizado, ou de ensino a si mesmo, de um significado interno privado para predicados dessa classe, então outro processo de aprendizado para aplicar esses predicados a outros com base em uma correlação, percebida no próprio caso, com determinadas formas de comportamento, também não há em geral um processo primário de aprendizado para aplicar esses predicados a outros com base em critérios comportamentais e, então, outro processo de aquisição da técnica secundária de exibir uma nova forma de comportamento, a saber, afirmações-P em primeira pessoa. Ambos esses quadros são recusas em reconhecer o caráter lógico único dos predicados em foco. Suponha que escrevamos "Px" como a forma geral da função proposicional desse predicado. Então, de acordo com o primeiro quadro, a expressão que primariamente substitui "x" nessa forma é "eu", o pronome singular de primeira pessoa, e seus usos com outras substituições são secundárias, derivadas e inseguras. De acordo com o segundo quadro, de outro lado, as substituições primárias de x nessa forma são "ele", "essa pessoa" etc. e seu uso com "eu" é um uso secundário, peculiar e não verdadeiramente atributivo. Mas é essencial para o caráter desses predicados que eles tenham ambos os usos atributivos de primeira e terceira pessoa, que sejam ambos autoatribuíveis de outra maneira que não com base na observação do comportamento do seu sujeito e atribuíveis a outrem com base em critérios observacionais. Aprender seu uso é aprender os dois aspectos de seu uso. Para *ter* esse tipo de conceito, deve-se ser tanto um autoatribuidor quanto um atribuidor a outrem desses predicados e deve-se ver todo outro como autoatribuidor. Para *entender* esse tipo de conceito, deve-se reconhecer que há uma espécie de predicado que não é ambígua nem adequadamente atribuível *tanto* com base na observação do sujeito do predicado *quanto* sem essa base, isto é, independente da observação do sujeito: o segundo caso é o caso em que o atribuidor é também o sujeito. Se não houvesse conceitos que correspondessem à caracterização que acabei de dar, então realmente não haveria problema filosófico acerca da alma, mas tampouco teríamos o nosso conceito de pessoa.

Para expor a ideia — com uma certa crueza inevitável — com respeito a um conceito particular dessa classe, digamos, o de depressão. Falamos de comportar-se de uma maneira deprimida (de um comportamento depressivo) e também falamos de sentir-se deprimido (de uma sensação de depressão). Está-se inclinado a argumentar que sensações podem ser sentidas, mas não observadas, e que o comportamento pode ser observado, mas não sentido, e que, portanto, deve haver uma fissura aqui para introduzir uma cunha lógica. Mas o conceito de depressão recobre essa fissura em que se quer introduzir a cunha. Poderíamos dizer: para que haja um tal conceito como o de depressão de X, a depressão que X tem, o conceito deve abarcar tanto o que é sentido, mas não observado, quanto o que pode ser observado, mas não sentido, por outros que X (para todos os valores de X). Mas talvez seja melhor dizer: a depressão de X é algo, uma e a mesma coisa, que é sentido, mas não observado, por X e observado, mas não sentido, por outros que não são X. (Claro, o que se pode observar também pode ser fingido ou disfarçado.) Recusar-se a aceitar isso é recusar-se a aceitar a *estrutura* da linguagem em que falamos sobre a depressão. Em um certo sentido, está tudo bem. Pode-se desistir de falar ou inventar, talvez, uma estrutura diferente com a qual soliloquiar. O que não está certo é simultaneamente pretender aceitar aquela estrutura e recusar-se a aceitá-la, isto é, formular a sua rejeição na linguagem daquela estrutura.

É sob essa luz que devemos ver algumas das dificuldades filosóficas no tópico da mente, pois algumas delas brotam precisamente da dificuldade de admitir, ou de entender por completo, o caráter que eu estive reivindicando para pelo menos alguns predicados-P. Não se vê que esses predicados não poderiam ter um aspecto de seu uso, o autoatributivo ou o não autoatributivo, sem ter o outro aspecto. Em vez disso, um aspecto do seu uso é admitido como autossuficiente, o que ele não poderia ser e, então, o outro aspecto aparece como problemático. Assim, oscilamos entre o ceticismo filosófico e o comportamentalismo filosófico. Quando consideramos o aspecto autoatributivo do uso de alguns predicados-P, digamos "deprimido", como primário, então um fosso lógico parece abrir-se entre os critérios com os quais dizemos que alguém está deprimido e o estado real de estar deprimido. O que não percebemos é que se se permite abrir esse fosso lógico, então ele engole não apenas a sua depressão, mas também a nossa depressão, pois se o fosso lógico existe, então o comportamento deprimido, ainda que haja muito dele, não é mais do que um sinal de depressão. Mas esse comportamento só pode tornar-se sinal de depressão por causa de uma correlação observada entre ele e a depressão. Mas depressão de quem? Apenas minha, alguém estará tentado a dizer. Mas se é *somente* minha, então *não* é minha de maneira nenhuma. É comum a posição cética representar o cruzar do fosso lógico como, no melhor dos casos, uma inferência insegura. Mas a ideia é que nem mesmo a sintaxe das premissas da inferência existe, se o fosso existe.

Se, de outro lado, considerarmos os usos atributivos a outros desses predicados como primários ou autossuficientes, podemos chegar a pensar que tudo o que existe no significado desses predicados, enquanto predicados, são os critérios apoiados nos quais os atribuímos a outros. Isso não se segue da negação do fosso lógico? Não, não se segue. Pensar que se segue é esquecer o uso autoatributivo desses predicados, esquecer que lidamos com uma classe de predicados cujo significado depende essencialmente de que eles possam ser tanto autoatribuíveis quanto atribuíveis a outros para o mesmo indivíduo, quando não se fazem as autoatribuições com a base observacional com a qual se fazem atribuições a outros, mas com outra base. Não é que esses predicados tenham duas espécies de significado. Antes, é essencial para a única espécie de significado que têm que as duas maneiras de os atribuir devam estar perfeitamente em ordem.

Se alguém está jogando um jogo de cartas, as marcas distintivas de uma determinada carta constituem um critério lógico adequado para chamá-la, digamos, a Dama de Copas, mas, ao chamá-la assim, no contexto do jogo, estar-se-á atribuindo a ela propriedades além da posse dessas marcas. O predicado adquire o seu significado a partir de toda a estrutura do jogo. Assim se passa também com a linguagem na qual atribuímos predicados-P. Dizer que os critérios com base nos quais atribuímos predicados-P a outros são de uma espécie logicamente adequada para essa atribuição não é dizer que tudo o que há no significado atributivo desses predicados são esses critérios. Dizer isso é esquecer que eles são predicados-P, esquecer o resto da estrutura da linguagem a que pertencem.

[6] Ora, as nossas perplexidades podem assumir uma forma diferente, a forma da pergunta: "Mas como pode alguém atribuir a si mesmo, sem base na observação, exatamente a mesma coisa que outros podem ter razões de uma espécie logicamente adequada para atribuir a alguém, com base na observação?". Pode-se absorver essa questão em uma mais ampla, que se pode formular assim: "Como são possíveis predicados-P?" ou: "Como é possível o conceito de pessoa?".

Indivíduos

Essa é a questão pela qual substituímos aquelas duas questões anteriores, a saber: "Por que se atribuem estados de consciência, por que são atribuídos a alguma coisa?" e "Por que eles são atribuídos exatamente à mesma coisa a que se atribuem determinadas características corpóreas etc.?", pois não se deve encontrar a resposta a essas duas questões iniciais em nenhum outro lugar senão na admissão da primitividade do conceito de pessoa e, portanto, do caráter único dos predicados-P. Assim, as perplexidades residuais têm de ser articuladas dessa nova maneira, pois, quando tivermos reconhecido a primitividade do conceito de pessoa e, com ela, o caráter único dos predicados-P, podemos ainda querer perguntar o que nos fatos naturais torna inteligível que devamos ter esse conceito e perguntar isso na esperança de uma resposta não trivial, isto é, na esperança de uma resposta que não diga *meramente*: "Bem, há pessoas no mundo". Não pretendo ser capaz de satisfazer plenamente essa exigência. Mas posso mencionar duas coisas muito diferentes que podem valer como o começo ou como fragmentos de uma resposta.

Primeira, penso que se pode começar movendo uma determinada classe de predicados-P para uma posição central no quadro. Eles são predicados, em linhas gerais, que envolvem fazer alguma coisa, que claramente implicam intenção, um estado da mente ou, pelo menos, consciência em geral e que indicam um padrão característico, ou uma série de padrões, de movimento corporal, embora não indiquem com precisão nenhuma sensação ou experiência muito definida. Quero dizer coisas como "sair para passear", "enrolar uma corda", "jogar bola", "escrever uma carta". Esses predicados têm a característica interessante de muitos predicados-P: a de que, em geral, não os atribuímos a nós mesmos apoiados na observação, ao passo que os atribuímos a outros apoiados na observação. Mas, no caso desses predicados, sente-se pouquíssima relutância para conceder que o que se atribui dessas duas maneiras diferentes é o mesmo. Isso é por causa da notável dominância de um padrão bastante definido de movimento corporal no que eles atribuem e da ausência notável de qualquer experiência distintiva. Eles liberam-nos da ideia de que somente coisas que podemos saber sem observação ou inferência, ou ambas, são experiências privadas; podemos saber, sem dizer por qualquer desses meios, sobre os movimentos presentes ou futuros de um corpo. Contudo, movimentos corporais são certamente também coisas que podemos saber por observação e por inferência. Entre as coisas que observamos, que contrastam com as coisas que sabemos sem observação, estão os movimentos de corpos similares àquele de que temos conhecimento não baseado na observação. É importante que possamos entender esses movimentos, pois eles influenciam e condicionam os nossos e, de fato, nós os entendemos, os interpretamos, somente ao vê-los como elementos precisamente nesses planos ou nesses esquemas de ação como aqueles dos quais sabemos o curso presente ou o desenvolvimento futuro sem a observação dos movimentos relevantes presentes. Mas isso é dizer que vemos esses elementos como *ações*, que os interpretamos em função da intenção, que os vemos como movimentos de indivíduos de um tipo aos quais também pertence aquele indivíduo cujos movimentos presentes e futuros conhecemos sem observação; isto é, vemos os outros como autoatribuidores, sem base na observação, do que lhes atribuímos com essa base.

Indivíduos

Essas observações não têm a intenção de sugerir como se poderia resolver o "problema das outras mentes", nem de dar às nossas crenças sobre outros uma "justificação" filosófica geral. Já argumentei que uma "solução" ou "justificação" desse tipo é impossível, que não se pode formular coerentemente a sua exigência. Nem têm essas observações a intenção de ser uma psicologia genética *a priori*. Elas têm apenas a intenção de ajudar a tornar inteligível para nós, nesse estágio da história da filosofia desse assunto, que temos o esquema conceitual que temos. O que estou sugerindo é que é mais fácil entender como nós nos vemos uns aos outros, e a nós mesmos, como pessoas, se pensarmos primeiro no fato de que agimos, que agimos uns sobre os outros e agimos de acordo com uma natureza humana comum. Ora, "ver uns aos outros como pessoas" são muitas coisas, mas não muitas coisas separadas e desconectadas. A classe de predicados-P que movi para o centro do quadro não está ali sem conexões, separada de outros predicados irrelevantes para ela. Ao contrário, esses predicados-P estão inextricavelmente ligados aos outros, entrelaçados com eles. O tópico da mente não se divide em assuntos desconexos.

Acabei de falar de uma natureza humana comum. Mas também há um sentido em que uma condição da existência do esquema conceitual que temos é que a natureza humana não deveria ser comum – isto é, não deveria ser uma natureza comunitária. Filósofos costumavam discutir a questão se havia, ou poderia haver, uma coisa tal como uma "mente grupal". Para alguns, a ideia tinha uma fascinação peculiar, enquanto para outros ela parecia um absurdo completo e sem sentido e, ao mesmo tempo, curiosamente, perniciosa. É fácil

Peter F. Strawson

ver por que estes últimos a achavam perniciosa: eles achavam horrível o pensamento de que as pessoas devessem cessar de ter para com as pessoas individuais a espécie de atitudes que eles tinham e, em vez disso, ter atitudes de algumas maneiras análogas para com grupos; e que eles devessem cessar de decidir cursos individuais de ação para elas mesmas e, em vez disso, meramente participar em atividades corporativas. Mas achá-la perniciosa mostrava que entendiam muito bem a ideia que afirmavam ser absurda. O fato de que achamos natural individuar como pessoas os membros de uma determinada classe de objetos naturais moventes não significa que esse esquema conceitual é inevitável para qualquer classe de seres não completamente diferentes de nós. Uma técnica similar àquela que usei no último capítulo para decidir se havia lugar no mundo auditivo restrito para o conceito de si mesmo está disponível para determinar se não poderíamos construir a ideia de um tipo especial de mundo social no qual o conceito de uma pessoa individual é substituído por aquele de um grupo. Pense, para começar, em determinados aspectos da existência humana real. Pense, por exemplo, em dois grupos de seres humanos engajados em alguma atividade competitiva, mas corporativa, tal como uma batalha, para a qual eles foram extremamente bem treinados. Podemos mesmo supor que ordens são supérfluas, apesar de informações serem passadas. É fácil supor que, enquanto absortos em tal atividade, os membros dos grupos não fazem nenhuma referência a pessoas individuais, não têm uso para nomes ou pronomes pessoais. Eles, contudo, fazem referência a grupos e aplicam a esses grupos predicados análogos àqueles predicados que atribuem atividade intencional que normalmente aplicamos a pessoas

Indivíduos

individuais. Eles podem *de fato* usar em tais circunstâncias as formas plurais "nós" e "eles", mas esses não são plurais genuínos, são plurais sem um singular, tal como ocorre em frases como: "nós tomamos a cidadela", "nós perdemos o jogo". Eles podem também referir-se a elementos no grupo, a membros do grupo, mas exclusivamente com termos que adquirem sentido dos papéis desempenhados por esses elementos na atividade corporativa. Assim, às vezes referimo-nos ao que de fato são pessoas como "atacante" ou "defensor".

Quando pensamos nesses casos, vemos que nós mesmos, sobre uma parte da nossa vida social – não, felizmente, uma parte muito grande –, realmente trabalhamos com um conjunto de ideias do qual se exclui aquela da pessoa individual, no qual o seu lugar é tomado por aquela do grupo. Mas não poderíamos pensar em comunidades ou grupos tais que essa parte das vidas de seus membros seria a parte dominante – ou não seria somente uma parte, mas o todo? Às vezes acontece, com grupos de seres humanos, que, como *nós* dizemos, seus membros pensam, sentem e agem "como um". Sugiro que é uma condição para a existência do conceito de uma pessoa individual que isso deva acontecer somente às vezes.

A esta altura, é completamente inútil dizer: "De todo modo, mesmo se isso ocorresse o tempo todo, cada membro do grupo *teria* uma consciência individual, incorporaria um sujeito individual de experiência", pois, uma vez mais, não tem sentido falar da consciência individual exatamente como tal, do sujeito individual de experiência exatamente como tal; não há maneira de identificar essas entidades puras. É verdade, claro, que, ao sugerir a fantasia da absorção total no grupo, considerei o nosso conceito de pessoa individual como ponto de partida. É esse fato que torna a reação inútil em uma reação natural. Mas suponha que alguém propusesse com seriedade a seguinte "hipótese": cada parte do corpo humano, cada órgão e cada membro, teria uma consciência individual, seria um centro separado de experiências. A "hipótese" seria inútil da mesma maneira que a observação anterior, só que mais obviamente inútil. Vamos supor agora que há uma classe de objetos naturais moventes, divididos em grupos, cada grupo exibindo o mesmo padrão característico de atividade. Dentro de cada grupo há certas diferenciações de aparência acompanhando diferenciação de função e, em particular, há um membro de cada grupo com aparência distintiva. Não pode alguém imaginar diferentes conjuntos de observações que poderiam levar-nos em um caso a pensar o membro particular como o porta-voz do grupo e, no outro caso, pensá-lo como sua boca, pensar o grupo como um único corpo *disperso*? A ideia importante é que, tão logo adotemos a última maneira de pensar, então abandonamos a primeira; não estamos mais influenciados pela analogia humana na sua primeira forma, mas apenas na sua segunda forma, não estamos mais tentados a dizer: "Talvez os membros tenham consciência". É útil aqui lembrar a ambiguidade surpreendente da expressão "um corpo e seus membros".

[7] Antes, quando estava discutindo o conceito de consciência individual pura, eu disse que, embora não possa existir como um conceito primário a ser usado na explicação do conceito de pessoa (de modo que não existe o problema mente-corpo, tal como tradicionalmente concebido), ele pode ter, contudo, uma existência logicamente secundária. Assim, a partir do nosso esquema conceitual real, cada um de nós pode

Indivíduos

de modo inteiramente inteligível conceber sua sobrevivência individual à morte corporal. O esforço da imaginação não é sequer grande. Basta pensar em si mesmo como quem tem pensamentos e memórias como no presente, experiências visuais e auditivas em grande parte como no presente, mesmo, talvez — apesar de isso envolver certas complicações —, algumas sensações semitáteis e orgânicas como no presente, enquanto (a) não tem percepções de um corpo relacionado à sua experiência como o seu próprio corpo está relacionado e (b) não tem poder de iniciar mudanças na condição física do mundo, tal como no presente se faz com as próprias mãos, ombros, pés e cordas vocais. Deve-se expandir a condição (a) acrescentando-se que nenhuma outra pessoa exibe reações que indicam que ela percebe um corpo no ponto em que o corpo desse alguém estaria ocupando se esse alguém estivesse vendo ou ouvindo em um estado corporificado a partir do ponto em que esse alguém está vendo e ouvindo em um estado descorporificado. Poder-se-ia, é claro, imaginar a condição (a) sendo preenchida, em ambas as partes, sem que a condição (b) fosse preenchida. Isso seria uma imaginação muito vulgar, da classe dos espíritos assombrosos com vozes familiares. Mas suponha que tomemos a descorporificação estritamente no sentido em que imaginamos as duas condições (a) e (b) preenchidas. Então, seguem-se duas consequências, uma das quais é comumente notada, a outra das quais é talvez insuficientemente abordada. A primeira é que o indivíduo descorporificado por completo é completamente solitário e, de fato, deve permanecer para ele uma especulação de todo vazia, embora não sem sentido, saber se há quaisquer outros membros de sua classe. A outra, uma ideia menos comumente notada, é que, para reter sua ideia de si mesmo como um indivíduo, ele deve sempre pensar em si mesmo como *descorporificado*, como uma pessoa *anterior*. Isto é, ele deve dar um jeito para ainda ter a ideia de si mesmo como um membro de uma classe ou tipo de entidade com o qual, contudo, ele está agora impedido de entrar em qualquer uma daquelas transações cujo fato pretérito era a condição de que ele tinha alguma ideia de si mesmo. Uma vez que, então, não tem nenhuma vida pessoal própria para levar, ele deve viver muito das memórias da vida pessoal que levou; ou poderia, quando esse viver do passado perdesse seu apelo, alcançar alguma espécie de existência pessoal vicária atenuada ao tomar uma certa espécie de interesse nos afazeres humanos dos quais é testemunha muda e invisível – como se fosse aquela espécie de espectador em uma peça que diz para si mesmo: "Isso é o que eu deveria ter feito (ou dito)" ou "se eu fosse ele, eu faria...". À medida que as memórias se apagam e esse viver vicário perde a graça, o seu conceito de si mesmo torna-se atenuado. No limite da atenuação não há, *do ponto de vista de sua sobrevivência enquanto indivíduo*, diferença entre a continuidade da experiência e sua cessação. A sobrevivência descorporificada, sob essa ótica, pode parecer pouco atraente. Não há dúvida de que é por essa razão que os ortodoxos têm sabiamente insistido na ressurreição do corpo.

4
Mônadas

Eu gostaria agora de considerar brevemente algumas características de uma doutrina metafísica, ou sistema metafísico, que serve de maneira interessante para associar o problema da consciência individual ao tópico geral da identificação. Refiro-me, com uma determinada qualificação, ao sistema das mônadas de Leibniz. A qualificação é esta: quando me refiro ao sistema de Leibniz, não estarei muito preocupado se as concepções que discuto não são idênticas em todos os pontos às concepções sustentadas pelo filósofo histórico com esse nome. Usarei o nome "Leibniz" para referir-me a um filósofo possível pelo menos muito similar a Leibniz em determinados aspectos doutrinais, pouco importando se eles são indiscerníveis ou não nesses aspectos.

Para começar, devo mencionar duas maneiras importantes em que o sistema de Leibniz vai contra, ou pelo menos parece ir contra, teses a favor das quais argumentei. Discuti, no início, o problema teórico geral de garantir a unicidade da referência a um particular. A solução teórica geral do problema reside no fato de que, para um falante que faz referências, o seu próprio entorno imediato fornecia pontos comuns de referência em relação ao qual se poderia garantir a unicidade da referência a qualquer outro item que pertence à armação única espaçotemporal em que ele mesmo estava localizado. Aceitar essa solução era aceitar a posição teórica geral de que a identificação de particulares repousa em última instância no uso de expressões com alguma força demonstrativa, egocêntrica ou reflexiva do exemplo, pois o significado da posição teoricamente central do ponto de referência na vizinhança do falante é que ambiguidades de referência com relação a esse ponto são excluídas pelo uso de demonstrativos, em conjunção com descrições adequadas, embora não elaboradas. É verdade que o problema teórico para o qual essa era a solução apareceu como um problema muito artificial. Também é verdade que se mostrou, entretanto, que a solução era a chave para a estrutura do nosso pensamento real; mostrou-se que a identificação de particulares repousa de fato no uso de expressões que, direta ou indiretamente, incorporam uma força demonstrativa, pois essa identificação repousa sobre o uso de uma armação unificada de conhecimento de particulares na qual nós mesmos temos um lugar conhecido. Para os propósitos deste capítulo, contudo, a conexão entre a solução teórica e a nossa prática real é de importância secundária. Tudo o que importa é que a estrutura geral do nosso pensamento permite o problema e fornece a solução.

Ora, a aplicação dessa conclusão teórica sobre a identificação de particulares não está confinada ao nosso esquema conceitual real, no qual os corpos materiais são básicos. Ela ainda vale para o mundo auditivo em que particulares sonoros são básicos. Esse é um mundo sem espaço e o papel de

Indivíduos

demonstrativos é correspondentemente restrito.[1] Embora tivéssemos de introduzir, em termos auditivos, um análogo do espaço para dar lugar à ideia de particulares reidentificáveis, não parece que seriam necessários demonstrativos para determinar um ponto no análogo de espaço ou, pelo menos, não parece que eles seriam necessários para esse propósito, enquanto nos confinássemos ao modelo simples e inicial do mundo auditivo com o som dominante único. Com efeito, enquanto nos limitarmos assim, podemos determinar descritivamente, parece, pontos no análogo de espaço, como níveis de tom diferentes do som dominante, enquanto se pode identificar o próprio som dominante como *o som pelo qual nenhum som está desacompanhado*. Mas, em todo caso, mesmo se pudéssemos determinar descritivamente pontos no análogo de espaço ou não, ainda seriam necessários demonstrativos para a identificação de particulares: demonstrativos de tempo ou, antes, o demonstrativo singular "agora". Somente por referência às suas respectivas posições na ordem temporal relativa ao presente momento poderiam dois particulares sonoros indistinguíveis qualitativamente no mesmo nível de tom do som dominante ser, em última instância e teoricamente, diferenciados.

---

1 Devem-se entender essa observação e as seguintes à luz das minhas explicações gerais da maneira como se devem entender discussões dessas construções especulativas como o mundo sem espaço. Pensando nessas construções como parte de nossa experiência ordinária, podemos perguntar: quais conceitos e modos de expressão que ordinariamente empregamos julgamos necessários para fazer justiça às características distinguíveis dentro dessa parte de nossa experiência? Ver Capítulo 2, p.115 etc.

Isso sugere, então, que a indispensabilidade teórica de um elemento demonstrativo no pensamento identificador sobre particulares é não somente uma peculiaridade deste ou daquele esquema conceitual que leva em conta particulares, mas também uma característica necessária de todo esquema conceitual, de toda ontologia, nos quais particulares ocorrem. Essa é uma sugestão que aceito sem hesitação. Em primeiro lugar, vale necessariamente para todo sistema que incorpora particulares, em que os particulares são entidades espaciais, temporais ou espaçotemporais. Considero isso como provado a partir da consideração dos dois exemplos de esquemas conceituais examinados, a saber, o nosso próprio e o do mundo auditivo, pois os argumentos aduzidos serviriam igualmente bem para quaisquer outros termos sensíveis – se quaisquer outros são possíveis – em que se pudesse construir uma ontologia de particulares puramente temporal ou uma espaçotemporal. A forma do argumento é geral em cada caso. Quanto a um sistema puramente espacial – que se pode conceber como um estado instantâneo de um mundo espaçotemporal –, o fato de que, para resolver o problema da identificação para o mundo espaçotemporal, os demonstrativos têm de ter tanto força espacial como temporal, também parece ser decisivo nesse caso. Em segundo lugar, parece-me necessariamente verdadeiro – para antecipar um pouco – que um sistema que não leva em conta entidades espaciais ou temporais não pode ser um sistema que leve em conta particulares em geral ou, pelo menos, nós não podemos entendê-lo como tal. Essa é a mesma ideia defendida por Kant, quando diz que espaço e tempo são as nossas únicas formas de intuição. Se unirmos essas duas ideias, segue-se que, em geral, a referência

Indivíduos

identificadora a particulares repousa em última instância no uso de expressões que incorporam, direta ou indiretamente, uma força demonstrativa ou, para o expressar à luz do pensamento em vez da linguagem, que o pensamento identificador sobre particulares necessariamente incorpora um elemento demonstrativo.

Ora, o sistema de Leibniz opõe-se, ou parece opor-se, a essa tese, ao dizer que vale, para os indivíduos básicos do sistema – isto é, para as mônadas –, uma determinada formulação da doutrina da Identidade dos Indiscerníveis. De acordo com essa doutrina, na única formulação digna de discussão, é uma verdade necessária que existe, para todo indivíduo, alguma descrição em termos puramente universais ou gerais tal que apenas aquele indivíduo corresponde a essa descrição. A mera adesão à doutrina tal como acabei de enunciá-la não implicaria por si mesma e diretamente a contradição da tese de que a identificação de particulares exige demonstrativos, pois talvez fosse possível, embora estranho, aceitar a doutrina tal como acabei de enunciá-la e, contudo, pensar que é teoricamente impossível dar alguma especificação geral de um tipo de descrição com termos puramente gerais que fosse uma verdade necessária que somente um indivíduo correspondesse a uma descrição desse tipo. Isto é, poder-se-ia pensar que é impossível *especificar* algum tipo de descrição puramente geral que garantisse a unicidade de algum particular a que se aplicasse, conquanto se pense que é necessário que deva *existir* uma descrição geral unicamente aplicável para cada objeto. Nesse caso, dever-se-ia admitir, suponho, que a solução para o problema teórico da identificação de particulares exigiria a admissão de elementos demonstrativos nas descrições particulares como um *pis-aller*, que somente sob essa condição se poderia especificar um tipo de descrição que garantisse a unicidade; e, é claro, esse não seria um tipo de descrição com termos universais. Leibniz, contudo, não sustentou essa posição intermediária bastante desconfortável. Ele sustentou a posição muito mais satisfatória de crer que ele *poderia* especificar um tipo de descrição puramente geral, de modo que não mais do que uma mônada, ou indivíduo básico, poderia corresponder a alguma descrição desse tipo. Ele pensava que poderia especificar o tipo de descrição em pauta, mas não que poderia realmente dar uma tal descrição, pois somente Deus poderia fazer isso. Uma descrição desse tipo era o que ele chamava às vezes de uma "noção completa" de um indivíduo. É característico de uma descrição desse tipo ser uma descrição de um indivíduo, mas também, em certo sentido, uma descrição do universo inteiro. É uma descrição, ou representação, do universo inteiro de um determinado ponto de vista. Ser dessa maneira uma descrição universalmente exaustiva é o que garante a unicidade de sua aplicação.

Voltarei a considerar os méritos dessa posição em breve. Antes, devo mencionar a segunda maneira mencionada por mim em que o sistema de Leibniz se opõe às teses que sustentei. Sustentei, em linhas gerais, que não se pode construir um princípio de individuação para a consciência como tal e, portanto, que nada pode ser um sujeito de predicados que implica consciência, a menos que seja, naquele sentido da palavra que implica também a posse de atributos corpóreos, uma pessoa, ou pelo menos tenha sido uma pessoa. Ora, os indivíduos básicos do sistema de Leibniz não são materiais, não têm partes espaciais, são de fato consciência, sujeitos de

Indivíduos

percepção e de apercepção. Esse enunciado, se quiséssemos ser fiéis ao Leibniz clássico, exigiria muitas qualificações. Mesmo para ser fiel ao meu Leibniz possível, exige algumas. Seria melhor dizermos, não que as mônadas *são* mentes, mas que mentes são o modelo mais próximo e mais fácil para as mônadas de todas as categorias que empregamos. Para o Leibniz histórico, por exemplo, diz-se somente de uma subclasse das mônadas que são conscientes e somente uma subclasse dos estados de mônadas conscientes são estados conscientes; e, no final das contas, revela-se que as mônadas, além de serem entidades não espaciais, são entidades não temporais também. Essas qualificações, exceto a última, eu ignorarei por completo. Para o meu Leibniz, o modelo para uma mônada é uma mente. Assim, o aspecto importante no qual o seu sistema se opõe à segunda tese sustentada por mim é a posição que essas entidades similares às mentes ocupam como indivíduos básicos, ou seja, como entidades para as quais se pode construir um princípio de individuação sem referência a pessoas ou a corpos, tendo em vista unicamente seus próprios estados, isto é, tendo em vista estados de consciência ou análogos monádicos desses estados.

Vejamos como se diz que a individuação está assegurada, como supostamente se garante a unicidade da mônada por um determinado tipo de descrição. A doutrina que temos de examinar é a doutrina segundo a qual cada mônada representa o universo inteiro do seu próprio ponto de vista. Essa doutrina deve ser desdobrada passo a passo. Ora, o que se considera único para cada mônada é o seu ponto de vista. Assim, comecemos por uma consideração literal da ideia de um ponto de vista, isto é, por considerar a ideia de um ponto de vista a partir do qual se pode examinar uma cena extensa espacialmente. Suponha que afirmamos que um ponto de vista assim poderia ser individuado, determinado unicamente por uma descrição, com termos universais, do caráter e das relações dos elementos do campo visual que existia daquele ponto de vista. Poder-se-ia objetar que, se a cena ou área em pauta fosse relativamente extensa e o campo visual acessível aos diferentes pontos de vista fosse relativamente restrito, essa descrição do campo visual de um dado ponto de vista poderia não se aplicar unicamente a esse ponto de vista, pois poderia existir outro ponto de vista, a alguma distância do primeiro, no qual um campo visual totalmente similar existisse. Ora, pode parecer que se poderia responder a essa objeção estipulando que os campos visuais que existem em todos os pontos de vista seriam não menos extensos do que a cena ou área total, pontos de vista com base nos quais deveriam ser individuados; que cada campo visual abrangesse toda a cena. Nesse caso, talvez parecesse que não poderiam existir dois pontos de vista diferentes nos quais os campos visuais fossem qualitativamente indistinguíveis. Claro, é nisso que consiste dizer que a mônada representa, ou reflete, o universo inteiro de seu ponto de vista.

Um pouco mais de reflexão, contudo, mostra que essa maneira de individuar pontos de vista ainda não obtém sucesso nenhum. Basta imaginar que o universo em pauta é repetitivo ou simétrico de determinadas maneiras para ver que poderia haver pontos de vista numericamente distintos a partir dos quais as cenas apresentadas seriam qualitativamente indistinguíveis, embora abrangessem todo o universo. Filósofos imaginaram várias possibilidades complicadas desse tipo, mas uma ilustração muito simples servirá. Pense em um tabuleiro de xadrez. O universo que devemos considerar está limitado por suas bordas. O universo consiste, portanto, de um arranjo limitado de quadrados pretos e brancos.

O problema é fornecer descrições individuadoras de cada quadrado e fazer isso levando em conta a visão que se pode obter do resto do tabuleiro da perspectiva de cada quadrado. É evidente que não se pode resolver o problema enquanto a visão de cada quadrado está limitada àqueles quadrados imediatamente vizinhos ao quadrado dado. Com essa restrição, seria impossível, por exemplo, diferenciar o quadrado 50 do quadrado 43. Mas é apenas um pouco menos evidente que ainda não se pode resolver o problema mesmo que se admita que a visão de cada quadrado abranja todo o tabuleiro. Ainda é impossível, por exemplo, diferenciar o quadrado 43 do quadrado 22. A visão que cada um tem de todo o tabuleiro é a mesma: cada um tem dois quadrados brancos em uma direção diagonal e cinco na outra, e assim por diante.

Enquanto, portanto, considerarmos literalmente "o ponto de vista de todo o universo" de Leibniz, o seu problema de

Peter F. Strawson

individuação sem demonstrativos continuará sem solução. Considerá-lo literalmente é formar a imagem de um único mundo de objetos espacialmente extensos e, então, pensar o estado de cada mônada como um reflexo desse mundo no espelho da consciência dessa mônada. É pensar que cada mônada ocupa uma posição nesse único mundo espacial, a posição definida por "de onde esse mundo é visto" por essa mônada. Quando formamos a imagem, vemos que, pelas razões aduzidas, não se podem individuar mônadas pelas visões do mundo que elas têm, pois podemos pensar que esse mundo é tal que as visões de duas posições diferentes são indistinguíveis. Mas, é claro, a imagem aparentemente literal não é a imagem da realidade de Leibniz. Obtemos a imagem de Leibniz, ou algo suficientemente parecido com ela para nossos propósitos, a partir dessa imagem somente se eliminarmos o mundo comum único dos objetos espacialmente extensos. Tudo o que é real no sistema leibniziano são somente as mônadas, isto é, consciências ou consciências potenciais ou semiconsciências e seus estados. Não há um mundo espacial comum para elas espelharem: há somente uma determinada correspondência entre seus estados de consciência; e características ou traços espaciais pertencem somente ao conteúdo desses estados. Há espaços privados, mas não espaço público. Uma vez que as mônadas, então, não são relacionadas espacialmente umas com as outras, uma vez que não há um mundo espacial comum ao qual pertençam, não há possibilidade, tal como estivemos considerando, de existir duas posições nesse mundo a partir das quais duas mônadas diferentes poderiam ter visões indistinguíveis. Elimina-se o problema do mundo espacial comum *simétrico* porque se elimina o mundo espacial comum. O espaço é interno à mônada. As *visões* permanecem, por assim dizer, e correspondem umas às outras das maneiras indicadas pelas leis da perspectiva, mas não há nada do que sejam visões.

Assim, uma objeção à doutrina de que se pode garantir a individuação de uma maneira compatível com o princípio da Identidade dos Indiscerníveis cai por terra no que diz respeito ao sistema de Leibniz. Resta outra objeção. Esta também pode ser respondida com base no sistema, mas somente a um preço muito alto, a saber, o preço de reconhecer que os indivíduos do sistema não são particulares de jeito nenhum, mas universais, tipos ou conceitos. É, talvez, um preço que um metafísico de inclinação matemática está muito disposto a pagar.

Esse é o ponto em que a doutrina segundo a qual mônadas são análogas a consciências individuais se torna crucial. Já discutimos a ideia de uma consciência individual e já vimos razões para pensar que se deve conceber esse conceito como secundário em relação ao conceito de pessoa. Uma vez que aceitamos o conceito de pessoa como primário, podemos prontamente dar sentido à ideia de distinguir diferentes sujeitos de estados de consciência e podemos considerar a questão complexa de quais deveriam ser os princípios de individuação para uma pessoa e, portanto, para um sujeito desses estados. A ideia relevante neste momento, com relação a esses princípios, é esta: uma vez que uma pessoa tem características corporais (um corpo), o problema teórico da individuação admite uma solução, não importando quão *semelhantes* possam ser as séries de estados de consciência de duas pessoas. Essa solução, como no caso dos corpos materiais não animados, depende em última instância do uso de expressões demonstrativas.

Considere, agora, porém, a situação de Leibniz. A objeção que acabamos de expor, a de que poderiam existir visões indiscerníveis de diferentes *pontos* de vista, não surgiu em seu sistema porque as mônadas não têm relações ou posição espaciais. É analítico no sistema que, se há uma diferença no *ponto* de vista, então há uma diferença na *visão*. A Identidade dos Indiscerníveis vale como um princípio logicamente necessário *para pontos de vista*. Mas suponha que se levante a questão: por que não poderia haver um número indefinidamente grande de consciências ou semiconsciências individuais "no", ou melhor, com o *mesmo* ponto de vista?[2] Se levarmos a sério a analogia sugerida entre mônadas e mentes ou consciências, não poderemos nos impedir de levantar essa questão, pois nada em nosso esquema conceitual presente exclui como logicamente impossível a ideia de que diferentes sujeitos de estados de consciência, diferentes pessoas, poderiam estar em estados de consciência qualitativamente indistinguíveis. Essa questão coloca um dilema para Leibniz e o confronta com uma escolha entre alternativas. Uma alternativa é escolher abandonar o estatuto da Identidade dos Indiscerníveis como um princípio lógico, desistir da visão de que existe uma classe teoricamente especificável de descrições com termos gerais tal que seja logicamente impossível para mais de uma mônada

---

2 Compare a questão: quantos anjos podem estar sobre a mesma cabeça de alfinete? Se os anjos são incorpóreos e se se dá a "estar" um sentido angélico adequado, certamente não há limite. Mas não mais do que uma *pessoa* bem equilibrada poderia estar sobre essa cabeça.

corresponder a uma tal descrição. Se se escolhe essa alternativa, então se pode preservar a analogia entre mônadas e consciências particulares. Os indivíduos do sistema são particulares. Mas são particulares aos quais é possível se referir de maneira identificadora, mesmo teoricamente, somente pela graça de Deus, pois, mesmo se *for* verdade que existe uma descrição unicamente aplicável a cada indivíduo ou, em outras palavras, que não há duas consciências particulares que tenham o mesmo ponto de vista, não é uma questão de necessidade lógica que *isso* não seja verdadeiro, mas é uma questão da livre escolha de um Deus que não vê a reduplicação com indiferença. E, uma vez que as expressões demonstrativas podem não ter aplicação no mundo real das mônadas não espaciais e não temporais, mesmo a possibilidade teórica das referências identificadoras repousa sobre essa garantia teológica prévia. Dada essa garantia, então sabemos que o conjunto completo de predicados que realmente define unicamente um "ponto de vista" também se aplicará de fato unicamente à consciência particular, se houver alguma, que tem esse ponto de vista. Essa escolha, então, parece preservar o caráter da ontologia das mônadas como uma ontologia de particulares, mas destrói a integridade lógica do sistema, pois faz que a possibilidade da individuação repouse sobre um princípio *teo*lógico. Além disso, só se pode chamar o sistema de uma ontologia de particulares por cortesia, pois a ideia de um particular que é análogo a uma consciência individual, mas é de fato não temporal, não é uma ideia que podemos entender com facilidade. Por fim — embora se possa sustentar que esse é o tipo de crítica irrelevante para esses sistemas metafísicos —, esse não poderia ser o esquema conceitual primário de alguma mônada não divina, pois, para ser considerado como um esquema conceitual possível, exige-se pelo menos que aquele que o considera assim atribua sentido à ideia de distinguir sujeitos individuais de estados de consciência. Já discutimos as condições de possibilidade dessa ideia e elas claramente não permitem que o conceito *primário* desse sujeito possa ser o conceito de uma mônada leibniziana. Falando genericamente, o esquema conceitual primário deve ser um esquema que coloca pessoas no mundo. Um esquema conceitual que, em vez disso, coloca um mundo em cada pessoa deve ser, pelo menos, um produto secundário. Por todas essas razões tomadas em conjunto, não permitirei que essa alternativa valha como uma exceção ao meu princípio segundo o qual uma ontologia que não leva em conta entidades espaciais ou temporais não pode levar em conta particulares de jeito nenhum. Uma ontologia que poderia ser considerada seriamente apenas por Deus não pode valer como uma ontologia possível.

A outra alternativa aberta para Leibniz é mais atraente de várias maneiras. Ela consiste em não mais afirmar para os indivíduos básicos do sistema o estatuto de particulares, o estatuto de consciências particulares ou alguma coisa análoga, mas, em vez disso, conceder-lhes o estatuto de tipos, universais ou conceitos. Nessa concepção, não mais pensaremos cada mônada como alguma coisa que, pela graça de Deus, não tem nem compartilha com outra mônada uma "noção completa", isto é, cai sob um conceito exaustivo e unicamente aplicável. *Pensaremos, em vez disso, os individuais básicos do sistema como essas noções completas, esses conceitos, eles mesmos.* Isso tem muitas vantagens imediatas do ponto de vista das outras exigências do sistema. Garante-se de uma vez a Identidade dos Indiscerníveis em seu sentido lógico completo. Se um universal se diferencia numericamente de outro, então deve ser possível em princípio *afirmar* a diferença com termos gerais, isto é, universais. Dois universais podem compartilhar as mesmas designações *parciais*: vermelho e azul são ambos "cores". Mas não podem compartilhar a mesma designação *completa*, pois a diferença de universais *é* a diferença do significado dos termos universais. Essa interpretação garante não somente a individuação de mônadas com termos gerais. A exigência de que as mônadas deveriam ser entidades não espaciais e não temporais também é imediatamente inteligível, pois conceitos são entidades não espaciais e não temporais; e a doutrina de que o predicado é inerente ao sujeito de cada proposição singular também se torna imediatamente verdadeira. A maneira mais simples de mostrar como se garantem esses resultados é a seguinte. A forma geral de uma designação de mônada será a seguinte: "O conceito de um x que...". Devem-se notar muitas coisas sobre essa forma de designação. Em primeiro lugar e antes de tudo, não são os xs, não são as coisas para cuja descrição o pronome relativo nos prepara, que são as mônadas. Estas são o conceito dessas coisas. Por conseguinte, essas orações relativas podem conter tantos predicados espaciais e temporais quanto quisermos e ainda não terá sentido perguntar sobre as relações espaciais e temporais das mônadas. Esses conceitos designados podem ter determinadas relações *lógicas*, mas não podem ter nenhum outro tipo de relações. Não há nada tão bruto quanto a interação física entre mônadas. Em segundo lugar, nem toda designação da forma mencionada é uma designação de mônada possível. Por exemplo, a expressão "o conceito de um homem que matou um homem", embora designe um conceito ou universal, não designa uma mônada possível, pois não é um conceito "completo". Se uma pessoa mata outra, esse não pode ser todo o relato – quero dizer, toda a história. Deve haver mais coisas a serem ditas, por exemplo o que ambos estavam vestindo nessa hora, quem eram seus pais e assim por diante. Obtemos a designação de um conceito "completo" somente quando a oração relativa no começo introduz uma descrição exaustiva, por assim dizer, da história e da geografia de um mundo possível. Aqui, "mundo" significa mundo espaçotemporal e "possível" significa "capaz de ser descrito exaustivamente sem autocontradição".[3] Ora, é evidente que, dadas essas exigências, conceitos completos virão em conjuntos, de tal modo que dois desses conceitos pertencerão ao mesmo conjunto se e somente se as descrições introduzidas pelas orações relativas em cada caso contiverem elementos idênticos, embora ordenados de maneira diferente. A diferença entre dois conceitos pertencentes ao mesmo conjunto consistirá tão somente na maneira como os pronomes relativos iniciais *se encaixam* nessa descrição comum de um mundo possível. Assim, se selecionarmos, dentre o conjunto de conceitos que se encaixam na história real do mundo possível real, o conceito de César e o conceito de Brutus, as descrições introduzidas pelos pronomes relativos em cada caso, embora na maior parte idênticos, diferirão nos seguintes aspectos: a designação do conceito de César conterá a expressão

---

3 A ideia de uma "descrição exaustiva" é, de fato, totalmente sem significado em geral, embora seja possível dar-lhe significado em um contexto particular de discurso. Mas essa é uma objeção que deixarei de lado.

Indivíduos

"... e que foi apunhalado por um homem que..." (na qual o segundo "que" é seguido pela descrição de Brutus), enquanto a designação do conceito de Brutus conterá a expressão "... e que apunhalou um homem que..." (na qual o segundo "que" será seguido por uma descrição de César). Isso, na presente interpretação, dá o significado da doutrina de que toda mônada espelha o universo inteiro do seu próprio ponto de vista. "Ponto de vista" corresponde aproximadamente, quanto às designações de conceitos, a "pronome relativo inicial". Também dá o significado da doutrina da harmonia preestabelecida. Mônadas harmonizam-se porque pertencem ao mesmo conjunto de conceitos. Por fim, também podemos ver por que o predicado de toda proposição sujeito-predicado verdadeira está incluído no sujeito, pois o sujeito de toda proposição desse tipo é uma mônada e, portanto, um conceito completo, e a proposição meramente afirma ser membro de uma classe de conceitos aos quais ela analiticamente pertence. Assim, "Brutus apunhalou um homem" insere-se em "O conceito de um homem que F, G... e que apunhalou um homem que... é um conceito de um homem que apunhalou um homem".

Completemos agora, em linhas gerais, o esboço do sistema leibniziano de acordo com essa interpretação. Conceitos completos podem ser ordenados em um determinado aspecto lógico, que se pode chamar "riqueza". Ordenar conceitos completos nesse aspecto é o mesmo que ordenar *conjuntos* de conceitos completos, pois todo conceito completo tem o mesmo grau de riqueza que qualquer outro conceito completo pertencente ao mesmo conjunto. O conjunto mais rico de conceitos é aquele no qual o mundo possível descrito de cada ponto de vista possível, respectivamente nas descrições de cada conceito do conjunto, combina o máximo de diversidade nos fenômenos com o máximo de simplicidade nas leis naturais. O conjunto das mônadas é idêntico a esse conjunto de conceitos. Esse é o significado da doutrina de que o mundo real é o melhor mundo possível.

A coisa mais equívoca e incerta em Leibniz é a questão sobre se se supõe ou não ser analítico que o conjunto dos indivíduos reais é idêntico ao conjunto mais rico de conceitos. Se é analítico, então todo o sistema se aproxima do ideal de pureza lógica a um grau talvez sem paralelo em qualquer outro sistema metafísico, pois ele lida exclusivamente com as relações de conceitos, não tocando a contingência em nenhum ponto. Nesse caso, quando "C" é a designação de um conceito completo, dizer "C é um indivíduo real" será dizer algo que, se verdadeiro, é em si mesmo uma verdade conceitual, pois isso simplesmente *significa* "C é um membro do conjunto mais rico de conceitos", e podemos admitir a possibilidade de construir critérios de diversidade e simplicidade que farão desse juízo uma questão de cálculo. Essa escolha, contudo, embora preserve a pureza do sistema, pode fazê-lo parecer mais distante da realidade do que mesmo o mais puro metafísico desejaria. Ele deixaria, por assim dizer, mesmo o maior simpatizante se perguntando se *este* mundo era *de fato* o melhor mundo possível, até no sentido dos critérios oferecidos. A alternativa é admitir que "C é um indivíduo real" não significa o mesmo que "C é um membro do conjunto mais rico de conceitos", mas significa alguma coisa como "C é, de fato, exemplificado". Mas, se escolhermos essa alternativa, uma importância tremenda é deixada para a teologia, para a boa vontade de Deus, se quisermos obter o que seria, do ponto de vista de Leibniz, um

Indivíduos

resultado satisfatório. Um número de proposições-chave se torna contingente ou, no melhor dos casos, teológica. Suponha que "S" designa o conjunto mais rico de conceitos. Então, todas as seguintes proposições devem ser verdadeiras para que o universo seja satisfatório do ponto de vista de Leibniz e nenhuma delas é logicamente garantida. Essas proposições são:

1. Nenhum conceito completo que não seja um membro de S é exemplificado.
2. Nenhum conceito completo que seja um membro de S é não exemplificado.
3. Cada conceito completo exemplificado é unicamente exemplificado.

Tanto quanto posso ver, não bastará nada menos do que essa pluralidade de exigências, pois o significado de "exemplificado" não pode ser o seu significado filosófico mais comum, isto é, muito genericamente, "ocorrendo em algum tempo ou lugar em nossa armação comum espaçotemporal", uma vez que essa interpretação pressupõe um esquema conceitual cuja validade, em última instância, é negada pelo sistema inteiro. Relações espaciais e temporais, características e coisas que as exibem são "aparências bem fundadas", não aspectos da realidade. Em vez disso, para dar um significado a "exemplificado", devemos voltar à analogia das consciências individuais e das visões perceptivas e pensar a exemplificação de um conceito completo como pelo menos alguma coisa como a criação de uma série unitária de estados de consciência perceptivos e outros – uma visão privada de um mundo possível. A criação de uma série que corresponda a um conceito completo – isto é, a criação de uma visão privada de um mundo possível – não implica logicamente a criação de todas as outras que correspondem aos outros conceitos completos do mesmo conjunto, nem implica a não duplicação de si mesmo, nem a não criação de outras séries correspondendo a conceitos pertencentes a conjuntos diferentes. Assim, os princípios da Harmonia Preestabelecida e da Identidade dos Indiscerníveis têm de ser invocados de novo em um sentido diferente, como princípios não lógicos, quando passamos do domínio dos conceitos para o da exemplificação de conceitos. A afirmação de que um dado conceito completo C é de fato exemplificado equivalerá, se as coisas devem ser satisfatórias, ao seguinte: "C é um membro de um conjunto de conceitos completos K tal que todos os membros e somente os membros de K são, de fato, cada um exemplificado unicamente, e K é, de fato, o conjunto mais rico de conceitos". Quando afirma uma proposição singular sobre o mundo, Leibniz estará comprometido com tudo isso, bem como com a proposição analítica já distinguida como envolvida em toda proposição sujeito-predicado.

A conclusão é, pois, que mesmo a decisão de que mônadas sejam conceitos (ou tipos ou universais), e não particulares, não é suficiente por si mesma para preservar a pureza lógica do sistema, uma vez que este é posto em risco pela pergunta: "por que não poderia existir um número indefinido de consciências particulares gozando da mesma visão, do mesmo conjunto de estados?". Para evitar esse perigo, deve-se suplementar a decisão de que as mônadas são conceitos com a interpretação de que todas as doutrinas-chave do sistema dizem respeito exclusivamente às relações de conceitos e aos conjuntos de conceitos. Assim, a interpretação torna-se exclusivamente platônica e muito dissociada da realidade empírica, mas retém sua atraente pureza. Se, de outro lado, quando já se tomou a decisão de que mônadas serão universais ou conceitos, mas ainda se deseja fazer do sistema algo descritivo do que realmente ocorre, então ainda se exigem, embora a certa distância, todas aquelas impurezas extralógicas que seriam exigidas pela decisão de que as mônadas são particulares. A meu ver, é provável que esse sistema misto, que admite as impurezas, embora a certa distância, é o mais fidedigno, levando tudo em consideração, ao Leibniz histórico. Essa interpretação mista tem o grande mérito, do ponto de vista da fidelidade a Leibniz, de tornar inteligível que as mônadas são não temporais e não espaciais, ao mesmo tempo que admite muito do que está nos textos e seria supérfluo em uma interpretação puramente platônica.

Isso é tudo o que tenho a dizer diretamente sobre Leibniz. Comecei tratando o seu sistema como uma tentativa de uma ontologia de particulares na qual se garante teoricamente a unicidade da referência sem demonstrativos e tentei mostrar como a tentativa fracassa, apesar de sua engenhosa complexidade. Quero agora retornar brevemente ao que apresentei como a dificuldade crucial para Leibniz e associá-la de maneira mais firme do que fiz com a discussão anterior das consciências individuais. Demonstrativos são essencialmente instrumentos para fazer referência em um mundo de caráter espaçotemporal. A razão pela qual pareceu, por um momento, como se Leibniz pudesse dispensá-los e, contudo, preservar uma ontologia de particulares, era que o mundo de suas entidades últimas não era de caráter espaçotemporal e, no entanto, se poderiam pensar as entidades últimas como pelo menos particulares de cortesia, enquanto disséssemos a nós mesmos para pensá-los em analogia com as consciências individuais. Mas, mesmo se tivéssemos êxito em realizar essa proeza – e é de fato difícil considerá-la como genuinamente possível –, a dificuldade de Leibniz não seria resolvida, mas aguçada, pois pareceu não haver razão na lógica, enquanto oposta à teologia, de por que não poderia haver um número indefinido de particulares de mônadas indistinguíveis de um dado tipo de mônada e, uma vez que os demonstrativos não tinham aplicação a entidades desse tipo não espacial e não temporal, os meios ordinários de resolver os problemas da identificação não estavam disponíveis, mesmo se Leibniz estivesse preparado para usá-los. Ora, pode-se sentir que, mesmo quando voltamos ao mundo comum espaçotemporal dos particulares e temos os demonstrativos à nossa disposição, ainda surge para nós uma dificuldade similar à dificuldade crucial que surgiu para Leibniz. Para ele, a dificuldade, repito, era que poderia existir qualquer número de particulares de mônada indistinguíveis de um dado tipo de mônada. Para nós, a dificuldade não é que poderia existir qualquer número de consciências particulares exatamente similares associadas da mesma maneira com um corpo particular único?

Essa dificuldade surgiria de fato, e seria insolúvel, se tentássemos interpretar a noção de consciência particular como a noção de um tipo primário ou básico de particular. Assim, a questão recém-levantada serve apenas para proporcionar confirmação adicional da tese que defendi anteriormente com outros argumentos: a tese de que não temos esse conceito ou, antes, que não o temos como um conceito primário, o conceito de um particular primário. Em vez disso, temos

Indivíduos

o conceito de uma pessoa. Podem-se distinguir e identificar pessoas, tendo características corpóreas, ocupando de maneira perceptível o espaço e o tempo, como se podem distinguir e identificar outros itens tendo um lugar material em uma armação espaçotemporal. Elas podem, é claro, ser reidentificadas; e, quando se concederem todas as teses que defendi, restam as questões filosóficas sobre os critérios de reidentificação para pessoas: quais são exatamente esses critérios, quais seus pesos relativos, como podemos ajustar ou determinar mais o nosso conceito em casos extraordinários. É provável que nenhuma tentativa de responder a essas questões tenha sucesso até que a tese do capítulo anterior seja compreendida com clareza e aceita; e, uma vez compreendida e aceita, o problema residual da identidade pessoal, embora ainda discutível, aparece, em uma comparação, como um problema de importância menor e de dificuldade pequena. Não discutirei esse problema agora. Mas, talvez, eu deva dizer uma coisa. Os critérios de identidade pessoal são decerto múltiplos. Ao dizer que o corpo pessoal nos dá um ponto necessário para a aplicação desses critérios, não estou dizendo que os critérios para a reidentificação de pessoas são os mesmos que os critérios para a reidentificação dos corpos materiais. Não estou negando que poderíamos, em circunstâncias incomuns, estar preparados para falar de duas pessoas compartilhando alternadamente um corpo ou de pessoas trocando de corpos etc. Mas nenhuma dessas admissões vale contra a tese de que o conceito primário é aquele de um tipo de entidade, uma pessoa, tal que uma pessoa necessariamente tem atributos corporais bem como outras espécies de atributos. Talvez eu deva repetir também que, uma vez que identificamos uma *pessoa* particular, não há nada que nos impeça, e nada nos impede, de fazer referências identificadoras a um particular de tipo diferente, a saber, a consciência dessa pessoa. É dessa maneira que o conceito de uma consciência particular pode existir, como um conceito de um tipo de particular não básico, não primário. E somente dessa maneira.

Assim, então, o problema que *não* existe é o problema que parece ter deixado Hume perplexo: o problema do princípio da unidade, da identidade da consciência particular, do sujeito particular de "percepções" (experiências) considerado como um particular primário. Não existe esse problema e não existe esse princípio. Se esse princípio existisse, cada um de nós teria de aplicá-lo para decidir se alguma experiência contemporânea sua seria sua própria experiência ou de alguma outra pessoa; e essa sugestão não tem sentido.[4] Sobre o que Hume errou, ou parece ter errado, Kant e Wittgenstein, ambos, tiveram uma compreensão melhor. Talvez nenhum deles tenha sempre se expressado da maneira mais feliz: com efeito, a doutrina de Kant de que a "unidade analítica da consciência"

---

4 Isso não é negar, é claro, que uma *pessoa* pode estar insegura a respeito de sua própria identidade de alguma maneira, pode estar insegura se algumas séries de ações foram realizadas por ela ou se tal e tal história era sua, ela pode estar completamente insegura sobre *qual* foi a sua história. Então, ela usa o que são, em princípio, os mesmos métodos para resolver a dúvida sobre si mesma que outros usam para resolver a mesma dúvida sobre ela, e esses métodos simplesmente envolvem a aplicação dos critérios ordinários para a identidade *pessoal*. Existem apenas diferenças como esta: ela tem de *tornar acessível* a outros certos dados que ela não tem de tornar acessível para si mesma, por exemplo, ela tem de relatar o que afirma ser suas memórias.

Indivíduos

não exige nem admite qualquer princípio de unidade não é tão clara quanto se desejaria. E as observações relatadas de Wittgenstein para mostrar que os dados da consciência não são possuídos, que "eu", como usado por N ao falar de suas próprias sensações etc., não se referem ao que "N", como usado por outrem, se refere, parecem desprezar sem nenhuma necessidade o esquema conceitual que realmente empregamos. Não é necessário o paradoxo de negar, ou parecer negar, que, quando M diz "N tem uma dor" e N diz "Eu tenho uma dor", ambos estão falando da mesma entidade e dizendo a mesma coisa sobre ela, nem é necessário o paradoxo de negar que N pode *confirmar* que ele tem uma dor. Em vez de negar que estados de consciência autoatribuídos são realmente atribuídos, é mais conforme às nossas maneiras de falar isto: para cada usuário da linguagem, existe somente uma pessoa tal que, ao se atribuir estados de consciência, ela não precisa usar os critérios do comportamento observado dessa pessoa, embora não necessariamente não faça assim; e essa pessoa é ela mesma. Essa observação, pelo menos, respeita a estrutura do esquema conceitual que empregamos, sem impedir um exame adicional dela. Já indiquei, ainda que de maneira inadequada, as linhas gerais desse exame.

Parte II
Sujeitos lógicos

5
Sujeito e predicado (1):
Dois critérios

[1] As discussões da Parte I trataram da referência identificadora a particulares. Mas não é somente a particulares que se pode referir de maneira identificadora. Pode-se introduzir qualquer coisa na discussão por meio de uma expressão substantiva singular que identifica de maneira definida. Contudo, entre as coisas a que se pode referir, isto é, entre as coisas em geral, sustentou-se tradicionalmente que os particulares ocupam uma posição especial. É a doutrina da posição especial dos particulares entre os objetos de referência que temos de investigar agora.

Uma vez que se pode referir de maneira identificadora a qualquer coisa, ser um objeto possível de referência identificadora não distingue nenhuma classe ou tipo de item ou de entidade de nenhum outro. Sem dúvida, referimo-nos a algumas coisas e não a outras, mas ser objeto de uma referência real, em oposição a uma referência possível, não distingue nenhuma classe de entidades filosoficamente interessante. Entretanto, "ser um objeto de referência" indica alguma distinção de interesse filosófico. Não distingue um tipo de objetos de outro, mas distingue uma maneira de aparecer no discurso de outra. Distingue aparecer como um sujeito de aparecer como um predicado. A doutrina tradicional que temos de investigar é a doutrina segundo a qual os particulares podem aparecer no discurso somente como sujeitos, nunca como predicados, ao passo que os universais, ou genericamente não particulares, podem aparecer seja como sujeitos, seja como predicados. As doutrinas poderiam ser expressas de modo mais completo como segue: podem-se referir a particulares, como João, e a universais, como casamento, e ao que podemos chamar de universais-particulares, como estar casada com João, pelo uso de expressões referenciais; mas podem-se predicar somente universais e universais-particulares, nunca somente particulares, por meio de expressões predicativas. Não desejo sugerir que todos aqueles que aceitam essa concepção que tenho em mente endossariam essas maneiras de expressá-la. Neste momento, devemos apenas notar a existência de uma tradição, de acordo com a qual existe uma assimetria entre os particulares e os universais no que diz respeito às suas relações à distinção sujeito-predicado. Também podemos notar que a negação mais enfática dessa assimetria vem de um filósofo que nega de todo a realidade da distinção sujeito-predicado. Esse filósofo é Ramsey.[1] Comentando as doutrinas de Johnson e de Russell, ele diz que ambos "fazem uma suposição importante que, a meu ver, basta ser questionada para ser posta em dúvida. Eles supõem uma antítese fundamental entre sujeito e predicado e que, se uma proposição consiste em dois termos copulados, os dois termos devem

---

1 F. P. Ramsey, Universals, em *Foundations of Mathematics*, p.116-7.

Indivíduos

estar funcionando de maneiras diferentes, um como sujeito, o outro como predicado". Mais adiante, ele diz: "não existe uma distinção essencial entre o sujeito de uma proposição e seu predicado".

Certa ou errada, a concepção tradicional seguramente concede aos particulares um lugar especial entre os sujeitos lógicos, isto é, entre os objetos de referência, isto é, entre as coisas em geral. Quero descobrir o fundamento racional da concepção tradicional, se houver algum. Mas, antes de atacarmos a questão diretamente, a distinção sujeito-predicado precisa de muita discussão preliminar. Essa tarefa nos ocupará pelo resto deste capítulo. Consideraremos as concepções dos filósofos que, sob um ou outro nome, aceitam a distinção, sem nos esquecermos do ceticismo de um Ramsey, que a rejeita. Devo enfatizar novamente a ideia de que o objetivo da discussão neste capítulo é armar um problema, não resolvê-lo. Essa tarefa está adiada até o próximo capítulo. Em última instância, espero chegar a uma compreensão da distinção geral entre referência e predicação e sua conexão com a distinção entre particular e universal. Não se explicam essas coisas no presente capítulo, mas prepara-se o terreno para a sua explicação.

1. O critério "gramatical"

[2] Discutiremos uma suposta distinção entre duas espécies de elementos que podem ser combinados para gerar uma proposição singular de um gênero fundamental. Escolho a palavra "elemento" por sua neutralidade, pois se pode pensar a distinção de diferentes maneiras, bem como se pode

apresentá-la com base em diferentes aspectos. Pode-se pensá-la, primeiro, como uma distinção entre coisas que são realizadas quando se faz uma afirmação, uma distinção entre duas *atividades* ou *funções* complementares envolvidas na atividade complexa de asserir uma proposição do tipo em pauta. Listo a seguir algumas das expressões que os filósofos usaram para expressar essa distinção funcional:

I

A_1		B_1
Referir-se a alguma coisa	e	descrevê-la
Nomear alguma coisa	e	caracterizá-la
Indicar alguma coisa	e	atribuir-lhe alguma coisa
Designar alguma coisa	e	predicar alguma coisa dela
Mencionar alguma coisa	e	dizer alguma coisa sobre ela

A lista poderia ser continuada. Se pegarmos alguma expressão da Lista A e alguma expressão da Lista B e as unirmos, obteremos uma expressão – por exemplo, "referir-se a alguma coisa e predicar alguma coisa dela", "mencionar alguma coisa e caracterizá-la" – que poderia servir como uma descrição da atividade complexa de fazer um determinado tipo de afirmação que distingue dois momentos, elementos ou funções, nessa atividade.

Uma vez que se podem atribuir as funções distinguidas na lista I a partes *linguísticas* distinguíveis da frase proferida ao se fazer uma afirmação, temos claramente a possibilidade de uma segunda lista. Na segunda lista, os elementos distinguidos são partes linguísticas de uma afirmação. As expressões

Indivíduos

que os filósofos usaram para apresentar esse aspecto da distinção incluem o seguinte:

II

A_2*	B_2
termo singular	expressão predicativa
expressão referencial	expressão predicado
sujeito	predicado
expressão sujeito	expressão atributiva
nome próprio (Frege)	

* Há matizes aqui. Pode-se classificar uma expressão como "expressão referencial", "termo singular", "nome próprio" ou até "expressão-sujeito", independentemente de sua aparição em qualquer asserção particular. Mas talvez não devêssemos chamar nenhuma expressão de "um sujeito" *tout court*, mas antes *o* sujeito (ou um dos sujeitos) *de* uma asserção particular.

A distinção funcional e a distinção de partes linguísticas não exaurem as possibilidades de distinção. Se olharmos para a coluna A da Lista I, veremos que nela toda expressão de atividade representa a atividade de ter um objeto: nomear *alguma coisa*, referir-se a *alguma coisa* etc. Se olharmos para as expressões da coluna B, considerando cada uma por vez em conjunção com alguma expressão da coluna A, descobriremos, primeiro, que cada expressão de atividade da coluna B representa a atividade como dirigida ao mesmo objeto (referido, na lista, por "ela" e suas variantes) que nossa palavra de atividade da coluna A, mas descobriremos também que a terceira e a quarta expressões da coluna B representam a atividade-B como tendo outro objeto – "predicar *alguma coisa* do" primeiro objeto, "atribuir *alguma coisa* a" ele. (Podemos ignorar, por enquanto, a quinta expressão.) Essas expressões, então, sugerem outro sentido que podemos dar à noção de se combinar dois elementos para gerar uma proposição. Elas sugerem que juntemos ou associemos, de alguma maneira, dois itens não linguísticos diferentes, ou *termos*, ao produzir a coisa unificada, a proposição. Os dois itens são aquilo que atribuímos e aquilo a que o atribuímos, aquilo que predicamos e aquilo de que o predicamos, e dizer que nós "os juntamos" ao produzir a proposição não é dizer mais que fazemos um predicar o outro ou atribuímos um ao outro. Falou-se, às vezes, dos itens não linguísticos que são assim juntados como os "constituintes" da proposição. As implicações literais da palavra são, nessa conexão, logicamente grotescas. Mas não precisamos necessariamente nos preocupar com essas implicações, pois, mesmo quando parece jogar com elas, um filósofo pode não dizer nada que não se poderia reformular sem dependência delas. Não há dúvida de que é essa distinção adicional que os filósofos reconheceram e usaram e é a ela que as palavras de Ramsey se aplicam mais obviamente, quando diz que não há razão para supor que, se uma proposição consiste em dois termos copulados, os dois termos devem estar funcionando de maneiras diferentes, um como sujeito, o outro como predicado. As palavras de Ramsey não se dirigiam contra nada. Assim, podemos fazer uma terceira lista, uma lista na qual não se traça a distinção entre funções da fala nem entre partes linguísticas, mas entre "constituintes" ou termos proposicionais:

Indivíduos

III

A₃	B₃
sujeito	predicado
termo sujeito	termo de predicado
termo referido	termo predicado
	termo atribuído

Mas, agora, tendo feito a terceira distinção, devemos considerar se não podemos produzir uma quarta distinção. As distinções da Lista III são como que relativas a uma dada proposição. De acordo com a Lista III, distinguimos o termo que é de fato o sujeito de uma dada proposição do termo que é de fato predicado desse sujeito e fazemos isso sem prejuízo da possibilidade de qualquer um desses mesmos termos desempenhar, em outra proposição, um papel diferente. A doutrina tradicional que por fim examinaremos estabelece, decerto, que alguns termos podem aparecer somente como sujeitos; mas ela também admite que outros podem aparecer, seja como sujeitos, seja como predicados. As distinções das listas I e II não são, dessa maneira, relativas a uma dada proposição, embora sejam relativas à ideia de uma proposição em geral. Nenhum elemento que cai em um dos lados dessas distinções jamais pode extraviar-se para o outro lado. Posso me referir da mesma maneira à mesma coisa, ou realizar o mesmo ato de referência, em diferentes proposições, mas em nenhuma proposição pode esse ato de referir a uma coisa ser um ato de predicar essa coisa. Não podemos imaginar a possibilidade de uma distinção que preserva a exclusividade das divisões das listas I e II, enquanto é, como a divisão da Lista III, não uma distinção de funções da fala ou de partes linguísticas, mas uma distinção de itens não linguísticos de alguma maneira correspondentes a elas? Pelo menos alguns dos elementos da Lista III são termos que podem aparecer em qualquer um dos dois papéis. Os elementos de nossa lista adicional terão de combinar termo e papel em uma coisa só. Os novos elementos poderão figurar em diferentes proposições, mas não em diferentes papéis em diferentes proposições. Enquanto a divisão dos elementos feita na Lista III pressupõe ela própria uma distinção entre os próprios termos e os papéis que desempenham, a nova divisão não repousará nessa distinção prévia, mas dividirá os termos e seus papéis conjuntamente, sem resto. Vale a pena tentar compreender essa distinção, se conseguirmos, pois ela, ou alguma coisa bem parecida, foi usada por um filósofo cujas ideias nesse assunto não podemos ignorar, isto é, Frege. Tomemos de empréstimo sua terminologia e registremos a distinção entre

IV

A_4 $\qquad\qquad$ B_4

objeto $\qquad\qquad$ conceito

A distinção da Lista IV é o correspondente não linguístico das distinções da Lista II. Assim como não se pode usar uma expressão referencial sozinha para predicar, tampouco um objeto pode alguma vez ser predicado; assim como não se pode usar uma expressão predicativa como uma expressão referencial, tampouco um conceito pode alguma vez ser um objeto.

Indivíduos

Essa forma da distinção é a menos intuitivamente clara. Ela será mais discutida a seguir.

[3] Até aqui, estive preocupado somente em estabelecer determinadas distinções associadas, ou aspectos de uma distinção, que os filósofos historicamente fizeram ou reconheceram. Tentei não avaliá-las, nem elucidá-las por completo. Fiz pouco mais que nomeá-las ou registrar seus nomes.

Agora, devo tentar elucidá-las. Há uma ideia com a qual aqueles escritores que reconhecem as distinções da Lista II concordariam e que podemos considerar como o nosso ponto de partida. É a ideia de que os itens A e B nessas listas são, com uma determinada qualificação, mutuamente exclusivos. Nenhuma expressão A pode ser uma expressão B ou vice-versa, mas uma expressão A pode ser uma parte de uma expressão B. Assim, Frege diz: "Um nome próprio nunca pode ser uma expressão predicativa, embora possa ser parte dessa expressão".[2] Geach faz uma afirmação menos geral, mas sua afirmação tende na mesma direção. Ele diz: "O nome de um objeto pode... ser usado como o sujeito lógico de uma asserção sobre um objeto... Ele não pode, sem uma mudança radical de sentido, ser um predicado lógico".[3] Geach usa aqui as expressões "sujeito lógico" e "predicado lógico", como Frege usa "nome próprio" e "expressão predicativa", para falar dos itens da Lista II, isto é, das partes linguísticas de uma afirmação. Para evitar confusão sobre terminologias variantes, às

---

2 G. Frege, On Concept and Object, em *Philosophical Writings of Gottlob Frege*, ed. Geach and Black, p.50.

3 P. T. Geach, Subject and Predicate, *Mind*, 1950, p.463.

vezes usarei nomes de símbolos derivados de minhas listas e falarei de uma A_2, de uma B_2 etc.

A afirmação citada de Geach é menos geral em abrangência do que a que cito de Frege. Seu interesse reside no fato de que se pretende que seja uma consequência de determinadas definições de "sujeito" (A_2) e "predicado" (B_2). Assim, podemos avaliar a adequação das definições à luz de sua alegada consequência. É importante avaliar sua adequação, pois elas são *prima facie* atraentes. Ei-las:[4]

> Uma B_2 é uma expressão que nos dá uma asserção *sobre* alguma coisa se a ligamos a outra expressão que *representa* aquilo *sobre* o que estamos fazendo a asserção.
>
> Uma A_2 (de uma asserção) é uma expressão à qual se ligou uma B_2 de modo que as duas juntas formam uma asserção *sobre* o que A_2 *representa*.

Temos de perguntar se essas definições têm a consequência de que uma A_2 nunca pode ser uma B_2 ou, pelo menos (para nos restringirmos à afirmação menos geral de Geach), se elas têm a consequência de que se pode usar o nome de um objeto como uma A_2, mas não se pode, sem uma mudança radical de sentido, usá-lo como uma B_2. Eu italicizei as expressões cruciais nessas definições. Uma delas é a palavra "sobre". Considere as asserções:

> Raleigh fuma
>
> Sócrates é sábio.

---

4 P. T. Geach, op. cit., p.461-2. Ver também a nota à Lista II na p.197 deste livro. A palavra A_2 de Geach é "sujeito".

Indivíduos

Na primeira dessas asserções, gostaríamos de classificar a expressão "Raleigh" como uma A_2 e a expressão "fuma" como uma B_2. Ora, decerto poderíamos dizer com frequência de alguém que usasse a frase que ele estava falando *sobre* Raleigh, que ele fez uma *asserção sobre* Raleigh, que o que ele asseriu sobre Raleigh era que este fumava. Nessa medida, pelo menos, o nome "Raleigh" parece qualificar-se, pelas definições, como uma A_2 e a palavra "fuma" como uma B_2. Mas também é óbvio que poderiam existir circunstâncias em que seria correto dizer de alguém usando a frase que ele estava falando *sobre* fumar e que uma das coisas que ele afirmava sobre isso era que *Raleigh* fumava ou era um fumante. Nessa medida, pelo menos, e no que diz respeito à palavra "sobre", o nome "Raleigh" parece qualificar-se, com base nessas definições, como uma B_2. Cook Wilson insistiu nessa ideia e anexou correspondentemente o par de expressões "sujeito" e "objeto".[5] Não penso que seja de grande importância para a teoria lógica, mas pelo menos sugere que as definições de Geach se apoiam em areia na medida em que se apoiam nos poderes discriminadores da palavra "sobre". Poder-se-ia objetar que Geach tem a intenção de abstrair das circunstâncias que nos levam a dizer, de quem faz essa asserção, às vezes que ele está dizendo alguma coisa sobre Raleigh, às vezes que está dizendo alguma coisa sobre fumar; que deveríamos distinguir entre aquilo sobre o que é uma asserção e aquilo sobre o que versa uma asserção quando uma pessoa a usa assim, o primeiro sendo constante no caso de uma asserção como essa, mesmo se o último é variável. Mas, se formos abstrair dessas circunstâncias, o que nos dirá

---

5 J. C. Wilson, *Statement and Inference*, passim, esp. p.114 e ss.

sobre o que é uma asserção? Não sugiro que essa questão *não possa* ser respondida, somente que ela *deve* ser, somente que o uso exigido de "sobre" tem de ser explicado e não pode ser usado para explicar as noções de uma A_2 e de uma B_2.

A outra expressão crucial nas definições de Geach é a expressão "representa". Essa expressão, tal como ocorre nelas, impede que digamos que "Raleigh" é uma B_2? Sem dúvida, seria assim, se fôssemos proibidos de dizer que a expressão "fuma" *representa* fumar ou o hábito de fumar. Mas desconheço qualquer regra ou costume que torne sempre sem sentido ou incorreto dizer isso, assim como desconheço qualquer regra ou costume que tornaria sempre sem sentido ou incorreto dizer que uma asserção feita com as palavras "Raleigh fuma" é uma asserção sobre fumar.[6] Há, de fato, uma determinada ligação entre a palavra "sobre" e a expressão "representa": em uma asserção feita *sobre* uma coisa, podemos esperar encontrar uma expressão que *representa* essa coisa. Mas se insistirmos nessa ligação, então a insuficiência de "sobre" para o propósito dessas definições leva à insuficiência de "representa". E se, em vista da insuficiência de "sobre", rompermos essa ligação, resta-nos um sentido de "representa" que é inútil de outra maneira para os propósitos de definição, já que ele mesmo precisa ser explicado e não pode ser usado para explicar as noções de uma A_2 e de uma B_2.

Em nosso segundo exemplo, a expressão que nós, e Geach, desejamos classificar como uma B_2 tem uma complexidade

---

6 Geach, de fato, está *obrigado* a dizer que "fuma" representa alguma coisa, pois ele se compromete com a concepção de que expressões que são predicáveis *representam* propriedades (Subject and Predicate, *Mind*, 1950, p.473).

que a expressão correspondente do primeiro exemplo não tem. Ela consiste em um verbo e em um adjetivo ("é sábio") em vez de apenas um verbo ("fuma"). Isso não faz uma diferença essencial para o argumento. Não há uma proibição absoluta em dizermos que uma asserção feita com as palavras "Sócrates é sábio" é uma asserção sobre a sabedoria ou sobre ser sábio, nem uma proibição absoluta em dizermos, nesse caso, ou em qualquer caso, que as palavras "é sábio" representam ser sábio ou a sabedoria. As definições, de fato, exigem que dividamos a frase em duas partes que, juntas, componham sua totalidade; e elas nos *permitem* fazer a divisão da maneira que queremos fazê-la, isto é, entre "Sócrates" e "é sábio". Mas elas não nos forçam, por isso, a classificar essas partes da maneira que desejamos ser forçados a classificá-las.

As palavras "representar" e "sobre", então, não terão o peso explicativo que as definições de Geach exigem que tenham. Para as definições produzirem os resultados desejados, temos de interpretar as palavras "representar" e "sobre" à luz de nosso conhecimento do que está sendo definido. Esse é um fato que inviabiliza uma definição. Se, em vista desse fato que a inviabiliza, ignorarmos as expressões "representar" e "sobre", as definições não dizem mais do que isto: uma B_2 é uma expressão que gera uma asserção se ligada a outra expressão e uma A_2 é uma expressão à qual se liga uma B_2 para formar uma asserção. Mas isso não nos diz nada sobre a diferença entre as A_2 e as B_2.

Ora, decerto parece que deveria ser possível definir, ou caracterizar, um tipo A de expressões e um tipo B de expressões tal que: (1) dada uma expressão de algum tipo, uma pessoa possa obter uma afirmação ao ligar a ela uma expressão

Peter F. Strawson

adequada do outro tipo; (2) "Sócrates" e "Raleigh" pertençam ao tipo A, "fuma" e "é sábio" ao tipo B; (3) uma expressão do tipo A não possa ser uma expressão do tipo B, embora possa fazer parte de uma expressão desse tipo. Vimos que as definições de Geach, ao confiarem em "representa" e "sobre", estão tão longe de diferenciarem expressões A e expressões B que é possível considerar, com correção, que elas mencionam uma característica comum aos dois tipos. Será útil ter outra maneira de falar dessa característica comum tanto a "Sócrates" como a "é sábio" na observação "Sócrates é sábio" e comum tanto a "Raleigh" como a "fuma" na observação "Raleigh fuma". Digamos que a expressão "Sócrates" ("Raleigh") serve para *introduzir* a pessoa particular Sócrates (Raleigh) na observação e que a expressão "é sábio" ("fuma") serve para *introduzir* a qualidade sabedoria (o hábito fumar) na observação. Digamos que qualquer coisa que é introduzida, ou pode ser introduzida, em uma observação por uma expressão é um *termo*. Essa parcela de terminologia tem uma conexão óbvia com algumas de nossas listas prévias. Ao unir determinados itens das distinções funcionais da Lista I, obtivemos expressões como "referir a alguma coisa e predicar alguma coisa dela" e "mencionar alguma coisa e atribuir-lhe alguma coisa". Essas expressões geraram as distinções da Lista III entre *termo referido* e *termo predicado*. Agora podemos dizer que termos referidos e termos predicados são igualmente *introduzidos*. Assim, as expressões das duas classes distinguidas na Lista II, isto é, as A_2 e as B_2, são iguais na introdução de termos, mesmo se os introduzem de maneiras diferentes, sendo usadas respectivamente para se referir a eles e para predicá-los. A definição de Geach erra ao distinguir essas maneiras de introduzir termos essencialmente porque se pode dizer que uma asserção, dependendo do contexto, *é sobre* qualquer termo introduzido nela, e não apenas sobre o termo ou termos introduzidos de uma maneira referencial.

Assim, então, as expressões "Sócrates" e "é sábio" ("Raleigh" e "fuma") têm em comum o fato de que cada uma serve para introduzir um termo na observação "Sócrates é sábio" ("Raleigh fuma"), mas isso não significa que não exista diferença no estilo, na maneira, da introdução.

Um livro de gramática de uma língua é, em parte, um tratado sobre os estilos diferentes de introdução de termos em observações por meio de expressões dessa língua. Um livro desses lida com muito mais diferenças no estilo de introdução do que estamos nos ocupando. Mas, entre as diferenças com as quais lida, está uma diferença que nos fornece os meios, ou parte dos meios, para distinguir expressões A e expressões B. Essa é a diferença entre o estilo de introdução substantivo ou tipo nome e o estilo de introdução verbal ou tipo verbo. Como uma primeira tentativa imperfeita para traçar a distinção entre expressões A e expressões B de uma maneira abertamente gramatical, podemos considerar o seguinte: uma expressão A é uma expressão singular gramaticalmente substantiva; uma expressão B contém pelo menos uma forma finita de um verbo no modo indicativo que, dentro dos limites da expressão B, não forma parte de uma frase ou oração completa; e é uma exigência geral de ambas as expressões A e expressões B que uma expressão de qualquer um dos dois tipos deva ser capaz de gerar uma frase assertiva quando combinada com alguma expressão adequada do outro tipo. Essas obviamente não são condições suficientes para uma expressão ser uma expressão sujeito ou expressão predicado, pois, de um lado, "nada" é um substantivo singular e, contudo, não deveríamos classificá-lo como uma expressão sujeito e, de outro, "Sócrates é" parece satisfazer a descrição de expressões B, uma vez que (1) ela contém um verbo indicativo, (2) não é realmente uma frase completa, mas no máximo uma forma elíptica de uma frase completa e (3) pode-se completá-la em uma frase assertiva pela adição da expressão substantiva singular "um filósofo", mas não queremos nos comprometer com dizer que "Sócrates é", como ocorre nessa frase, é uma expressão predicado. Mas, embora essas descrições não formulem condições suficientes para alguma coisa ser uma expressão A ou uma expressão B, podemos considerá-las provisoriamente como formulando condições necessárias. Assim consideradas, elas pelo menos garantem a consequência que as definições de Geach não garantem, a saber, que uma expressão A nunca pode ser uma expressão B. Além disso, elas não excluem o que Frege explicitamente admitia, a saber, que uma expressão A pode ser parte de uma expressão B. Por fim, em certos casos simples, dado que uma frase é exaustivamente dividida em uma expressão A e uma expressão B, essas descrições nos forçam a fazer a divisão da maneira como desejamos ser forçados a fazê-la. Elas não nos permitem alternativas, no caso de "Sócrates é sábio", para considerar "Sócrates" como a expressão A e "é sábio" como a expressão B, pois, embora seja possível considerar que "Sócrates é" satisfaz a descrição de expressões B, "sábio" não satisfaz a descrição de expressões A.

A distinção, como está, é inadequada porque não dá condições suficientes para uma expressão ser uma expressão A ou

Indivíduos

uma expressão B. Essa inadequação, como veremos depois, é facilmente corrigida acrescentando estipulações adicionais. Mas, tal como está, a distinção é inadequada também em uma maneira mais importante. Ao confiar nas expressões gramaticais, "expressão substantiva" e "expressão contendo um verbo no modo indicativo", a distinção parece tanto paroquial como inexplicada: paroquial, porque classificações gramaticais adaptadas a um grupo de línguas não necessariamente se encaixam em outras que podem ter a mesma riqueza; inexplicada, porque classificações gramaticais não declaram unívoca ou claramente seu próprio fundamento racional lógico. Isto é, temos de investigar a significação da distinção gramatical entre os modos substantivo e verbal de introduzir termos.

Observei, há pouco, que um livro de gramática de uma língua é em parte um tratado sobre o estilo da introdução de termos em observações por meio de expressões dessa língua. Pode-se talvez imaginar, nesse livro, uma classe de expressões sendo mencionada que *meramente* serviria para introduzir termos em observações e não os introduziria em nenhum estilo particular. Não digo que "Sócrates" é uma expressão dessa classe. Menos ainda digo que substantivos gramaticais em geral são expressões dessa classe. Mas em uma língua pouco declinada como o inglês, uma expressão como "Sócrates" é o que mais se aproxima de ser uma expressão dessa classe. "Sócrates é sábio", "Sócrates, seja sábio", "Que Sócrates morra", "Mate Sócrates" e "Platão admirava Sócrates". Eis tipos muito diferentes de observação. Em todas elas, contudo, a expressão "Sócrates" é invariante. O fato de que a expressão "Sócrates" ocorre em uma observação não nos dá razão para esperar que seja um tipo de observação em vez de outro (por exemplo, asserção, exortação, comando, instrução etc.). Em uma língua muito declinada, como o latim, a situação é diferente em um aspecto, mas similar em outro mais importante. O fato de que o nome "Sócrates" aparece em um caso gramatical particular em uma observação nos diz *alguma coisa* sobre a maneira como o termo Sócrates é introduzido na observação. Mas ainda não nos diz nada sobre de que tipo geral de observação se trata. O fato de que "Sócrates" está no vocativo não nos diz se a observação seguinte é uma asserção, um pedido ou uma promessa. "Sócrates" está no caso nominativo em "Que Sócrates morra" bem como em "Sócrates é sábio", no acusativo em "Mate Sócrates" bem como em "Platão admirava Sócrates", no ablativo em "Seja a conversa sobre Sócrates" bem como em "A conversa foi sobre Sócrates".

É diferente com "é sábio". Essa expressão introduz ser sábio tanto quanto "Sócrates" introduz Sócrates. Mas ela não introduz *meramente* seu termo ou não o introduz *meramente* com essa indicação do estilo de introdução como este é dado pela terminação do caso de um nome. Ela introduz seu termo em um estilo muito peculiar e importante, a saber, o estilo assertivo ou proposicional. Ora, decerto se objetará que o fato de que as palavras "é sábio" ocorrem em uma observação não garante que a observação seja uma asserção, pois eu poderia pronunciar as palavras "Sócrates é sábio" em um tom de voz interrogativo e, assim, fazer uma pergunta em vez de fazer uma asserção. Ou poderia usar as palavras "é sábio" ao formular um tipo diferente de questão, ao perguntar "Quem é sábio?". Ou, ainda, poderia fazer uma observação que começa com as palavras: "*Se* Sócrates é sábio..." ou "*Se* Raleigh fuma..."; e, nesses casos, certamente não estou asserindo que

Sócrates é sábio ou que Raleigh fuma, e posso não estar asserindo nada, mas, por exemplo, posso estar dando a alguém a permissão condicional para fazer alguma coisa. Com certeza, essas ideias são corretas. Contudo, devemos lembrar que essas questões pedem respostas: questões como "Sócrates é sábio?" nos convidam a nos pronunciar sobre o valor de verdade das *proposições* que as próprias questões fornecem; questões como "Quem é sábio?" nos convidam a completar e a asserir *proposições* cuja forma proposicional e cuja metade do conteúdo são fornecidos pelas próprias questões. E devemos lembrar que é parte da função das orações condicionais nos apresentar *proposições*, embora sem compromisso com o seu valor de verdade. Assim, ainda que não possamos dizer que o estilo distintivo de acordo com o qual "é sábio", "fuma" etc. introduzem os seus termos é somente o estilo assertivo, podemos ao menos dizer que é um estilo proposicional, isto é, um estilo apropriado para o caso em que o termo é introduzido em alguma coisa que tem valor de verdade. Essa é a razão pela qual empreguei a alternação "o estilo assertivo ou proposicional". Mas, a meu ver, pode-se argumentar que o enfraquecimento aparente (por ampliação) da caracterização do estilo de introdução não é nenhum enfraquecimento dela, pois a maneira-padrão de isolar uma forma proposicional de palavras daquele compromisso com seu valor de verdade, que consiste em asseri-la, é *acrescentar*-lhe, acrescentar, por exemplo, a conjunção "que". Isso nos dá uma razão para dizer que a função *primária* do simbolismo proposicional do verbo indicativo é assertiva, uma razão para dizer que o que é *primariamente* o estilo assertivo da introdução de termos é também uma coisa mais ampla, um estilo proposicional de introdução.

Peter F. Strawson

Assim, continuarei a falar *indiferentemente* do estilo "assertivo" ou "proposicional" da introdução de termos.

Também se deve notar que o modo indicativo do verbo é uma marca necessária da asserção no inglês-padrão, ao passo que não é uma marca necessária no inglês, e muito menos em outras línguas, de outras e secundárias aparições de proposições. As proposições apresentadas nas orações de frases condicionais podem ser formuladas no modo subjuntivo; a gramática pode exigir, ou permitir, uma construção subjuntiva ou uma construção acusativa e infinitiva para as proposições do discurso indireto; e há ainda outras possibilidades. De um ponto de vista, esses fatos podem parecer meramente reforçar a alegação para caracterizar as expressões B como "expressões que introduzem seus termos no estilo *assertivo*". De outro ponto de vista, eles podem parecer suscitar dificuldades, pois se, no desejo de maior generalidade, desejarmos antes caracterizar as expressões B por referência ao estilo *proposicional* de introdução de termo, não devemos aceitar que a presença de um verbo no modo indicativo não é uma condição necessária de uma expressão ser uma expressão B? Contudo, se desistirmos dessa suposta condição necessária, teremos de pagar, por uma descrição gramatical, um preço exorbitante em complexidade. A meu ver, a resposta prática a essas dificuldades é que podemos bem preservar com perfeição a ideia do estilo assertivo ou proposicional sem nos sobrecarregar com classificações gramaticais adicionais. O fato central a se apegar é que o modo primário de aparição de *proposições* é a asserção e isso nos dá uma razão para dizer que, dos muitos estilos proposicionais, o estilo primário é o que também é primariamente o estilo assertivo. Temos de reconhecer os dois fatos,

Indivíduos

que o simbolismo da asserção é também uma maneira de simbolizar alguma coisa mais ampla, a saber, a aparição de uma proposição, e que essa coisa mais ampla não é sempre ou não é somente simbolizada pelo simbolismo da asserção. Nenhum desses dois fatos, contudo, dá uma razão decisiva para abandonar uma abordagem que, até aqui, concorda bem com as concepções aceitas da distinção sob consideração.

Assim, então, o uso da forma indicativa de um verbo envolve, de maneira característica, a introdução de um termo que mostra que aquilo em que é introduzido é uma proposição. O uso da forma substantiva, de outro lado, não tem essas implicações, sendo a forma que deveríamos naturalmente usar se quiséssemos apenas fazer *listas* de termos. Na observação "Sócrates é sábio", tanto a expressão "Sócrates" como a expressão "é sábio" introduzem termos, a saber, Sócrates e ser sábio. Mas — para usar uma locução de W. E. Johnson — a expressão "é sábio" não somente introduz ser sábio, como também comporta o laço assertivo ou proposicional ou, em terminologia ainda mais antiga, não somente introduz seu termo, mas também o copula.

Esse contraste de estilos não nos fornece os materiais para uma definição estrita de "expressão A" e "expressão B". Mas, como a descrição gramatical da qual em parte depende, ele gera uma caracterização que é suficiente para garantir tanto o dito de Frege como a consequência alegada por Geach de sua própria definição. Uma expressão A não introduz seu termo no estilo tipicamente assertivo, uma expressão B o introduz. Uma expressão que não introduz seu termo nesse estilo não pode ser uma expressão que o introduz; e vice-versa. Assim, nenhuma expressão A pode ser uma expressão

B ou vice-versa. Contudo, uma expressão A pode ser parte de uma expressão B. "João" é uma expressão A e "está casada com João" é uma expressão B, pois esta introduz seu termo, a saber, estar casada com João, no estilo assertivo.

Temos, então, duas novas maneiras de descrever uma distinção entre expressões A e expressões B. Uma maneira é abertamente gramatical. A outra tenta ir ao fundamento racional por trás da distinção gramatical. Nenhuma descrição dá uma explicação completamente adequada da distinção. Mas ambas produzem a consequência que Geach deseja e que Frege afirma. Essas maneiras de traçar a distinção, então, nos capacitam para entender algumas das coisas ditas sobre os itens da Lista II. Do mesmo modo, elas nos capacitam para entender algumas das coisas que Frege diz sobre os itens da Lista IV. Acabamos de ver que, e por que, uma A_2 nunca pode ser uma B_2 ou vice-versa. É pela mesma razão que Frege sustenta que uma A_4 nunca pode ser uma B_4 ou vice-versa, que um objeto nunca pode ser um conceito ou um conceito, um objeto. Para apresentar um conceito como um objeto, deveríamos introduzir o conceito por meio de uma expressão substantiva, mas Frege deseja pensar um conceito essencialmente como alguma coisa que possa ser representada *somente* por uma expressão não substantiva, por uma expressão que introduz seu termo no estilo proposicional verbal e copulativo. Daí o paradoxo de que o conceito *sábio* é um objeto, não um conceito.[7] Tudo o que isso significa é que a expressão "o conceito *sábio*" é uma expressão A, não uma expressão B, que introduz o que introduz em um estilo que *não* é o assertivo. Podemos, pelo menos

---

7 G. Frege, On Concept and Object, p.45.

Indivíduos

até aqui, entender a doutrina de Frege das A_4 e das B_4 somente como uma maneira curiosamente infeliz de expressar a distinção entre as A_2 e as B_2.

Frege caracteriza a distinção entre as A_4 e as B_4 por meio de uma metáfora. Objetos, ele diz, são *completos*, conceitos, *incompletos* ou *insaturados*. "Nem todas as partes de um pensamento podem ser completas, pelo menos uma deve ser 'insaturada' ou predicativa, caso contrário não se manteriam unidas".[8] Das B_2, ele diz que é somente porque seu sentido é insaturado que são capazes de servir como um elo. Também Russell usava essa metáfora, embora a aplicasse de maneira mais estreita: ele sustentava que na proposição havia um constituinte que era por sua própria natureza incompleto ou conectivo e que mantinha todos os constituintes da proposição unidos. Ramsey criticou essa metáfora, dizendo que não havia razão para considerar uma parte da proposição como mais incompleta do que a outra: nenhuma *parte* é igualmente o todo. Mas podemos agora dizer algo em defesa da metáfora. Voltando aos itens da Lista II, poderíamos dizer, primeiro, que a expressão "é sábio" ("fuma") parece mais incompleta que a expressão "Sócrates" ("Raleigh") somente porque é, em um sentido, mais próxima da completação. O nome "Sócrates" poderia ser completado em *todo* tipo de observação, não necessariamente uma proposição, mas a expressão "é sábio" exige um determinado tipo de completação, a saber, a completação em uma proposição ou oração proposicional. A última expressão parece fragmentária justamente porque sugere um tipo particular de completação,

---

8 G. Frege, op. cit., p.54.

a primeira expressão parece não fragmentária justamente porque não faz essa sugestão. O que vale para os itens da Lista II também vale, se seguirmos Frege, para os itens da Lista IV, uma vez que as distinções da última lista são paralelas às distinções da primeira.

Pouco importa se gostamos da metáfora ou não, desde que reconheçamos o seu fundamento. Mas a completa falta de estima de Ramsey para com ela nos dá uma pista, para a qual voltaremos.

[4] Testemos, agora, essas conclusões passando de Frege e Geach à consideração de outro escritor, W. V. Quine, cujas concepções são em alguns aspectos parecidas com as deles. A principal coisa que desejo deixar de lado da consideração de Frege e Geach é o fato de ambos os escritores fazerem uma distinção absoluta entre duas classes mutuamente excludentes de expressões, cujos membros de cada uma podem ser combinados com membros adequados da outra para gerar uma asserção. Membros das duas classes de expressões igualmente introduzem termos, mas membros de uma classe introduzem-nos assertivamente e membros da outra classe, não. A distinção de itens não linguísticos da Lista IV apenas espelha, de uma maneira confusa, essa distinção no estilo de introdução. Essencialmente, a distinção a que chegamos é uma distinção entre estilos de introdução de termos. Não diz nada de qualquer distinção entre *tipos* ou *categorias* de termos, entre *espécies* de objetos. Portanto, não diz nada sobre a distinção entre particulares e universais.

Uma distinção feita por Quine, que parece corresponder em alguma medida à da Lista II desses escritores, é a distinção entre termos singulares e termos gerais.[9] A correspondência não é exata. Quine dá, como exemplos de termos gerais, adjetivos como "sábio" e "humano" e nomes comuns como "homem" e "casa", enquanto as expressões B correspondentes da Lista II seriam expressões como "é sábio" e "é uma casa". Uma diferença mais impactante entre Quine e os outros dois escritores encontra-se no que Quine claramente considera como a caracterização essencial de sua distinção: "termos singulares são acessíveis a posições adequadas a variáveis quantificáveis, enquanto termos gerais não o são". Quando olhamos um pouco mais de perto, contudo, essas diferenças na abordagem parecem muito menos importantes.

Notemos, para começar, que Quine explicitamente contrasta as distinções entre espécies de objetos (termos não linguísticos) com a distinção entre termos singulares e gerais. Assim, os substantivos "piedade" e "sabedoria" são termos singulares – os nomes de objetos abstratos – tanto quanto os substantivos "Sócrates" e "a terra" – os nomes de objetos concretos. Distinções de tipos de objetos não têm, à primeira vista, essencialmente nada que ver com a distinção entre termos singulares e gerais. Isso concorda com a ideia que acabamos de notar sobre as nossas próprias interpretações das distinções da Lista II dos outros autores. É a distinção entre termos singulares e gerais, Quine continua, que é a mais vital

---

9 W. V. Quine, *Methods of Logic*, esp. p.203-8. Quine usa a expressão "termo" unicamente na aplicação a itens linguísticos, enquanto eu a aplico a itens não linguísticos. Deve-se entender sempre a palavra na segunda maneira, exceto quando estou realmente falando das doutrinas de Quine ou usando-a no contexto da expressão "termo singular".

"de um ponto de vista lógico", admitindo que sua caracterização inicial dessa distinção vital é vaga. Ele diz que o termo singular pretende nomear um e somente um objeto, enquanto o termo geral não pretende nomear de modo nenhum, embora possa "ser verdadeiro a respeito de" cada uma das muitas coisas. É claro que essa é uma maneira insatisfatória de explicar uma classificação de acordo com a qual, por exemplo, a palavra "filósofo" é um termo geral e não um termo singular, pois, embora não queiramos dizer, sem mais discussões, que a palavra "filósofo" pretende nomear somente um objeto, isto é, não deveríamos querer chamá-la de termo singular com base nessa explicação, também parece que não gostaríamos de dizer, sem mais discussão, que a palavra "filósofo" é verdadeira a respeito de cada uma das muitas coisas ou pessoas, isto é, não deveríamos querer chamá-la de termo geral com base nessa explicação. Decerto, poderíamos entender a observação de que a palavra "filósofo" é verdadeira a respeito de cada uma de muitas coisas, por exemplo, mas seguramente deveríamos entendê-la como uma maneira abreviada de dizer alguma outra coisa, tal como: é verdadeiro a respeito de cada uma de muitas coisas, por exemplo Sócrates, *que ele é um filósofo*. Isto é, é verdadeiro a respeito de *ele é um filósofo* em vez de *filósofo*, que é verdadeiro a respeito de Sócrates. Mas, se nos for permitido suplementar assim a palavra "filósofo", para adequá-la ao que Quine diz dos termos gerais, não está claro por que não deveríamos também suplementá-la para adequá-la ao que ele diz dos termos singulares. Assim, é certamente o caso que a expressão "o filósofo" pode, em um contexto adequado, pretender nomear – ou se referir a – uma e somente

Indivíduos

uma pessoa; e o próprio Quine classificaria "o filósofo" como um termo singular.

O próprio Quine nos ajuda a escapar dessas dificuldades e nos mostra que a distinção que realmente o preocupa não é tanto a distinção entre os termos singulares e as expressões que ele lista como termos gerais, mas a distinção entre termos singulares e expressões que ele chama de "predicativas". Assim, Quine diz: "As posições ocupadas pelos termos gerais de fato não têm nenhum estatuto na gramática lógica, pois descobrimos que, para propósitos lógicos, o predicado recomenda a si mesmo como a unidade de análise; assim 'Sócrates é um homem' vem a ser concebido como composto de 'Sócrates' e '(I) é um homem', o último sendo uma unidade indissolúvel na qual 'homem' meramente permanece como uma sílaba constituinte comparável a 'só' em 'Sócrates'".[10] Agora, voltamos mais uma vez ao território das distinções da Lista II, na atmosfera de Frege-Geach-Russell. O numeral entre parênteses significa, em parte, embora não somente, a "incompletude" da expressão predicado, sua demanda por ser completada em uma proposição pela, por exemplo, adição de um substantivo que introduz um termo. E a atração da expressão "é verdadeiro em relação a" é agora prontamente entendida, pois somente proposições são verdadeiras e é característico de expressões predicado introduzir seus termos no estilo proposicional.

Ora, e quanto à caracterização tendo em vista a quantificação? Evidentemente, não deveríamos esperar que meras "sílabas constituintes", seja de termos singulares, seja de

---

10 W. V. Quine, *Methods of Logic*, p.207.

expressões predicado, possam ser "acessíveis a posições adequadas a variáveis quantificadas". A ideia importante deve ser a de que termos singulares têm esse acesso, enquanto *expressões predicado* não o têm.

Mas como devemos entender essa doutrina? Ela é, como Quine parece afirmar, uma caracterização mais profunda e essencial do que a que demos? Ou, antes, ela pressupõe a última e aparece meramente como uma consequência dela? Consideremos o caráter gramatical daquelas expressões da linguagem ordinária que se diz corresponder aos quantificadores e limitam as variáveis da lógica. Elas são expressões como "todas as coisas", "algumas coisas" e (quando, por exemplo, o quantificador existencial é precedido pelo signo de negação) "nada"; ou "todas as pessoas", "algumas pessoas", "ninguém"; ou "Existe alguma coisa que...", "Não há nada que... não...", "Não há ninguém que..." etc. Ora, todas essas expressões são, ou substantivos gramaticalmente singulares, ou terminam em um pronome relativo singular sem oração acompanhante e, assim, do ponto de vista de sua completude possível em frases, têm exatamente o mesmo caráter que os substantivos gramaticalmente singulares. Portanto, elas não têm o caráter das expressões B e não podem figurar gramaticalmente nos lugares de frases em que expressões B podem figurar. Dada, então, a estrutura gramatical das expressões ordinárias de quantificação, a doutrina de Quine segue imediatamente da nossa própria caracterização prévia das expressões A e expressões B, mas se formos considerar a doutrina nesse espírito gramatical, então ela parece não acrescentar nada à caracterização anterior, mas de fato repousar nela.

Indivíduos

Poder-se-ia dizer que esse é o espírito errado no qual considerar essa doutrina. Deveríamos pensar, primariamente, não na estrutura gramatical das expressões de quantificação, mas no tipo de significado que elas têm e, então, deveríamos interpretar, à luz desse pensamento, a doutrina de que expressões sujeito têm, ao passo que expressões predicado não têm, acesso às posições nas frases ocupadas pelas expressões de quantificação. Não é fácil seguir essa recomendação. No entanto, tentemos. Podemos supor a existência de afirmações de um tipo fundamental, tal que cada afirmação desse tipo contenha dois elementos, um de cada uma de duas espécies, uma espécie A e uma espécie B. Esses elementos seriam tais que poderia existir tanto um âmbito de afirmações das quais cada membro conteria o mesmo elemento A e diferentes elementos B e também um âmbito de afirmações que conteria o mesmo elemento B e diferentes elementos A. A diferença entre elementos B e elementos A seria a seguinte. Poderíamos formar a ideia de uma afirmação que seria implicada por, mas não implicaria, qualquer membro de um âmbito de afirmações com um elemento B constante e elementos A variados e que ele próprio conteria o mesmo elemento B, mas nenhum elemento A. Poderíamos, nesse caso, falar das expressões do elemento A dando lugar a variáveis de quantificação existencial na afirmação implicada. Não poderíamos, contudo, formar coerentemente uma ideia correspondente (substituindo "B" por "A" e "A" por "B" o tempo todo) de uma afirmação implicada por qualquer membro de um âmbito de afirmações com o mesmo elemento A e diferentes elementos B.

Seguindo essa linha, poderíamos fazer, ou começar a fazer, uma tentativa séria de interpretar a doutrina no espírito recomendado.

Peter F. Strawson

Mas tal interpretação tornaria de imediato clara a diferença entre expressões A e expressões B? Estou certo de que não. Essa doutrina poderia ter seu lugar no fim, mas não no começo, de nossas explicações.[11] Precisamos não perder de vista a possibilidade dessa interpretação da concepção de Quine. Mas, por enquanto, contentemo-nos com a interpretação gramatical superficial e notemos apenas a sua concordância com a distinção como nós a entendemos até aqui.

[5] Quando tracei pela primeira vez a distinção entre expressões A e expressões B de uma maneira abertamente gramatical, observei que a afirmação resultante das condições não era de modo algum adequada. Exigia-se de uma expressão A, por exemplo, que ela fosse uma expressão substantiva gramaticalmente singular; e essa descrição era satisfeita pela palavra "nada". Em alguma medida, as deficiências do modo abertamente gramatical de traçar as distinções já foram sanadas de maneira implícita. Exige-se de uma expressão A, bem como de uma expressão B, que ela introduza um termo e "nada" não introduz nenhum termo. E quanto aos demais substantivos gramaticalmente singulares de quantificação, tais como "alguma coisa" e "todas as coisas"? Digamos que, para o propósito desta discussão, uma expressão não introduz um termo a menos que tenha, como parte de seu uso-padrão, o objetivo de distinguir esse termo de outros, de identificá-lo definidamente. Não há dúvida, a meu ver, de que essa exigência está de acordo com as intenções dos autores cujas concepções estamos discutindo: Quine, por exemplo, confrontado

---

11 Ver Capítulo 8, seção [3].

Indivíduos

com duas afirmações comuns feitas com as palavras "Pedro bateu em um filósofo" e "Pedro bateu no filósofo", consideraria a expressão "o filósofo", mas não a expressão "um filósofo", como um termo singular; Frege igualmente aplicaria, e deixaria de aplicar, a designação "nome próprio". Essa restrição, então, nós a adotamos. É evidente que ela exclui não somente descrições indefinidas, como "um filósofo", mas também os substantivos de quantificação mencionados há pouco. "Todas as coisas" não distingue nada, assim como "algumas coisas" não identifica nada de maneira definida.

Essa restrição também ajuda a corrigir determinadas deficiências da caracterização gramatical das expressões B. Notamos que a exigência para uma expressão B (a saber, que ela deve incluir uma forma finita do verbo no modo indicativo, que, dentro dos limites da expressão B, não forme parte de uma frase completa ou oração completa com conjunção introdutora) não excluía definitivamente "Sócrates é..." da classe das expressões B. Uma exigência geral tanto das expressões A como das expressões B é que uma expressão de um desses tipos deveria ser capaz de gerar uma frase assertiva quando combinada com alguma expressão adequada do outro tipo. Essa exigência, junto com a restrição imposta no parágrafo precedente, exclui "Sócrates é" em todos os casos, exceto naqueles em que é em todo caso admissível. Assim, embora "Sócrates é..." possa ser completada em asserções tais como "Sócrates é sábio" ou "Sócrates é um filósofo", não se considera "sábio" ou "um filósofo" como uma expressão A. A expressão "o filósofo que ensinou Platão" é de fato uma expressão A e "Sócrates é..." pode ser completada na asserção "Sócrates é o filósofo que ensinou Platão". Mas aqui, quando "é" tem a força de "é o mesmo que" ou "é idêntico a", não há, talvez, nenhuma objeção a considerar "Sócrates é" como uma expressão B.[12]

Essa distinção, como está, exige que toda expressão dos dois tipos A e B deva, como um todo, introduzir um termo. Essa exigência pode dar origem, no caso das expressões B, a uma determinada objeção, pois quais termos devemos dizer que são introduzidos por expressões como "é um filósofo" ou "é o filósofo que ensinou Platão"? Seguramente, é muito forçado e pouco natural falar desses termos como *ser um filósofo* e *ser o filósofo que ensinou Platão*. A essa objeção há mais de uma resposta. Em primeiro lugar, pode-se pura e simplesmente negar que exista de fato alguma coisa forçada ou não natural nessas locuções. Ser um filósofo é deveras alguma coisa de que se pode falar e de fato se fala; e ser o filósofo que ensinou Platão é alguma coisa de que pelo menos Sócrates poderia falar. Ambos os termos são identificados definidamente pelas expressões substantivas que acabo de usar e, portanto, pelas expressões B correspondentes. Em segundo lugar, mesmo se o discurso sobre os termos introduzidos pelas expressões B for em alguns casos forçado e não natural, não se segue imediatamente que seja ilegítimo ou inútil. Se é assim ou não, isso só pode ser determinado examinando-se o uso que se faz dela. Por fim, pode resultar que não temos necessidade, no que se segue, de explorar nenhuma aplicação da terminologia de "termos" à qual se poderia levantar a objeção de distorção e não naturalidade. Se, usando nosso maquinário, pudermos estabelecer conexões explicativas em um

---

12 Ver Capítulo 8, seção [5].

Indivíduos

nível fundamental, poderemos também chegar a ver por quais analogias e extensões as distinções que nos ocupam podem variar dos níveis mais simples até os mais complexos, nos quais, talvez, o aparato explicativo que usamos para os casos simples pode de fato exibir uma aparência artificial.

[6] A distinção, como a temos agora, favorece um ceticismo como o de Ramsey. Temos um contraste vagamente expresso entre expressões A, que introduzem seus termos no estilo substantivo, e expressões B, que introduzem seus termos no estilo assertivo. Esse contraste deriva, e em parte depende, de classificações gramaticais familiares, particularmente a classificação "substantivo", sobre a qual – se considerada em si mesma – falamos muito pouco, exceto que ela é a forma que naturalmente usamos quando queremos meramente *listar* termos. Podemos perguntar agora, com Ramsey: como poderia essa distinção ser de importância fundamental para a lógica e para a filosofia? Uma vez que tanto as expressões A e as expressões B introduzem termos e a diferença é somente que as expressões B também comportam a indicação assertiva, a ligação proposicional, não poderíamos solapar toda a distinção apenas tornando a ligação proposicional alguma coisa separada na frase, não fazendo parte de uma expressão que introduz um termo? Não poderíamos imaginar frases simples nas quais expressões que introduzem termos *meramente* introduzissem termos, sem nenhum estilo particular, e nas quais as tarefas sintáticas ora realizadas pelas variações no estilo da introdução de termo fossem destinadas a dispositivos linguísticos diferentes das expressões que introduzem termos? Não cortaríamos pela raiz, dessa maneira, a

distinção sujeito-objeto por completo? Pensando assim, ecoamos a observação de Ramsey, segundo a qual basta questionar para duvidar da suposição de "que, se uma proposição consiste em dois termos copulados, os dois termos devem estar funcionando de diferentes maneiras, um como sujeito, outro como predicado". E quando pensamos, além disso, sobre as fontes gramaticais da nossa distinção, podemos recordar outra observação de Ramsey: "Lembremo-nos de que a tarefa na qual estamos empenhados não é meramente uma tarefa de gramática inglesa; não somos crianças na escola analisando frases em sujeito, extensão do sujeito, complemento e assim por diante".[13]

Vamos testar esse ceticismo dentro de um momento. Antes de fazermos isso, consideremos um pensamento do outro lado. Tendo negado que exista qualquer distinção fundamental a ser traçada entre sujeito e predicado, Ramsey deu o passo inegavelmente válido para concluir que nenhuma distinção fundamental entre particular e universal poderia *basear-se em* uma distinção sujeito-predicado – essa fundamentação, ele imaginou, é precisamente o que se tenta na doutrina tradicional de que os particulares, diferentemente dos universais, podem aparecer somente como sujeitos, nunca como predicados. Mas e se a situação fosse realmente a inversa? Seria de fato um erro tentar *fundamentar* a distinção particular-universal com base na distinção sujeito-predicado. Também poderia ser um erro pensar que se pode explicar a distinção sujeito-objeto independentemente da distinção particular-universal. A maneira correta de pensar o assunto poderia, por exemplo, ser de acordo

---

13 F. P. Ramsey, Universals, *Foundations of Mathematics*, p.116-7.

Indivíduos

com as seguintes linhas. Há, sem dúvida, proposições de um tipo simples nas quais um termo particular e um termo universal são, cada um, introduzidos e ligados assertivamente. O fundamento da distinção sujeito-predicado repousa na diferença de tipo ou categoria dos termos introduzidos nesse tipo de proposição e essa distinção é de algum modo estendida por analogia a casos que não são desse tipo simples e se torna associada com formas e distinções gramaticais que obscurecem seu fundamento e fazem-na parecer uma questão trivial e facilmente solapada. Se alguma linha de pensamento como essa está correta, então toda a nossa abordagem até aqui foi, se não errada, pelo menos enganadora, pois tentamos – e nisso pareceu estar seguindo nossas autoridades – elucidar as distinções da Lista II sem referência a diferenças entre tipos de termos. Falamos das diferenças no estilo de introdução de termos, não das diferenças entre tipos de termos introduzidos. O contraste de Frege entre constituintes não saturados e completos meramente pareceu uma variação metafórica de uma distinção entre estilos de introdução. E o teste aparentemente diferente de Quine para uma expressão sujeito lógica, isto é, substituibilidade por quantificador e variável, pareceu, no final das contas, repousar sobre a distinção entre substantivo e verbo.

Ainda assim, Quine pareceu oferecer a possibilidade de uma interpretação mais profunda e poderia haver mais na metáfora de Frege do que encontramos até agora. Embora a abordagem que seguimos até aqui parecesse estar em harmonia com as autoridades, não está claro que uma abordagem diferente colidiria com elas; e temos sempre de ter em vista o pensamento segundo o qual a chave para nossos problemas pode não estar em uma única coisa, mas na interação mais ou menos complexa de muitas coisas.

[7] Antes de considerarmos outras abordagens possíveis, desenvolvamos um pouco o ceticismo suscitado pela abordagem presente. Voltemos àquela caracterização da distinção sujeito-predicado que encontra, primeiro, uma semelhança entre a expressão sujeito e a expressão predicado no fato de que ambas introduzem termos e, segundo, a diferença essencial no fato de que a expressão predicado, mas não a expressão sujeito, comporta o simbolismo que, no caso primário, diferencia uma proposição de uma mera lista de termos. Voltando a essa caracterização, voltamos à dúvida que ela suscita sobre a importância fundamental da distinção. Concedido que temos asserções divisíveis em duas partes que introduzem termos, por que deveria importar qual parte que introduz um termo comporta o simbolismo assertivo? Não poderia ser uma parte tanto quanto a outra em todos os casos? Ou por que deveria ser alguma dessas partes? Por que alguma coisa externa a *qualquer* expressão que introduz termos na frase não poderia comportar a indicação proposicional? Assim, poderíamos representar em nossa asserção amostra, "Sócrates é sábio", ao meramente anotar duas expressões, uma para introduzir cada termo (digamos, as expressões "Sócrates" e "Sabedoria")[14] e, então, diferenciando o resultado de uma simples lista por

---

14 As expressões que uso aqui são, é claro, de fato nomes, mas em uma linguagem de frases tais como essas aqui imaginadas, não poderíamos fazer exatamente as mesmas classificações gramaticais de nome, verbo, adjetivo etc., com as quais estamos acostumados.

Indivíduos

meio de um indicador externo de proposição, por exemplo, parênteses em volta dos dois substantivos, assim,

(Sócrates Sabedoria).

Até aqui, pelo menos, parece não haver nada errado com a notação. Os tipos dos termos nos protegem de qualquer ambiguidade. Ora, do ponto de vista dessa sugestão, podemos, parece, considerar como uma mera convenção alternativa a técnica gramatical ordinária de fazer de uma das expressões que introduzem termos a portadora da ligação proposicional. Seria como se adotássemos a regra de que, em vez de representar o fato de que temos uma asserção, e não uma lista ou um comando, por meio de parênteses em volta de *ambas* as expressões que introduzem termos, deveríamos representar esse fato pondo uma entre parênteses e não a outra. De acordo com a adoção dessa regra, poderíamos, como uma variação estilística, nos permitir a escolha entre

(Sócrates) Sabedoria

e

Sócrates (Sabedoria)

enquanto

Sócrates Sabedoria

seria simplesmente uma lista e

(Sócrates) (Sabedoria)

seria apenas não gramatical. Muitas das doutrinas que estivemos considerando poderiam ser expressas novamente como verdades muito evidentes: por exemplo, a doutrina de que expressões entre parênteses geram asserções quando postas junto com expressões sem parênteses adequadamente escolhidas; ou a doutrina de que nenhuma expressão entre parênteses é uma expressão sem parênteses e o contrário (isto é, nenhuma expressão sujeito é uma expressão predicado e vice-versa).

E quanto à doutrina tradicional segundo a qual nenhum particular pode aparecer como um predicado? *Prima facie*, essa doutrina pareceria uma proposta para adotar uma convenção totalmente arbitrária. Seria como se alguém que usasse tanto a convenção dos parênteses longos e a convenção dos parênteses curtos dissesse: "Quando usar a convenção dos parênteses curtos, sempre escrever a asserção

(Sócrates Sabedoria)

na forma

Sócrates (Sabedoria)

e nunca na forma

(Sócrates) Sabedoria

e observe uma restrição similar para todas as expressões que introduzem termos particulares; em geral, o simbolismo assertivo

Indivíduos

nunca deve ser aplicado a uma expressão que meramente introduz um particular". Ora, é claro, uma convenção em si mesma arbitrária pode adquirir prestígio por ser seguida durante muito tempo. Pode vir a parecer parte da ordem das coisas, ou mesmo expressiva de uma verdade profunda ou de uma necessidade. Assim, escrever "(Sócrates) Sabedoria" poderia vir a parecer às pessoas completamente sem sentido, pois poderia parecer que uma expressão que introduz um termo particular simplesmente *não pode* ter os parênteses assertivos colocados unicamente à sua volta.

É importante notar as limitações dessa linha cética de argumentação. No máximo, ela mostra que, *se* pensarmos a distinção sujeito-predicado de uma determinada maneira e *se* confinarmos nossa atenção a um tipo muito simples de asserção, *então* – nessas duas condições – a doutrina de que um particular nunca pode aparecer como um predicado parece não ter um fundamento racional e parece expressar um preconceito arbitrário. A argumentação não mostra que a doutrina continuaria a aparecer sob essa luz se alguma dessas duas condições não fosse satisfeita, se, por exemplo, pensássemos a distinção sujeito-predicado de alguma outra maneira ou se, enquanto ainda a pensamos da mesma maneira, começássemos a considerar casos mais complexos de asserção. Ainda assim, vale a pena insistir nessa ideia limitada, pois ela pelo menos mostra que devemos procurar o fundamento racional da doutrina tradicional, se existir algum, fora desses limites. Não se torna imediatamente claro que devemos fazer isso pelo tratamento dado à distinção sujeito-predicado pelos escritores que estivemos considerando.

Deve-se mencionar agora uma objeção possível ao procedimento que acabei de seguir. A objeção é, em linhas gerais, que, ao tentar, por assim dizer, abolir a distinção entre as partes nominal e verbal de uma afirmação simples, separando a função que indica a asserção da função que introduz o termo da parte verbal, eu ignorei outra função importante da parte verbal: a função, à qual Aristóteles particularmente prestou atenção, que indica o tempo, por meio da variação no tempo verbal. A resposta a essa objeção é que aqui, de novo, parece não haver nada obrigatório sobre a associação dessa função com um âmbito particular de expressões que introduzem termos. Acabamos de ver que podemos teoricamente separar a função assertiva de uma variação no estilo gramatical de uma expressão que introduz um termo e associá-la a uma peça separada do simbolismo e, então, que podemos arbitrariamente associá-la de novo, se quisermos, com uma parte, em vez do todo, da asserção, como quando fazemos a transição do simbolismo dos parênteses copulativos em volta da frase inteira para a convenção dos parênteses curtos. Pode-se dizer o mesmo para a indicação de tempo. Uma seta em cima de toda a frase e apontando para a esquerda poderia ser usada para indicar uma referência ao tempo passado, uma seta apontando para a direita, uma referência a um tempo futuro e a ausência de uma seta, referência ao tempo presente. Assim, para "Sócrates era sábio", teríamos

$$\overleftarrow{\text{(Sócrates Sabedoria)}}$$

Como antes, a adoção de uma convenção de seta curta nos daria as alternativas de

Indivíduos

(Sócrates Sabedoria) e (Sócrates Sabedoria)

e poderíamos até escolher explorar essa flexibilidade no simbolismo para indicar um determinado tipo de diferença que pode às vezes passar despercebido na linguagem escrita ordinária, embora existam várias maneiras nas quais podemos indicá-la, se quisermos, pois, como as coisas são, *poderíamos dizer* "Sócrates era sábio" indiferentemente no caso em que Sócrates costumava ser sábio e deixou de ser sábio e no caso em que Sócrates deixou, não de ser sábio, mas de ser. Poderíamos sentir que

(Sócrates Sabedoria)

seria mais adequado para o primeiro caso e

(Sócrates Sabedoria)

para o segundo.[15] Deve-se admitir que, se tirássemos proveito sistemático, da maneira sugerida, da flexibilidade notacional da convenção da seta curta, então sem dúvida deveríamos anexar mais frequentemente a seta curta à expressão que introduz o termo universal do que à expressão que introduz os termos particulares em asserções do tipo que estamos considerando, pois, em geral, há mais a dizer sobre eventos nos quais pessoas ou objetos particulares participam ou sobre seus estados ou

---

15 Vale a pena notar que haveria uma economia natural se eliminássemos os parênteses assertivos em favor de uma *linha* assertiva, isto é, combinar a indicação assertiva com a indicação de tempo.

condições de curta duração do que sobre suas características permanentes. Concedido que teríamos uma regra, *seja* para que expressões que simplesmente introduzem particulares, *ou* para que expressões que simplesmente introduzem universais nunca tenham a indicação de tempo associada a elas, então o fato que acabei de mencionar seria uma razão para aplicar a regra restritiva a termos que introduzem particulares. Mas esse fato evidentemente não é uma razão convincente para ter essa regra restritiva.

Não se pretende, é claro, que as observações anteriores sejam uma contribuição para o estudo das diferenças do tempo verbal e suas funções. Pretende-se somente indicar uma maneira pela qual se poderia responder a uma possível objeção a meu procedimento. Há muitas outras maneiras de respondê-la. Temos de reconhecer que as expressões da Lista II distinguidas como expressões B são, de fato, com frequência, indicadoras de tempo bem como indicadoras de asserção. Mas esses fatos sobre elas, nem separados nem juntos, parece, realmente nos dão uma razão imediatamente convincente para considerar a distinção como fundamental ou essencial para qualquer simbolismo da asserção, pois ambas as funções, parece, poderiam ser realizadas independentemente de qualquer distinção entre expressões que introduzem termos. Nem, consequentemente, esses fatos realmente parecem dar uma base firme para a associação tradicional entre a distinção particular-universal e a distinção sujeito-predicado.

É hora de considerar uma abordagem diferente da distinção sujeito-predicado. Tendo exposto uma versão dessa distinção que não considera a diferença de tipo ou categoria de

Indivíduos

termos, devemos agora expor uma versão da distinção que é diretamente baseada sobre uma diferença de tipo ou categoria de termos.

2. O critério categorial

[8] Todo termo, particular ou universal, deve ser capaz de ser assertivamente vinculado a algum outro termo ou a alguns outros termos de modo que gere um resultado significativo, uma proposição. Pode-se pensar um termo como um princípio de reunião de outros termos. Pode-se dizer que ele *reúne* somente aqueles termos tais que, quando é assertivamente vinculado a qualquer um deles, o resultado é não somente uma proposição significativa, mas também verdadeira. Ora, é conveniente ter, e de fato temos, nomes para os diferentes tipos de vínculos assertivos, baseados parcialmente nas diferenças de tipos ou de categorias de termos, parcialmente nas diferenças de propósito ou contexto de asserção. Assim, dizemos de um falante que ele *caracteriza* um objeto como tal e tal, *apresenta* alguma coisa como exemplo de um assim e assado ou *atribui* alguma coisa a alguma outra coisa. Correspondendo a alguns desses nomes de tipos diferentes de vínculo assertivo, temos nomes para diferentes tipos de vínculo asserido. Assim, usamos formas como "... é um exemplo de...", "... é caracterizado por...", "... tem a relação de... com...". Apropriar-me-ei de algumas dessas expressões, usando-as como os nomes de tipos diferentes de vínculos asseridos, quando as diferenças relevantes são meramente nos tipos de termos vinculados e não têm nada que ver com o contexto ou com o propósito da asserção. É importante que não pensemos essas expressões de

dois ou três lugares como sendo elas próprias os nomes de termos de um determinado tipo, a saber, relações. Pode-se usar alguma coisa similar ao argumento de Bradley contra a realidade das relações, não de fato para mostrar que as relações são irreais, mas para mostrar que vínculos passíveis de asserção entre termos como esses não devem ser interpretados como relações ordinárias. Falemos deles como vínculos não relacionais.[16]

Vínculos não relacionais podem unir particulares a universais, universais a universais e particulares a particulares. Entre aqueles universais que se aplicam a particulares, ou os reúnem, traçarei uma distinção imprecisa entre dois tipos e, portanto, também entre dois tipos de vínculos não relacionais que unem particulares e universais. Essa é a distinção entre universais *classificadores* e *caracterizadores* e, portanto, também entre o vínculo classificador, ou *exemplificador*, e o vínculo caracterizador. Um universal classificador fornece um princípio para distinguir e contar os particulares individuais que reúne. Ele não pressupõe nenhum princípio ou método antecedente de individuação dos particulares que reúne. Universais caracterizadores, por outro lado, conquanto forneçam princípios para agrupar, ou mesmo contar, particulares, fornecem esses princípios somente para particulares já distinguidos, ou distinguíveis, de acordo com algum princípio ou método antecedente. De maneira imprecisa e com reservas, determinados

---

16 Veja-se, mais adiante, p.245 e seguintes. Há muitas diferenças entre vínculos não relacionais e vínculos genuínos, além daquela que acabei de sugerir. Vínculos não relacionais, por exemplo, exigem dos termos que unem um grau de heterogeneidade de tipo maior do que aquele que relações geralmente suportarão.

Indivíduos

nomes comuns para particulares introduzem universais classificadores, enquanto verbos e adjetivos aplicáveis a particulares introduzem universais caracterizadores. Ora, não são somente os universais caracterizadores que têm o poder de fornecer princípios de agrupamento para particulares já distinguíveis de acordo com outro princípio ou método. Eles compartilham esse poder com os próprios particulares. Portanto, assim como entre particulares já distinguidos como discursos históricos, ou defesas no críquete, podemos ademais agrupar aqueles que são discursos sábios ou defesas difíceis, também entre esses particulares podemos ademais agrupar aqueles que são discursos de Sócrates ou as defesas de Carr. Sócrates, como a sabedoria, pode servir como um princípio de agrupamento de particulares já distinguidos como tais de acordo com algum outro princípio ou método. Consequentemente, suporei o direito de falar de vínculos não relacionais entre particulares e particulares; e a esse tipo de vínculo, em memória de Cook Wilson, darei o nome de "vínculo atributivo". (É claro, particulares vinculados pelo vínculo atributivo serão de tipos diferentes uns dos outros.) Em geral, sempre que um particular está unido a um universal pelo vínculo caracterizador, podemos formar a ideia de outro particular unido ao primeiro pelo vínculo atributivo, de modo que, para o vínculo caracterizador entre Sócrates e o universal, *morrer*, corresponde o vínculo atributivo entre Sócrates e o particular, a sua morte.[17]

---

17 Temos mais uso para algumas das ideias de particulares que podemos formar dessa maneira do que temos para outras. Em geral, temos, talvez, mais uso para as ideias de eventos particulares formadas assim, menos uso para as ideias de condições ou estados particulares,

Comparemos, agora, as maneiras em que os termos podem reunir uns aos outros por estes três tipos de vínculo.

(1) Um e o mesmo particular pode ser vinculado por um vínculo classificador ou exemplificador a vários universais classificadores diferentes: assim, Fido é um cachorro, um animal, um *terrier*. Em geral, os universais aos quais um e o mesmo particular se liga de modo classificador terão uma relação característica uns com os outros, a qual se descreve às vezes como aquela de subordinação ou sobreordenação. De novo, pode-se ligar de modo exemplificador um e mesmo universal classificador a vários particulares: Fido, Totó e Rover são todos cachorros. Esses particulares terão uns com os outros uma semelhança geral ou de classe. Podemos dizer que, enquanto um particular pode reunir diversos universais pelo vínculo exemplificador e um universal pode reunir muitos particulares pelo vínculo exemplificador, o princípio de reunião em cada caso é de um tipo inteiramente diferente. Podemos indicar essa diferença ao empregar, além da forma simétrica, "x liga-se de modo exemplificador a y" (em que x ou y podem ser ou particular ou universal, desde que haja um de cada), também a forma assimétrica, "x é um exemplo de y" (em que x deve ser particular e y universal).

---

ainda menos para as ideias de particulares que são simplesmente casos de qualidades ou de propriedades. Mas, de fato, dizemos coisas como "sua raiva passou rapidamente", "Seu resfriado é mais severo do que o dela", até "A sabedoria de Sócrates foi preservada para nós por Platão". Alguns filósofos, sem dúvida, abusaram da categoria de qualidades particularizadas. Mas não precisamos negar, por isso, que as reconhecemos.

Indivíduos

(2) Pode-se ligar por um vínculo caracterizador um e o mesmo particular a muitos universais caracterizadores: assim, Sócrates é sábio, é quente, é frio, luta, fala, morre. E pode-se vincular por um vínculo caracterizador um e o mesmo universal caracterizador a muitos particulares diferentes: Sócrates, Platão, Aristóteles são todos sábios, todos morrem. *Via* o vínculo caracterizador, de novo, então, um particular reúne, em momentos diferentes, muitos universais, e um universal, em diferentes momentos, muitos particulares. Mas, de novo, o princípio de reunião é diferente em cada caso. O princípio com base no qual um particular reúne diferentes universais caracterizadores em diferentes momentos é fornecido pela identidade continuada do particular, em que o fator mais ampla e geralmente distinguível, embora não universalmente, é o que se refere vagamente como continuidade espaço-temporal. O princípio com base no qual um universal caracterizador reúne particulares diferentes, no mesmo ou em diferentes momentos, envolve uma certa semelhança característica entre esses particulares nesses momentos. Podemos indicar essa diferença ao acrescentar à expressão simétrica "x une-se por um vínculo caracterizador a y" a expressão assimétrica "x caracteriza-se por y" (em que x deve ser particular e y universal).

(3) Quando passamos a considerar o vínculo atributivo, a situação é diferente. Um particular dado, digamos, Sócrates, pode reunir, pelo vínculo caracterizador, um número enorme de universais caracterizadores; correspondentemente, ele pode reunir, pelo vínculo atributivo, um número enorme de particulares. Assim, Sócrates reúne, pelo vínculo caracterizador, digamos, *sorrir* e *discursar* e, correspondentemente, pelo vínculo

atributivo, um sorriso particular e um discurso particular. Mas enquanto os universais, *sorrir* e *discursar*, podem reunir, pelo vínculo caracterizador, qualquer número de particulares do mesmo tipo de Sócrates, o sorriso particular e o discurso particular não podem, pelo vínculo atributivo, reunir quaisquer outros particulares do mesmo tipo de Sócrates. Expressemos essa característica dos vínculos atributivos falando do membro dependente e do membro independente de todo vínculo desse tipo: o membro independente pode em geral reunir muitos particulares similares ao membro dependente, mas o membro dependente não pode reunir nenhum outro particular similar ao membro independente. Além da forma simétrica "x vincula-se atributivamente a y", podemos empregar a forma assimétrica "atribui-se y a x" (em que y deve ser o membro dependente).[18]

---

18 Existem alguns particulares que são membros independentes de todos os vínculos atributivos em que entram. Podemos chamá-los, simplesmente, de particulares independentes. Aristóteles parece ter pensado que somente particulares independentes (de um tipo muito familiar) eram coisas muito substanciais, como cavalos e homens. Mas não parece haver razão nenhuma para negar que alguns fenômenos ou ocorrências menos substanciais do que essas também podem se classificar como particulares independentes. Sem dúvida, existirão casos fronteiriços, isto é, casos em que hesitaríamos entre dizer que se atribui um particular a outro de maneira dependente e dizer que se relaciona de maneira genuína (por exemplo, causalmente) a outro. Mas parece difícil forçar a fronteira tão longe quanto Aristóteles gostaria na direção do particular bastante substancial, a menos que, de fato, reforcemos a noção presente de um particular independente com critérios adicionais, tais como aqueles empregados na Parte I deste livro como testes para o estatuto de particular *básico*.

Indivíduos

[9] O objetivo desta discussão de tipos diferentes de vínculos não relacionais era preparar o terreno para estabelecer outro critério para a distinção sujeito-predicado. Ora, há uma óbvia analogia entre as maneiras em que universais classificadores e caracterizadores, respectivamente, reúnem os particulares que reúnem. Essa analogia não se estende às maneiras como particulares reúnem universais por vínculos exemplificadores ou caracterizadores, nem se estende às maneiras como particulares reúnem outros particulares pelo vínculo atributivo. Suponha agora, com base nessas analogias e faltas de analogia, que adotemos a seguinte regra: o sentido primário de "predica-se y de x" é "assere-se que x se vincula de maneira não relacional a y, seja como um exemplo de y ou como caracterizado por y". Em vista desses sentidos que demos a "é um exemplo de" e "caracteriza-se por", isso equivale a *determinar* que se podem predicar universais de particulares, mas não se podem predicar particulares de universais. O próximo passo é estender o sentido de "predica-se y de x", ainda preservando as analogias nas quais se baseia o sentido primário. Assim, para permitir que se possam predicar universais de universais, temos de mostrar que existem vínculos não relacionais entre universais e universais análogos aos vínculos classificadores e caracterizadores entre universais e particulares. E, claro, é fácil encontrar essas analogias. Pensar diferentes espécies como espécies de um gênero não é análogo a pensar diferentes particulares como espécimes de uma espécie? De novo, o vínculo entre composições musicais diferentes, elas mesmas (tipos) não particulares, e sua forma comum, digamos, a sonata ou a sinfonia, é análoga ao vínculo classificador entre um particular e um universal. Ou, de novo,

pensar tons ou cores diferentes como claras ou escuras, pensar qualidades humanas diferentes como amistosas ou inamistosas, é análogo a pensar particulares diferentes como caracterizados de tais e tais maneiras. Em todos esses casos, pensamos universais reunindo outros universais de maneiras análogas às maneiras em que universais reúnem aqueles particulares que são exemplos deles ou são caracterizados por eles. Mas não podemos pensar particulares reunindo *ou* universais *ou* outros particulares de maneiras análogas a essas. Exige-se uma pequena extensão adicional do sentido de "predica-se *y* de *x*" para admitir a doutrina de que particulares, embora não simplesmente predicáveis, possam ser parte do que é predicado. Pode-se garantir isso mais prontamente por uma pequena modificação das regras para "é um exemplo de" e "caracteriza-se por". As expressões "é um exemplo de" e "caracteriza-se por", como eu as introduzi, são seguidas com correção, respectivamente, pela designação de um universal classificador e pela designação de um universal caracterizador. Determinamos agora que, enquanto os sucessores adequados dessas expressões estiverem presentes, os princípios de agrupamento que elas introduzem podem ser modificados adicionalmente de qualquer maneira, sem detrimento da adequação de "é um exemplo de" e "caracteriza-se por". Assim, um particular pode ser um exemplo, não somente de um sorriso, mas de um sorriso de Sócrates, e outro pode ser caracterizado, não somente por ser casado, mas por estar casado com João. Portanto, Sócrates e João podem ser parte do que é predicado, embora não sejam eles mesmos predicáveis.

Dessa maneira, considerando como o caso fundamental de predicar-se *y* de *x* o caso em que se assere que *x* (um particular)

Indivíduos

ou é um exemplo de, ou caracteriza-se por *y* (um universal), e procedendo daí para desenvolver outros casos por analogia ou extensão, podemos construir um sentido de "predicar" para o qual é verdadeiro que universais podem tanto ser simplesmente predicados como ter coisas predicadas deles (isto é, ser sujeitos), ao passo que particulares nunca podem ser simplesmente predicados, embora possam ter coisas predicadas deles (isto é, ser sujeitos) e podem ser partes do que é predicado.

Esse procedimento, então, produz o segundo critério para a distinção sujeito-predicado, o critério "categorial". Ao desenvolver o primeiro critério, "gramatical", não usei nenhuma distinção entre tipos de termos, mas concentrei-me somente na presença ou ausência do simbolismo proposicional, isto é, do estilo proposicional da introdução de termos. Ao desenvolver o critério categorial, por outro lado, não me referi à localização do simbolismo assertivo, mas construí o critério somente com base em uma distinção entre tipos de termos. De acordo com todas as aparências, portanto, os dois critérios são independentes um do outro. Devemos agora investigar em que medida há, na prática, uma correspondência entre o que se predica no sentido do primeiro critério e o que se predica no sentido do segundo critério e, então, buscar explicar o grau de correspondência que encontrarmos. Se pudermos tanto encontrar como explicar a correspondência, teremos descoberto o fundamento racional da doutrina tradicional.

Peter F. Strawson

3. Tensões e afinidades entre esses critérios

[10] É bastante óbvio que a correspondência entre as exigências gramatical e categorial para um predicado funciona bem em geral. É ainda mais instrutivo considerar determinados casos especiais em que se desenvolve uma tensão entre essas exigências e em que encontramos uma solução linguística muito notável da tensão. Abordaremos esses casos indiretamente, por meio de alguns casos em que não há essa tensão.

Entre as formas linguísticas características da expressão gramaticalmente predicativa estão as seguintes: uma forma indicativa de um verbo; um adjetivo precedido por uma forma indicativa do verbo "ser"; um nome precedido pelo artigo indefinido precedido por uma forma indicativa do verbo "ser". Assim, temos "Sócrates sorri", "Sócrates é sábio", "Sócrates é um filósofo". Em cada um desses exemplos, introduz-se, por uma das formas linguísticas características, um universal predicado. Tanto o teste categorial como o teste gramatical para o que se predica produz a mesma resposta. Na medida em que esses dois testes devem sempre produzir a mesma resposta, poderíamos esperar que os nomes próprios de particulares jamais admitiriam aparecer em qualquer uma dessas formas simples. Na prática, é claro, descobrimos que nomes de particulares admitem muito livremente formas adjetivas que podem seguir o verbo "ser": por exemplo, "é inglês, vitoriano, napoleônico, americano, russelliano, cristão, aristotélico" etc.; eles admitem muito livremente o uso como nomes depois do artigo indefinido e do verbo "ser": "é um Hitler, um Quisling" etc.; e eles até admitem às vezes uma forma verbal: por exemplo, poder-se-ia dizer de um filósofo, em tom

Indivíduos

jocoso, que ele platoniza um bocado. Esses casos, contudo, não apresentam dificuldade para quem deseja insistir na correspondência entre as exigências categoriais e as exigências gramaticais para predicados. Suponha que "N" é o nome próprio relevante de um particular. Então, em geral, não parece que usamos as formas "*x* é N-ico (N-ano)", "*x* é um N", "*x* N-aniza" para asserir um vínculo não relacional entre *x* e N. O que, nesses casos, a expressão predicado gramatical introduz e assertivamente liga a *x* não é somente o particular N, mas um universal caracterizador ou classificador ao qual o particular tem, por razões históricas, dado o seu nome (por exemplo, *ser napoleônico*), ou um desses compostos de universal relacional e particular que o critério categorial estendido nos permite considerar como predicável (por exemplo, em alguns contextos, "ser americano" tem a força de "ser fabricado na América" e "ser britânico" significa "estar sujeito ao soberano da Grã-Bretanha").

A ideia aqui é que a linguagem admite livremente o uso de nomes próprios de particulares simples em formas gramaticalmente predicativas apenas naqueles casos em que o uso dessas formas não tem nenhuma tendência a nos fazer dizer que estamos predicando o particular, nos casos, de fato, em que podemos dizer que o introduzido pela expressão gramaticalmente predicativa é um universal ou universal-particular. Caso alguém objete ao uso da palavra "universal" aqui, podemos dizer em resposta: o princípio de reunião fornecido nesse caso por, digamos, Napoleão, é um princípio de semelhança do tipo que universais fornecem e não um princípio do tipo que a identidade continuada de um particular fornece. O vínculo não relacional asserido por "O gesto era napoleônico" é um vínculo caracterizador em vez de um vínculo atributivo: as coisas das quais se assere que estão unidas pelo vínculo não são o gesto e Napoleão, mas o gesto e o princípio de semelhança da reunião fornecido por Napoleão. Geralmente, estamos preparados para usar essas formas de predicado como "é napoleônico" somente quando podemos considerar Napoleão como fornecendo um princípio de reunião pelo menos análogo àqueles fornecidos pelos universais. Assim, preserva-se a analogia sobre a qual se constrói nossa noção categorial de predicação.

Mas agora comparemos casos em que estamos preparados para usar essas formas com casos em que o nosso despreparo para usá-las é impressionante. Consideremos, primeiro, o par de frases de Ramsey:

(1) Sócrates é sábio.
(2) A sabedoria é uma característica de Sócrates.

Primeiro, notemos que, se começarmos com o substantivo "sabedoria" para dizer o que (1) diz, então *não* procedemos a "é socrático" ou "socratiza", mas, em vez disso, procedemos em alguma medida como em (2). Ora, tanto o teste categorial como o teste gramatical exigem de nós dizer de (1) que se predica a sabedoria de Sócrates, o sujeito da predicação. O teste categorial parece exigir que digamos exatamente a mesma coisa de (2), pois ambas as frases asserem um vínculo caracterizador que une o particular Sócrates e o universal sabedoria. O teste gramatical não exige que digamos a mesma coisa de (2). Mas a linguagem nos protege de ter, nesse texto, de dizer a coisa *oposta* (isto é, que se predica Sócrates da sabedoria) ao introduzir como que um universal postiço, *ser uma característica (de)*. Se considerarmos isso com o seu valor de face, seremos capazes, aderindo ao teste gramatical, de adquirir imunidade contra afirmar que se predica Sócrates da sabedoria e de dizer, em vez disso, que o que se predica da sabedoria é o composto de universal e particular, a saber, *ser uma característica de Sócrates*. O que encontramos aqui é, por assim dizer, uma ansiedade para preservar o lugar gramatical do predicado para o gramaticalmente predicável, mesmo ao custo de *falsificar* universais para salvar as aparências. Com efeito, as exigências gramaticais gerais dos elementos verbais mais substantivos seriam satisfeitas por escrever (2) em uma forma tal como "A sabedoria é Sócrates (socratiza)", a qual, uma vez que não interpõe nenhum universal postiço, exigiria de nós dizer, segundo o critério gramatical, que Sócrates é predicado e, assim, nos levaria a um conflito aberto entre o critério gramatical e o critério categórico.

Por que falo de *falsificar* universais para evitar o conflito aberto? A resposta foi prenunciada na seção anterior. Ela se torna bastante clara se perguntarmos por que não insistimos da mesma maneira em

Sócrates se caracteriza pela sabedoria

em vez de

Sócrates é sábio.

Para toda insistência desse tipo, poderíamos levantar uma objeção. É uma característica de todo termo, seja particular, universal ou particular-universal, que ele seja capaz de entrar em vínculo não relacional com (alguns) outros termos, e toda proposição sujeito-predicado é uma asserção de um vínculo não relacional entre termos. Se promovermos o vínculo a um termo, ou a uma parte de um termo, então devemos considerar que a proposição assere um vínculo não relacional entre os novos termos, por exemplo, *Sócrates* e *ser caracterizado pela sabedoria*. Mas se *insistirmos* na promoção no primeiro estágio, por que não no segundo, assim: "Sócrates caracteriza-se por caracterizar-se pela sabedoria"? E assim por diante. Devemos parar em algum ponto, se vamos ter uma proposição. Por que insistir em começar?

Mas a mesma objeção não se aplica à insistência em (2) como uma alternativa a "A sabedoria socratiza"? Ela se aplicaria, é claro, se desconsiderássemos a razão, o motivo, para a preferência. Mas não podemos desconsiderá-la: a questão da justificação, ou explicação, do impulso para salvar as aparências ainda está *sub judice*. Ademais, temos uma maneira alternativa, permitida pelo critério gramatical, de olhar para o assunto. Podemos interpretar "A sabedoria é uma característica de" como uma expressão predicado e "Sócrates" como expressão sujeito e ver toda a frase, não como uma alternativa, na qual se insistiu, para "A sabedoria socratiza", mas como uma perífrase permitida para "Sócrates é sábio". Mas, se fizermos essa escolha, devemos ter claro que não se admite mais a outra análise, a qual o critério gramatical deixa aberta (a saber, Sujeito: "A sabedoria"; Predicado: "é uma característica de Sócrates), como uma alternativa aberta. Isto é, devemos desistir, apesar da gramática, da ambição de formular essa proposição em que a sabedoria aparece como um sujeito.

Indivíduos

Diante de (2), então, ou podemos considerar o critério gramatical com seu valor de face, chamar "a sabedoria" de uma expressão sujeito e, então, notar que, para se manter alinhado com o critério categorial, temos de falsificar o universal postiço *ser uma característica* (*de*), ou podemos nos alinhar sem falsificar nada – mas, nesse caso, temos diretamente de reforçar o critério gramatical com o critério categorial e dizer que, apesar das aparências, não se permite nenhuma análise de (2) que torne "a sabedoria" a expressão sujeito.

[11] Consideremos, agora, outro conjunto de casos, em alguns aspectos análogos, em outros mais complicados. Às vezes, se somos perguntados sobre qual dos tipos de vínculo não relacional distinguidos por mim foi realmente asserido por uma proposição, a resposta natural seria o vínculo atributivo. Mas isso parece suscitar dificuldades, pois o vínculo atributivo une somente particulares a particulares. Assim, parece que, na asserção de vínculos atributivos, ou nada aparece como predicado, ou um particular aparece como predicado. Mas a ideia de que nada aparece como um predicado vai contra as exigências gramaticais e a ideia de que um particular aparece como um predicado vai contra as exigências categoriais. Como a linguagem lida com essa situação? Estamos preocupados, deve-se lembrar, com asserções em que se assere que um particular se vincula atributivamente a outro, no qual, como às vezes realmente dizemos, se atribui um particular a outro.

Exemplos de frases desse tipo são:

O golpe que cegou João *foi dado por* Pedro.

249

A defesa que eliminou Compton do jogo *foi feita por* Carr.[19]

Os particulares, os quais foram asseridos como vinculados de modo atributivo, são o golpe e Pedro, em um caso, e a defesa e Carr, no outro. E as aparências, dessa vez, são salvas ao se promover o vínculo entre a ação particular e o agente particular em um universal semirrelacional. O esquema geral para essas frases é, de maneira imprecisa:

A ação particular – é realizada/executada/feita por – o agente particular.

É fácil ver que o suposto universal relacional não é essa coisa, não é um termo genuíno. Não podemos, por exemplo, formar um termo adicional compondo a ação particular com o semiuniversal. O agente e sua ação são dois particulares diferentes, mas sua ação e o seu fazer a ação não são dois particulares diferentes. Como antes, se insistirmos, em seu próprio benefício, em erigir o vínculo em um termo em um estágio, por que não em outro, isto é, por que não insistir em passar para "O fazer da ação – foi executado por – o agente" e assim por diante?

Poderia parecer que, assim como antes, outra maneira de olhar para essas frases está disponível. Devemos vê-las como se fornecessem universais postiços para manter a fachada de acordo entre as exigências gramaticais e as exigências categoriais para um predicado? Não podemos vê-las como

---

19 Às vezes, usa-se o caso genitivo nessas construções: assim, "O golpe foi de Pedro", "A defesa foi de Carr".

perífrases permitidas para frases que não suscitam esses problemas, isto é, para frases que não são naturalmente consideradas como asserções de vínculos atributivos de maneira nenhuma? Em alguns casos simples, essa escolha está obviamente aberta; por exemplo, "Ele efetuou sua escapada" é simplesmente uma maneira perifrástica de dizer "Ele escapou". E é verdade que dispomos de frases que são, em um sentido amplo, variantes de nossas frases problemáticas. Assim, podemos dizer: "Compton foi eliminado por Carr" e "João foi cegado ao ser golpeado por Pedro".

Mas essas frases realizam a mesma tarefa que as frases problemáticas? Podemos *pronunciá*-las de modo que elas a realizem, enfatizando "Carr" em uma e "Pedro" na outra. A ideia é que a estrutura gramatical da frase problemática é adequada aos casos em que as asserções correspondentes comportam determinadas pressuposições: a de que havia uma defesa que eliminou Compton, um golpe que cegou João. A estrutura das frases variantes não é adequada de maneira similar a esses casos, embora se possa preservar a força da pressuposição enfatizando adequadamente os elementos das frases variantes. Isso significa que há certa distorção na interpretação das frases problemáticas como perífrases permitidas de outras frases, frases em que "O golpe que cegou João" e "A defesa que eliminou Compton" não aparecem como pretendentes para a posição de expressão sujeito. Não é puro capricho o que nos induz a moldar os termos introduzidos por essas expressões ao papel de sujeitos de predicação. Neste fato, podemos detectar o germe de outro critério para a distinção sujeito-predicado, um critério que pode resultar na construção de uma ponte entre aqueles outros dois, cujas correspondências reais

Peter F. Strawson

e fictícias estivemos considerando. Desenvolverei essa ideia no próximo capítulo.

Descrevi meus exemplos de maneira bastante rude e questionável e, a meu ver, existe aqui um campo rico de assuntos interessantes em direção ao qual apenas apontei. Mas, a meu ver, é inquestionável que esses exemplos mostram, para falar metaforicamente, um tipo de esforço da parte da linguagem para manter, ou para parecer manter, alinhados os dois critérios para alguma coisa ser predicada ou aparecer como um predicado: o critério gramatical, de acordo com o qual aquilo que se predica é introduzido por uma parte da frase que comporta o simbolismo assertivo, e o critério categorial, de acordo com o qual se podem predicar somente universais, ou complexos contendo universais, nunca particulares *simpliciter*. É como se se sentisse uma certa adequação nesses dois critérios correspondentes, que produzem o mesmo resultado. Temos de tentar explicar agora a tendência da qual falo metaforicamente como esforço ou sensação.

6

Sujeito e predicado (2):
Sujeitos lógicos e objetos particulares

É possível, a meu ver, dar uma explicação teórica completa dessa associação, da afinidade, por assim dizer, que o critério gramatical e o critério categorial parecem ter um com o outro. Além disso, penso que as linhas gerais dessa explicação são claras e indiscutíveis. Sua elaboração detalhada, contudo, me parece um assunto de enorme dificuldade, no qual é fácil cometer erros e é difícil preservar a clareza. A explicação total que ofereço é proposta na forma de duas teorias desenvolvidas respectivamente na primeira e na segunda parte deste capítulo. As duas teorias são independentes uma da outra, uma vez que operam em níveis diferentes e uma poderia ser aceita sem a outra. O essencial da explicação oferecida está contido na primeira teoria, mas as teorias estão associadas neste sentido: se se aceitam ambas, pode-se considerar a segunda como reforçando a explicação dada na primeira. A segunda também tem um interesse independente, o qual é desenvolvido no próximo capítulo. No final dessas explicações, torna-se claro que, para a distinção sujeito-predicado, o "critério gramatical" é, como se esperaria, de importância teórica secundária, sendo principalmente um indício da presença ou ausência de um tipo mais fundamental de completude.

1. A introdução de particulares nas proposições

[1] Parte da resposta à nossa questão deve ser encontrada em um contraste entre as condições de introdução de termos particulares e universais respectivamente nas proposições. A noção de introdução de termos, que usei o tempo todo até aqui, é de fato neutra entre a introdução de um termo como sujeito de predicação e a introdução de um termo como predicado. *Mas a introdução de termos, nos dois modos, envolve essencialmente a ideia de identificação.* A expressão que introduz um termo indica, ou tem a intenção de indicar, qual termo (*qual* particular, *qual* universal) se introduz por seu meio. Quando dizemos "João fuma", a primeira expressão indica a qual particular nos referimos e a segunda expressão indica que característica lhe estamos a atribuir.

Consideremos, primeiro, as condições de introdução de um particular em uma proposição e, aqui, devo temporariamente reverter, por causa de sua familiaridade, à terminologia não neutra de "referir". Temos de investigar as condições que se devem satisfazer para ser o caso que uma referência identificadora a um particular seja feita por um falante e corretamente entendida por um ouvinte. Uma condição, evidentemente, é que exista um particular a que o falante se refira; outra é que exista um particular a que o ouvinte considera que o falante se refere; uma terceira é que o particular do falante seja idêntico ao particular do ouvinte. Prestemos atenção à primeira dessas condições. O que ela envolve? O

Indivíduos

que a expressão "ao qual o falante se refere" esconde? Bem, no mínimo isso envolve a exigência de que (no caso-padrão – não precisamos considerar outros) exista um particular que corresponda à descrição usada pelo falante, se ele usar uma descrição. E se ele usar um nome? Não se pode usar significativamente um nome para se referir a alguém ou a alguma coisa, a menos que se saiba a quem ou ao que se está referindo com esse nome. Deve-se, em outras palavras, estar preparado para substituir o nome por uma descrição. Assim, o caso de usar um nome pede somente uma modificação menor da condição enunciada. Deve existir um particular que corresponda à descrição que o falante usa ou à descrição que ele está preparado para usar no lugar do nome que usa, se usa um nome. Mas essa condição não é suficiente. Ele está se referindo a somente um particular. Se abstrairmos a força do artigo definido em uma dada situação de fala, podem existir muitos particulares que se encaixam na descrição que o falante usa ou na descrição que ele usaria para substituir o nome que usa. Claro, o falante, com razão, confia fortemente no contexto da situação de fala. Ele não diz mais do que é necessário. Mas estamos considerando agora, não apenas o que ele diz, mas as condições de fazer o que ele faz por meio do que diz. Para que ele se refira a somente um particular, não basta que exista pelo menos um particular a que sua descrição se encaixe. Deve existir *no máximo* um tal particular *que ele tem em mente*. Mas ele não pode, por si mesmo, distinguir o particular que tem em mente pelo fato de que é aquele que tem em mente. Assim, deve existir alguma descrição que ele poderia dar, embora não precise ser a descrição que ele de fato dá, que se aplique unicamente àquele que ele tem em mente e não inclua a expressão "aquele que tenho em mente".[1] Poder-se-ia sustentar que essa observação exige qualificação pela adição de alguma expressão como "tanto quanto sei" depois de "unicamente", porque o conhecimento subsequente do falante poderia abarcar um segundo particular distinguível, o qual, contudo, também corresponderia a

---

[1] Essa descrição – vamos chamá-la de uma "descrição identificadora" – pode, claro, incluir elementos demonstrativos, isto é, não precisa estar formulada em termos puramente gerais. Em geral, de fato, não poderia estar formulada assim, é impossível, em geral, liberar toda identificação de particulares de características demonstrativamente indicáveis da situação de referência. Dever-se-ia acrescentar, além disso, que a descrição identificadora, embora não deva incluir uma referência à referência do próprio falante ao particular em questão, pode incluir uma referência à referência de outra pessoa a esse particular. Se uma suposta descrição identificadora é deste último tipo, então, de fato, a questão sobre se é uma descrição genuinamente identificadora depende da questão sobre se a referência a que se refere é ela própria uma referência genuinamente identificadora. Assim, uma referência pode tomar emprestado suas credenciais, como uma referência genuinamente identificadora, de outra e esta de outra. Mas esse regresso não é infinito.

Talvez seja prudente tornar explícitas certas outras qualificações. Por exemplo, aqui, como alhures, uso a palavra "descrição" em um sentido estendido, embora filosoficamente familiar. Uma "descrição" de uma coisa não necessita dizer como esta *parece*. "A cidade em que morei no ano passado" pode ser uma descrição identificadora de Chicago. De novo, quando falo de "estar preparado para substituir um nome por uma descrição", essa exigência não deve ser considerada de maneira muito literal. Não se exige que as pessoas sejam capazes de articular prontamente o que sabem.

As exigências expostas aqui são, é claro, essencialmente as mesmas exigências para a "identificação do ouvinte" expostas no Capítulo I, seção [3], p.32-3.

Indivíduos

alguma suposta descrição identificadora que ele fosse capaz de dar no momento da suposta referência original. Mas esse argumento está errado. Se a situação tal como descrita realmente surgisse (seria uma situação rara, mas não impossível), então se seguiria que o falante realmente não sabia no momento da suposta referência original de qual particular ele estava falando, que ele realmente não satisfazia as condições de fazer uma referência identificadora genuína, embora pensasse que sabia, pois agora não haveria nenhuma resposta à pergunta: "a *qual* particular ele se referira naquele momento?". Se, de outro lado, ele pode agora responder a essa questão, então se segue que ele podia ter fornecido naquele momento alguma minúcia que diferenciaria o particular referido daquele outro que seu conhecimento subsequente abraça, isto é, a situação tal como descrita não teria realmente surgido.

Podemos resumir tudo isso dizendo que, para se fazer uma referência identificadora a um particular, deve existir alguma proposição empírica verdadeira conhecida, em algum sentido não muito preciso desta palavra, pelo falante, de modo que exista somente um particular que corresponda a uma determinada descrição. *Mutatis mutandis*, uma condição similar deve ser satisfeita por um ouvinte para que seja o caso de que exista algum particular ao qual o ouvinte considera que o falante se refere. (A terceira condição que listei exige, não de fato que as descrições do falante e do ouvinte devam ser idênticas, mas que cada descrição se aplique – unicamente – a um e o mesmo particular.)

Usei a terminologia da referência identificadora por causa de sua familiaridade e conveniência. Podemos substituí-la pela terminologia neutra da introdução de termo sem alterar em nada a substância do que foi dito.

Investiguemos agora quais condições similares, se houver alguma, devem ser satisfeitas para que um termo universal (com o qual particulares podem, ou ser caracterizados, ou ser exemplos de) seja introduzido com sucesso em uma proposição. *Descobrimos que não há condições paralelas sobre as quais se possa insistir de maneira geral.* Suponha que exista uma forma adjetiva da expressão "φ" para o universal em pauta. Devemos procurar uma proposição empírica, se se puder encontrar alguma, que deve ser verdadeira para que o termo universal supostamente introduzível por "φ" seja realmente introduzido. Uma condição suficiente para a sua possibilidade de introdução seria a verdade, conhecida pelo falante, da proposição empírica geral de que *alguma coisa ou outra é φ*. Mas não se pode insistir nisso de maneira geral como uma condição necessária, pois outra condição igualmente suficiente, de fato uma condição que é satisfeita no caso de alguns universais, seria a verdade da proposição empírica segundo a qual *nada é φ*. Se formarmos a disjunção dessas duas condições suficientes, pode-se dizer de fato que obtemos uma condição necessária, a saber, a de que ou *alguma coisa ou outra é φ* ou *nada é φ*. Mas agora não temos mais uma proposição empírica, um fato sobre o mundo. Temos uma tautologia.

Poder-se-ia objetar que podemos descobrir uma condição empírica da introdução bem-sucedida do termo universal por meio da expressão "φ", a saber, a condição de que a proposição expressa nas palavras "alguma coisa é φ" seja uma proposição empírica significativa e seja compreendida sem ambiguidade tanto pelo falante como pelo ouvinte,

Indivíduos

independentemente de ser verdadeira ou falsa. Mas agora a condição não é paralela de maneira nenhuma àquela que descobrimos ser necessária para a introdução de um particular, ou não está no mesmo nível dela. O fato exigido não é, no sentido exigido, um fato do mundo. É um fato sobre a linguagem. Poder-se-iam mencionar paralelos a ele, isto é, fatos sobre o significado e o entendimento das palavras usadas para o caso da introdução de particulares, mas não se pode encontrar de maneira geral nenhum paralelo no caso da introdução de universais às exigências empíricas adicionais do caso da introdução de particulares.

Poder-se-ia, de novo, objetar que, na prática, proposições empíricas da forma "alguma coisa é φ" não adquiririam seu significado exceto se pelo menos uma proporção preponderante delas fosse também verdadeira. Portanto, poder-se-ia argumentar, o contraste entre condições de introdução de particulares e condições de introdução de universais não é de jeito nenhum tão pronunciado como eu afirmei. A situação é, antes, que a introdução de um termo particular pressupõe de maneira universal a verdade de alguma proposição empírica, ao passo que a introdução de um termo universal a pressupõe em geral. Mas a essa objeção, deixando de lado alguns sofismas sobre a estrutura do argumento, há duas respostas, das quais pelo menos a segunda é decisiva.

A primeira resposta consiste em destacar as diferenças entre os tipos de proposições empíricas pressupostas. O tipo de proposição cuja verdade é exigida de maneira universal para a introdução de um termo particular é um tipo de proposição que enuncia um fato bem definido do mundo, alguma coisa que poderia, por assim dizer, pertencer à história.

Peter F. Strawson

Mas o tipo de proposição cuja verdade se pode exigir, de maneira geral, embora não universal, para que seja possível a introdução de universais é de um tipo muito indefinido, o fato que ela afirma é um tipo muito indefinido de fato. Não é um fato que poderia pertencer à história que alguma coisa em algum lugar e em algum momento é ou foi vermelha, ou redonda, ou sábia.

A segunda resposta anula completamente o efeito da objeção. Não somente é necessário de maneira universal que uma proposição empírica de um tipo nitidamente definido seja verdadeira para que se efetue a introdução de um particular, mas também é necessário que se saiba que uma proposição desse tipo é verdadeira, pois somente assim as condições da referência identificadora a um único particular são satisfeitas, somente assim as condições de identificação, da parte do falante ou do ouvinte, são satisfeitas. Considere agora quão diferente é a introdução de universais. Pode ser o caso em que as palavras usadas para identificar os termos universais introduzidos poderiam adquirir seu significado somente se a maioria dos universais assim introduzidos fossem de fato exemplificados. Mas uma vez que as palavras tenham adquirido o seu significado, seja lá como o adquiram, não é necessário de maneira nenhuma, para que elas realizem sua função de identificar o termo universal que introduzem, que seus usuários devam saber ou acreditar nas proposições empíricas, de modo que os termos universais em pauta sejam de fato exemplificados. Os usuários em geral *saberão*, ou pensarão, isso. Mas não é uma condição necessária das expressões em pauta, ao realizar sua função identificadora, *que* eles devam sabê-lo. Tudo o que é necessário é que os usuários saibam *o*

Indivíduos

que as expressões significam, não *que* elas adquiriram seu significado em virtude da verdade de alguma proposição empírica.

Esse contraste crucial pode, pois, ser sucintamente formulado como se segue. A introdução identificadora, seja de um particular, seja de um universal, no discurso implica saber qual particular ou qual universal se quer dizer, ou se pretende introduzir, pela expressão introdutora. Saber qual particular se quer dizer implica saber ou, às vezes – no caso do ouvinte – aprender, a partir da expressão introdutora usada, algum fato empírico que baste para identificar aquele particular, além do fato de que é o particular que se introduz agora. Mas saber qual universal se quer dizer não implica da mesma maneira saber qualquer fato empírico: implica meramente conhecer a linguagem. (Essa é uma afirmação *muito* resumida, não se deveria considerá-la uma substituta para o que resume.)

Mas agora é preciso fazer uma qualificação. Eu disse que é uma condição universalmente necessária da introdução de qualquer termo particular no discurso que exista, e seja conhecida, uma proposição empírica verdadeira de um determinado tipo bem definido, ao passo que não é uma condição necessária da introdução de um termo universal no discurso que exista, e seja conhecida, uma proposição empírica verdadeira de algum tipo paralelo. A qualificação diz respeito à maneira como se introduz o termo universal, pois, se o termo universal for introduzido, não por meio de alguma expressão que o identifica em virtude do seu significado, mas por meio de alguma expressão que dá uma descrição do universal, então, de fato, para que se efetue uma introdução bem-sucedida dessa maneira, pode ser necessário que alguma proposição seja verdadeira. Assim, pode-se introduzir o termo universal sabedoria, não por meio do adjetivo "sábio" ou do substantivo "sabedoria", mas por meio de uma descrição como "a qualidade mais atribuída a Sócrates nos exemplos filosóficos". Ou, de novo, pode-se introduzir um tipo de doença, não como, digamos, "influenza", mas como "a doença que impediu João de trabalhar na semana passada". Para que esse método de introdução seja bem-sucedido, é preciso que de fato tenha havido uma doença, somente uma doença, que, na semana passada, impedira João de trabalhar. A importância dessa qualificação ficará clara em breve. Ela obviamente não contradiz a tese principal, a qual, no caso dos termos universais, tem a forma da negação de uma proposição universal.

[2] Deixemos agora de falar por um momento de particulares e universais e, em vez disso, falemos desta distinção entre: (1) expressões tais que não se pode saber o que elas introduzem sem saber (ou aprender a partir de seu uso) algum fato empírico que distingue o que elas introduzem; (2) expressões tais que se pode saber muito bem o que elas introduzem sem saber nenhum fato empírico que distingue o que elas introduzem. Ambos os tipos de expressão são, em certo sentido, incompletos, pois introduzir um termo não é fazer uma afirmação, é somente *uma parte* de afirmar. Contudo, é evidente que expressões do primeiro tipo têm uma completude, uma autossuficiência, que expressões do segundo tipo não têm. Das expressões da classe (1), poder-se-ia dizer: embora não enunciem explicitamente fatos, elas desempenham seu papel tão somente porque apresentam ou representam fatos, tão somente porque pressupõem, ou incorporam,

Indivíduos

ou comportam veladamente, proposições que não afirmam de maneira explícita. Elas necessariamente carregam um peso fatual ao introduzir seus termos. Mas as expressões (2) não carregam um peso fatual ao introduzir seus termos. Elas podem somente *ajudar* a transmitir um fato e, ainda assim, só podem fazer isso – a menos que formem parte de uma expressão da classe (1) – se forem combinadas com alguma outra expressão em uma asserção *explícita*.

Recordemos agora o critério gramatical para uma expressão predicado. A expressão predicado introduz seu termo no estilo proposicional copulativo, no estilo explicitamente incompleto que exige a completação em uma asserção. Ora, seguramente, a incompletude manifesta do estilo assertivo de introdução – a demanda por ser completada em uma asserção – corresponde exatamente à incompletude do segundo dos dois tipos de expressão que acabei de distinguir, ela corresponde exatamente ao fracasso desse tipo de expressão em apresentar um fato por sua própria conta. Temos um contraste entre alguma coisa que não apresenta em sentido nenhum um fato por si mesma, mas é uma candidata a ser parte de uma afirmação sobre um fato, e alguma coisa que já apresenta em algum sentido um fato por si mesma e também é uma candidata a ser parte de uma afirmação sobre um fato. É bastante adequado que, na asserção explícita constituída pela combinação de ambas, deva ser a primeira que comporta o simbolismo proposicional, o simbolismo que demanda completação em uma asserção.

O que propomos aqui, de fato, é um critério novo, ou mediador, para a distinção sujeito-predicado. Uma expressão sujeito é uma expressão que, em um sentido, apresenta um fato por si própria e, nessa medida, é completa. Uma expressão predicado é uma expressão que não apresenta em sentido nenhum um fato por si própria e, nessa medida, é incompleta. Descobrimos que esse novo critério se harmoniza de maneira admirável com o critério gramatical. A expressão predicado, segundo o novo critério, é uma expressão que pode ser completada somente por uma copulação explícita com outra expressão. A expressão predicado, segundo o critério gramatical, é precisamente a expressão que contém o simbolismo que demanda completação em uma asserção explícita. Enfatizamos a harmonia, a afinidade, desses dois critérios e, ao fundi-los, retornamos, e enriquecemos, àquele contraste entre as partes "completas" e "incompletas" da frase, o qual discutimos ao expor o sentido "gramatical" da distinção sujeito-predicado. Descobrimos uma profundidade adicional na metáfora de Frege dos constituintes saturados e insaturados.

O novo critério não somente se harmoniza admiravelmente com a distinção gramatical, como também se harmoniza, como toda a seção precedente mostra, com o critério categorial. Porque, em primeiro lugar, todo o ônus dessa seção era mostrar que expressões introdutoras de particulares nunca podem ser incompletas no sentido do novo critério *e, assim, nunca podem ser expressões predicado segundo esse critério.* Isso é parte do que o critério categorial exige. Em segundo lugar, mostrou-se nessa seção: muitas expressões introdutoras de universais são incompletas no sentido do novo critério e, assim, qualificam-se, segundo esse critério, como expressões predicado; mas também que determinadas expressões introdutoras de universais, por exemplo, algumas daquelas que

Indivíduos

identificam o termo universal que introduzem por descrição, são completas no sentido do novo critério e, assim, qualificam-se, segundo esse critério, como expressões sujeito. Os resultados são consistentes com o critério categorial.

Essas considerações me parecem explicar em parte a afinidade entre o critério gramatical e o critério categorial para sujeitos e predicados. Eles explicam, ou ajudam a explicar, a ligação tradicional e persistente em nossa filosofia entre a distinção universal-particular e a distinção sujeito-predicado (referência-predicação). Quando, uma vez que se estabeleceu de maneira firme e se explicou em um nível fundamental essa associação, podemos admitir que uma certa flexibilidade entre em nossas classificações em um nível mais sofisticado. Assim, na afirmação "A generosidade é uma virtude mais afável do que a prudência", não podemos querer dizer que a generosidade e a prudência aparecem como sujeitos e o universal caracterizador de universais *ser uma virtude mais afável (que)* aparece como um predicado? Contudo, as expressões "generosidade" e "prudência" não têm o tipo de completude que nosso critério mediador exige de expressões sujeito, elas não apresentam veladamente nenhum fato. A solução desse problema é que, uma vez que se fez a associação fundamental, pode-se permitir que as analogias de que falei antes[2] suportem o ônus das extensões e das modificações adicionais da distinção problemática. As analogias a que me refiro nesse caso são aquelas que valem entre vínculos caracterizadores não relacionais que unem particulares e universais, de um lado, e vínculos não relacionais que unem universais e universais, de outro.

---

2 Ver Capítulo 5, p.241.

Esse é somente um caso e um caso simples. Há outros, que exigem tratamentos diferentes, os quais não discutirei agora. Mas deve-se dar uma explicação adicional. Outro elemento persistente na teoria tradicional é a doutrina de que se podem classificar expressões por meio da introdução de termos complexos, aos quais me referi como "particulares-universais", como expressões predicado (por exemplo, "está casada com João"). Contudo, essas expressões, por conterem uma parte que introduz um particular, não têm a completude na qual – concedendo toda flexibilidade – se supõe que eu deva insistir, contando como uma desqualificação para o estatuto de predicado? A resposta é que essas expressões, por si mesmas, como um todo, não têm essa completude, embora cada uma contenha uma parte que a tem. A expressão "está casada com João", *como um todo*, não apresenta nenhum fato, pois ela realiza com sucesso sua função de identificar termos, seja quando ninguém está casado com João ou quando outra pessoa está casada com ele. A expressão "João" comporta, no uso, sua própria pressuposição de fato, mas a expressão "está casada com João" não comporta nenhuma pressuposição de fato adicional por *si* mesma. Tudo o que *ela* pressupõe é a tautologia de que ou alguém está casado com João, ou ninguém está. Assim, essas expressões complexas, consideradas como um todo, têm a incompletude que as qualifica para figurar como predicados.

[3] A explicação geral que esbocei levanta muitos problemas. Em primeiro lugar, a ideia crucial de completude permanece vaga. Eu disse que as expressões introdutoras de termos que são, no sentido relevante, completas apresentam

Indivíduos

ou representam fatos, ou pressupõem, incorporam ou comportam veladamente proposições. A variedade terminológica pode até parecer suspeita. Qual explicação precisa das relações entre expressões introdutoras de termos que são, no sentido relevante, completas e os fatos ou proposições que lhes conferem sua completude pode ser dada? Como o conteúdo desses fatos ou dessas proposições é determinado pelas expressões introdutoras de termos ou está relacionado de outra maneira a elas?

A variedade de casos é muito grande para permitir uma única resposta a essa questão. Em certos casos simples, a resposta é bastante simples. Suponha que eu diga, apontando, "Aquela pessoa ali pode te orientar". A expressão "Aquela pessoa ali" introduz, ou identifica, um particular. É bastante claro tanto qual é o fato sobre o qual a introdução do termo repousa como qual é a sua relação com as palavras usadas. O fato que distingue o termo é que há somente uma pessoa ali, para onde estou apontando. Se não há ninguém para quem se possa considerar que estou apontando, minha expressão supostamente introdutora do termo não tem referência e minha afirmação não tem um valor de verdade. Nesses casos, então, temos um sentido bastante claro de pressuposição e uma indicação bastante clara do que está pressuposto pelo uso da expressão introdutora do termo. Mas considere agora um caso menos simples. E se a nossa expressão introdutora do termo for um nome próprio (como se diz comumente) de um particular? Claramente, não se exige, para a introdução do termo por esse meio, que deva existir somente um objeto ou pessoa que tem esse nome. Nem podemos estar satisfeitos com a resposta de que o fato pressuposto é o fato de que existe somente um objeto ou pessoa que tem esse nome e está sendo referido atualmente por meio dele, porque – para considerar apenas o caso do falante – o argumento anterior exige que o fato "pressuposto" seja alguma proposição empírica verdadeira conhecida pelo falante, a qual ele poderia citar para indicar *qual* particular tem em mente, e esse não pode ser o fato de que só existe um particular que ele tem em mente. Mas, agora, se descobrirmos um fato que corresponde a essa especificação, isto é, que poderia servir para distinguir aquele particular que ele tem em mente, não há mais nenhuma garantia de que se possa dizer que o fato descoberto por nós é pressuposto, pela afirmação que contém a expressão introdutora do termo, no sentido simples de pressuposição que acabamos de ver ilustrado no caso da afirmação que começa com "Aquela pessoa ali". Poderia ser o caso, por exemplo, em que há somente uma criança que eu vi antes do café da manhã ontem e essa pode ser a criança à qual eu me refiro agora como "João". Mas com certeza não será o caso em que somente esse fato existencial é pressuposto, no sentido ilustrado, pela afirmação que faço agora sobre João.

Entretanto, a meu ver, seria um erro concluir que a noção de pressuposição é irrelevante para a nossa questão no caso dos nomes. Considere a situação na qual se faz a referência, por nome, a Sócrates. Pelo argumento da seção anterior, tanto o falante como o ouvinte, nessa situação, satisfazem as condições para a introdução do termo, se cada um conhece algum fato que distingue, ou fatos que distinguem, não necessariamente os mesmos, Sócrates, fatos que cada um está preparado para citar para indicar a quem ele agora se refere ou entende por "Sócrates". Mas qual é a relação entre esses fatos

Indivíduos

e o nome? É em relação a essa questão que a noção de pressuposição é, mais uma vez, relevante. Suponha que consideremos um grupo de falantes que usa, ou pensa que usa, o nome "Sócrates" com a mesma referência. Suponha, então, que pedimos a cada membro do grupo para anotar o que ele considera como fatos salientes sobre Sócrates e, então, formamos dessas listas de fatos uma descrição composta que incorpora os fatos mencionados com mais frequência. Ora, seria excessivo dizer que o sucesso da introdução do termo dentro do grupo por meio do nome exige que exista exatamente uma pessoa de quem todas as proposições na descrição composta são verdadeiras. Mas não seria excessivo dizer que exige que exista uma e somente uma pessoa de quem alguma proporção razoável dessas proposições é verdadeira. Se, por exemplo, se descobrir que havia somente uma pessoa de quem metade das proposições era verdadeira conjuntamente, e somente uma pessoa, uma pessoa diferente, de quem a outra metade das proposições era verdadeira conjuntamente, então, a menos que alguma indicação seja dada de qual Sócrates se está falando, seria impossível dar uma resposta direta à questão, se alguma "proposição sobre Sócrates" particular era verdadeira ou falsa. É verdadeira, talvez, de Sócrates$_1$ e não de Sócrates$_2$. Não é nem verdadeira, nem falsa de Sócrates *simpliciter*, pois acontece que não existe essa pessoa.

Não precisamos, então, abandonar, mas antes refinar a noção de uma pressuposição. Para dar um nome ao refinamento que acabei de ilustrar, poderíamos falar de um conjunto de pressuposições de proposições. As proposições que constituem a descrição composta de Sócrates formariam esse conjunto. Nem os limites desse conjunto, nem a questão do que constitui uma proporção razoável ou suficiente de seus membros serão, em geral, fixados de maneira precisa para qualquer nome próprio supostamente introdutor de termo. Essa não é uma deficiência na noção de um conjunto de pressuposições, é parte da eficiência dos nomes próprios.

Será óbvio que o âmbito de casos reais não é exaurido pelos dois exemplos que escolhi: o exemplo de uma indicação demonstrativa-descritiva simples, de um lado, e o de um nome próprio, como "Sócrates", de outro. Não se pode sequer afirmar que o nome próprio, naquele seu uso discutido por mim, é bem típico de sua classe ou que a explicação dada pode ser estendida de maneira muito simples para outros casos de uso de nomes. Não há, portanto, esperança de dar uma explicação geral simples da relação entre expressões introdutoras de termos "completas" e fatos que distinguem termos que devam ser conhecidos para a introdução de termos ser efetuada por seu uso. Mas, então, não é parte da minha tese que essa explicação possa ser dada.

Tendo dito isso, podemos com segurança, em benefício de um nome, falar desses fatos ou proposições que distinguem termos como "pressupostos" pelo uso daquelas expressões introdutoras de termos e nos debruçarmos, enfim, sobre mais uma ideia. Eu disse que o sucesso de qualquer suposta expressão introdutora de termos ao introduzir um termo *particular* repousa no conhecimento de algum fato que distingue um termo. Com muita frequência, se formulássemos esses fatos, as afirmações conteriam, elas próprias, expressões introdutoras de termos particulares. Não precisamos ficar com medo de uma regressão ao infinito por causa disso, pois sempre podemos contar, no fim, com a chegada a alguma proposição

Indivíduos

existencial, que pode conter de fato elementos demonstrativos, mas da qual nenhuma *parte* introduz, ou identifica definidamente, um termo particular, embora se possa dizer que a proposição como um todo *apresenta* um termo particular. (A forma mais simples desse tipo de proposição é: "Existe apenas uma coisa assim e assado ali".) Mas, embora o fato de que as pressuposições imediatas da maioria das expressões introdutoras de particulares conterão, elas próprias, expressões introdutoras de termos particulares não seja um fato que precise nos causar medo da regressão ao infinito, é um fato que pode nos levar a uma precaução saudável. Ele deve nos precaver contra a ideia de que estamos de alguma maneira obrigados, ao adotar as explicações que demos, a considerar as proposições pressupostas que não contêm partes introdutoras de particulares como as *únicas* proposições pressupostas que são relevantes para a nossa teoria. Esse decerto não é o caso. Tudo o que a teoria exige é que expressões introdutoras de particulares, em contraste com expressões introdutoras de universais, devam *sempre* ser completas em um certo sentido; e explica-se esse sentido quando se mostra como essas expressões devem sempre comportar uma pressuposição empírica. Satisfaz-se plenamente a exigência de que elas devem comportar uma tal pressuposição tanto nos casos em que as proposições pressupostas contêm, elas próprias, expressões introdutoras de particulares como nos casos em que elas não as contêm. Sem dúvida, é reconfortante ficar sabendo que, caso devamos embarcar em uma jornada por sucessivas pressuposições, podemos estar seguros de alcançar um fim. Mas não se deve supor que esse fim deve, ou pode, ser alcançado em um único passo.

Contudo, ainda se poderia pensar que a posição a que chegamos é teoricamente insatisfatória da seguinte maneira. Pretendi investigar as condições de introdução de um termo particular em uma proposição por meio de uma expressão definidamente identificadora. Afirmei que a possibilidade dessa introdução de termos repousa sobre o conhecimento de algum fato que distingue termos. Se formulássemos proposições expressando esse conhecimento, descobrir-se-ia que elas, ou contêm expressões também introdutoras de outros termos particulares, ou pelo menos envolvem quantificação de particulares. E pode-se argumentar de maneira plausível que frases que envolvem quantificação de particulares (por exemplo, "Existe apenas uma coisa assim e assado ali") não poderiam ter lugar na linguagem a menos que expressões definidamente identificadoras (por exemplo: "Aquele assim e assado") também tivessem um lugar na linguagem. Mas, se é assim, como posso pretender ter afirmado as condições que devem ser satisfeitas para a introdução de um particular por meio de uma expressão introdutora de termos? Com efeito, não posso formular minha afirmação de condições sem tacitamente supor que a linguagem contém expressões introdutoras de termos para particulares. Assim, a explicação peca por circularidade.

Essa objeção fracassa. Ela fracassa por não distinguir entre (1) uma explicação das condições gerais do uso na linguagem de expressões que introduzem termos particulares e (2) uma doutrina sobre as condições de uso, em qualquer ocasião particular, de uma expressão que introduz um termo particular. Também se pode descrever a distinção ignorada pela objeção como aquela entre (1) uma explicação das condições da introdução de particulares em um *discurso* em geral e (2) uma

Indivíduos

explicação da introdução identificadora de um particular em um dado *trecho* do discurso. Eu propus, é claro, a segunda dessas distinções, não a primeira. Considerada da primeira maneira, minha explicação realmente pecaria por circularidade; considerada da segunda maneira, não peca. Pode-se sentir, contudo, que se deveria suplementar uma doutrina do segundo tipo com alguma explicação do primeiro tipo e essa explicação eu tento dar na Parte II deste capítulo.

[4] Antes de nos voltarmos para esse problema adicional, contudo, vale a pena considerar uma determinada proposta filosófica, a qual, no presente contexto, tem grandes atrativos. Embora os motivos pelos quais se fez essa proposta sejam diferentes daqueles que impulsionam a presente investigação, ela parece oferecer uma maneira sedutora de simplificar os resultados das últimas três seções. Não penso que a proposta seja aceitável, mas é importante ver por que não o é.

A proposta em questão pode se apresentar como uma forma de *análise* de proposições que contêm expressões que introduzem termos particulares ou pode se apresentar na forma de uma descrição de uma linguagem ideal na qual expressões referenciais para particulares não ocorrem, seu lugar sendo tomado pelas variáveis ligadas de quantificação existencial. Essa linguagem, para dar a descrição de W. V. Quine, seria uma linguagem da qual todos os termos singulares são eliminados.[3] As frases

---

3 Ver *Methods of Logic*, p.220-4, e também *From a Logical Point of View*, p.7 s., 13, 146, 166 s. O programa de Quine é uma extensão da Teoria das Descrições de Russell. Ele consiste, poder-se-ia dizer, em levar essa teoria ao limite, enquanto simultaneamente abandona a noção da expressão sujeito genuína, o nome logicamente próprio.

em que eles ocorrem são substituídas por frases existencial-mente quantificadas com uma condição de unicidade. Conforme a teoria da seção anterior deste capítulo, deveríamos realmente encontrar essas frases no final do regresso das pressuposições, se escolhermos perseguir esse regresso até o fim. Pela proposta de Quine, de outro lado, essas frases são incorporadas *como uma parte* de todas aquelas frases ideais que substituem frases ordinárias que contêm termos singulares.

Deve-se, a meu ver, reconhecer que, no presente contexto, essa ideia realmente tem grande força e atração. No lugar de discussões vagas e qualificadas da seção anterior, ela nos capacita para dar um sentido absolutamente preciso à ideia daquela mistura de "completude" e "incompletude" que expressões introdutoras de particulares necessariamente têm. Essas expressões são completas porque comportam pressuposições fatuais, incompletas porque não são asserções por sua própria conta, mas parte de asserções. Quando olhamos seus correspondentes na linguagem ideal, descobrimos, primeiro, a completude representada por uma asserção totalmente explícita da forma:

Existe alguma coisa que unicamente F

e, então, a incompletude representada pela adição de um pronome relativo adicional, assim:

Espero ter preservado, no que precedeu, o que é verdadeiro nessa teoria e ter evitado, em última instância, suas simplificações excessivas e autodestrutivas.

Indivíduos

Existe alguma coisa que unicamente *F e que...*

O segundo pronome relativo é seguido pela expressão predicado que completa a asserção inteira e que, na linguagem ordinária amontoada de termos singulares, segue o termo singular. Uma expressão referencial da linguagem, uma expressão sujeito lógica, é tudo o que, na linguagem ideal, se dissolve dessa maneira em uma asserção quantificada mais um pronome relativo. Uma expressão predicado é o que não se dissolve dessa maneira e, portanto, tem uma incompletude absoluta, isto é, uma incompletude proposicional que não se pode remover pelo simples expediente de abandonar um pronome relativo. Ora, todas as expressões que introduzem particulares se dissolvem da maneira descrita e, assim, somente podem ser expressões sujeito lógicas. Algumas expressões que introduzem universais podem dissolver-se dessa maneira, mas muitas, não. Assim, os universais podem aparecer, ou como sujeitos, ou como predicados.[4]

Contudo, apesar da simplicidade atraente dessa análise e de sua harmonia com o espírito das seções anteriores, a forma em que ela se apresenta torna-a, a meu ver, inaceitável e, se se rejeita a forma da análise, então também se rejeita, como uma explicação distinta e inteligível, toda a análise, pois o que a distingue como uma teoria diferente da, digamos, explicação dada na seção anterior é precisamente a afirmação de que todas as expressões sujeito são estritamente supérfluas, porque elimináveis

---

4 A preocupação de Quine é assegurar, quando possível, que universais apareçam somente como predicados. Ele se refere a isso como "nominalismo". Ver Capítulo 8 deste livro.

em favor da quantificação, das variáveis de quantificação e das expressões predicado. Contudo, os termos linguísticos nos quais se formula a análise são termos que, se devemos entendê-los da maneira como somos convidados, pressupõem a existência de expressões sujeito, de termos singulares linguísticos. Há, na fala comum, várias formas de referência indefinida a particulares e várias maneiras de fazer, em nome dos particulares, uma afirmação existencial seguida por um pronome relativo. Deve-se entender que o expediente da quantificação existencial de particulares corresponde, em linhas gerais, a essas formas da fala ordinária. Essas formas têm um lugar, um papel, na linguagem que se deve ressaltar ou elucidar em contraste com o lugar, ou papel, na linguagem que termos singulares linguísticos têm. Não se pode atribuir nenhum sentido à ideia de que podem ter o lugar que têm, mesmo se esse lugar não existe. Mas somos convidados a aceitar essa ideia quando somos convidados a ver todas as expressões sujeito se dissolverem em, ou serem substituídas por, essas formas. Somos convidados a ver essa dissolução como explicando o lugar que as expressões sujeito têm na linguagem! Ou, de novo, considere que somos convidados a olhar as expressões que substituem os "F"s e "G"s nas frases quantificadas como expressões predicado ordinárias. Esse convite, em si mesmo, está perfeitamente em ordem, pois expressões predicado ordinárias podem, é claro, ser copuladas àquelas várias formas de referência indefinida e de afirmação existencial seguidas por um pronome relativo, o qual aparece na linguagem ordinária. Mas, outra vez, essas formas têm o lugar que têm na linguagem ordinária somente porque termos singulares, expressões sujeito, têm o lugar que *eles* têm. Assim,

Individuos

não se podem aceitar *ambas* as coisas: aceitar o convite para olhar as expressões que substituem os "*F*"s e "*G*"s nas frases quantificadas como expressões predicado ordinárias *e* ao mesmo tempo aceitar a total dissolução das expressões sujeito nas formas das frases quantificadas. Em suma, a doutrina se expõe precisamente àquela acusação de circularidade contra a qual eu defendi a teoria das seções anteriores, pois, precisamente porque contempla a eliminação total dos termos linguísticos singulares para particulares, ela necessariamente oferece a si mesma como uma explicação das condições gerais do uso dessas expressões e não meramente das condições de uso de uma tal expressão em uma ocasião particular; contudo, depende de formas que, elas próprias, pressupõem o uso dessas expressões.

A essas objeções, pode-se dar a seguinte resposta. É muito provinciano, poder-se-ia dizer, nos preocuparmos com as maneiras reais em que usamos as expressões com as quais somos convidados a ler as frases quantificadas. Não se deve levar demasiado a sério mesmo os convites de lê-las dessa maneira. Antes, deve-se ver a análise como uma tentativa, prejudicada pela dificuldade de escapar das formas da fala ordinária, de nos levar a ver o que é fundamentalmente o caso acerca das expressões que introduzem particulares. Devemos ser liberais e imaginativos em nossa interpretação dela. Pode-se sentir alguma simpatia por essa ideia. Nesse caso, também se tem a obrigação de perguntar o que é transmitido por uma doutrina que, tomada pelo seu valor de face, é inaceitável. No próximo capítulo, consideraremos algumas possibilidades que poderiam, se formos realmente muito liberais e imaginativos, parecer indicar interpretações possíveis da doutrina em questão ou, pelo menos, estar no espírito dessa doutrina. Mas não precisamos prosseguir nesse assunto agora, pois qualquer interpretação nessas linhas está de fato distanciada do sentido patente da doutrina e longe de ser uma resposta alternativa possível a essas questões a que tentamos responder nas seções anteriores.

2. A introdução de particulares no discurso

[5] Uma pessoa "introduz um particular" em uma proposição se fizer uma referência identificadora a esse particular nessa proposição. Na primeira parte deste capítulo, discuti as condições da introdução de particulares em proposições. O resultado dessa discussão foi, em resumo, a doutrina segundo a qual toda introdução de um particular comporta uma pressuposição de um fato empírico. Poder-se-ia pensar que as proposições fatuais assim pressupostas, sem circularidade, mas não sem regressão, envolvem elas próprias a introdução de (referências identificadoras a) particulares, bem como de quantificação de particulares; e poder-se-ia pensar que as proposições fatuais pressupostas em última instância, sem circularidade, nem regressão, envolvem quantificação de particulares, embora não a introdução de (referência identificadora a) particulares.

Ora, a expressão "introdução de particulares" poderia também portar razoavelmente um sentido muito diferente. A introdução de particulares nesse segundo sentido seria a introdução do *costume* de introduzi-los no primeiro sentido. São particulares individuais que se introduzem no primeiro sentido. São pelo menos *tipos* de particulares, ou mesmo particulares em geral, que se introduzem no segundo sentido. Podemos indicar a diferença de sentido, quando necessário, pelo uso de subscritos. Introduzem-se$_1$ particulares individuais em proposições. Introduzem-se$_2$ tipos de particulares no discurso.

No final da seção [3] deste capítulo, observei que se poderia sentir que uma doutrina sobre as condições da introdução$_1$ de particulares deveria ser suplementada com uma doutrina sobre as condições de introdução$_2$ de particulares. Independentemente de qualquer interesse intrínseco de uma tal teoria, esta não poderia arredondar ou reforçar a teoria da "completude" das seções [1]-[3]? Defendeu-se essa teoria contra a acusação de circularidade precisamente porque ela não era uma teoria da introdução$_2$ de particulares e essa defesa aponta para algumas das exigências que uma teoria da introdução$_2$ de particulares teria de cumprir. Se, por exemplo, a teoria afirma que a introdução$_2$ de particulares de uma determinada classe pressupõe a existência de fatos de uma determinada classe ou que nesses fatos repousa, então esses fatos devem ser tais que enunciá-los não envolva a introdução$_1$ de particulares dessa classe, nem a sua quantificação. Se se propõe uma teoria *geral*, nessas linhas, da introdução$_2$ de particulares, então pelo menos os fatos pressupostos em última instância devem ser tais que enunciá-los não envolva a introdução$_1$ de quaisquer particulares dessa classe, nem a sua quantificação.

Distingamos, quando necessário, por meio de subscritos, dois usos de "pressuposição", paralelos aos dois usos de "introdução" já distinguidos. A verdade de alguma proposição pressuposta$_1$ é uma condição da introdução$_1$ bem-sucedida de um determinado particular e, portanto, uma condição da pressuposição de que uma afirmação tem um valor de verdade. A existência de fatos de um tipo pressuposto$_2$ é uma condição da introdução$_2$ de um determinado tipo de particulares, ou seja, é uma condição da existência de algumas proposições nas quais particulares desse tipo são introduzidos$_1$.

Ora, poder-se-ia perguntar, qualquer que seja o interesse de uma teoria de pressuposições$_2$, como ela poderia reforçar ou complementar uma teoria das pressuposições$_1$? Com efeito, exige-se de fatos pressupostos$_2$ que a sua afirmação não envolva introduzir$_1$ ou quantificar particulares do tipo para o qual eles fornecem uma base. Mas é uma consequência direta dessa exigência que a afirmação desses fatos não envolva introduzir quaisquer universais classificadores dos quais aqueles particulares são exemplos. Portanto, fatos pressupostos$_2$ de determinados tipos, na medida em que fornecem uma base para a introdução$_2$ de determinados tipos de particular igualmente fornecem uma base para a introdução$_2$ de determinados tipos de universal. Aqui, onde está a assimetria entre particulares e universais que era característica da teoria das pressuposições$_1$?

Aqui, podemos responder, primeiro, que a objeção exagera, uma vez que não se mostra que a existência de fatos pressupostos$_2$ pela introdução$_2$ de um determinado âmbito de particulares é, por isso, uma condição necessária da introdução$_2$ dos universais classificadores de cujo âmbito os particulares são exemplos. Pensar assim seria limitar muito o poder da imaginação humana. Mas essa resposta não ajuda em nada para mostrar como uma teoria das pressuposições$_2$ poderia, de fato, complementar de algum modo uma teoria das pressuposições$_1$ nem para contribuir com ela.

Indivíduos

Podemos começar a ver como uma teoria pode aprofundar e reforçar a outra, quando consideramos um certo tipo especial de caso. Esse é o caso em que se introduz um particular dependente vinculado atributivamente a um particular relativamente independente, como em expressões como "A morte de Sócrates", "O golpe que Pedro deu em João", "A defesa que eliminou Compton". Se uma expressão como qualquer uma dessas introduz um particular, então existe alguma proposição verdadeira na qual nenhum particular do tipo relevante é introduzido ou quantificado, mas que serve como uma base para a introdução desse particular. Assim, *Sócrates morreu*, *Pedro golpeou João*, *Compton foi eliminado*. Aqui, as proposições pressupostas não contêm universais classificadores dos quais mortes, defesas e golpes são exemplos, mas elas contêm universais caracterizadores, *morrer, golpear* e *ser eliminado*, universais que caracterizam particulares de um tipo diferente daqueles para cuja introdução elas fornecem a base. Assim, os fatos que essas proposições afirmam não são apenas pressupostos$_1$ pelas proposições em que se introduzem$_1$ a morte, o golpe ou a defesa particular por uma das expressões citadas, como também pertencem ao âmbito de fatos pressupostos$_2$ pela introdução$_2$ de particulares desse tipo. Esses casos mostram como, pelo menos às vezes, as exigências de uma teoria das pressuposições$_1$ e uma teoria das pressuposições$_2$ podem ser satisfeitas simultaneamente. Eles mostram como, em alguns casos, a proposição pressuposta$_1$ por uma expressão introdutora de particulares não é tal que ela própria pressuponha a existência de outras proposições em que se introduzem$_1$ particulares do tipo em pauta.

Casos desse tipo fornecem uma ponte incomumente fácil entre os dois tipos de teoria. Decerto não esperaremos que uma proposição pressuposta$_1$ (ou um membro de um conjunto de proposições pressupostas$_1$) pertença à classe adequada de proposições pressupostas$_2$. A natureza geral da conexão entre as teorias é, antes, esta: *se aceitarmos a teoria das pressuposições$_1$, então dizer que a existência de uma determinada classe de expressões introdutoras de particulares pressupõe$_2$ a existência de uma determinada classe de fatos envolve afirmar que podemos pensar alguma introdução$_1$ de um particular da classe relevante como pressupondo$_1$ um fato da classe pressuposta$_2$.* Não é preciso supor que devemos, ou podemos, ver *toda* introdução$_1$ de um particular sob essa luz. O que torna os casos que acabamos de considerar tão incomumente fáceis é justamente que podemos ver neles toda introdução$_1$ desse tipo sob essa luz. Parte da razão pela qual podemos fazer assim é que a transição dos universais caracterizadores que as proposições pressupostas contêm para os universais classificadores dos quais as mortes, golpes etc. são exemplos é realmente uma transição conceitual muito fácil.

Se, então, se pode provar a teoria das pressuposições$_2$ em geral, então se pode deixar que sua conexão com a teoria das pressuposições$_1$ cuide de si mesma. Mas pode-se prová-la? Existem com certeza muitos tipos de particulares que não colocam grandes dificuldades. Tenho em mente aqueles itens que se introduzem em um estágio relativamente sofisticado do pensamento, como as entidades particulares da teoria científica ou as instituições sociais particulares. Filósofos corretamente abandonaram a esperança de "reduzir" as proposições em que se introduzem ou se quantificam esses itens a proposições em que estes não figuram. Mas não há razão pela qual

Indivíduos

eles deveriam desistir da aspiração mais modesta de descobrir classes de fatos em cuja afirmação somente tipos mais primitivos de particulares figuram, mas que, contudo, fornecem uma base para a introdução dessas entidades mais sofisticadas. Por exemplo, não se pode reduzir proposições sobre nações a proposições sobre homens, mas proposições sobre homens são pressupostas$_2$ por proposições sobre nações. Essa aspiração é tão obviamente razoável que não necessita de argumento para se sustentar; e eu não darei nenhum.

Nossas dificuldades realmente começam apenas quando nos aproximamos do fim do regresso de pressuposições$_2$, isto é, quando começamos a procurar pelas classes de fatos que fornecem uma base para a introdução daqueles particulares sobre os quais a introdução de todos os outros repousa direta ou indiretamente. Acabei de notar a exigência segundo a qual proposições que enunciam os fatos que forneceriam a base para a introdução$_2$ de um determinado tipo de particulares não devem conter universais dos quais esses particulares seriam exemplos. Essa exigência negativa vale em todos os estágios do regresso de pressuposições$_2$. No último estágio, ela significa que os universais contidos nas proposições pressupostas$_2$ não devem funcionar como universais classificadores ou caracterizadores de maneira nenhuma. Essa parece realmente uma exigência rigorosa. Onde descobriremos proposições que tanto têm esse caráter como são adequadas para fornecer uma base para a introdução dos tipos fundamentais de particular?

[6] Teria sido melhor começar investigando se existe *algum* tipo familiar de universal e *algum* tipo familiar de afirmação

que introduz esses universais, os quais pelo menos exibem o caráter exigido, mesmo se não fornecessem por si mesmos uma base adequada para a introdução de particulares na escala exigida. Ora, com certeza existe esse tipo de universal e com certeza existe esse tipo de afirmação. Tenho em mente o que chamarei de *universais de traço* ou *conceitos de traço* e o que chamarei de *afirmações localizadoras de traço*. Como exemplos, sugiro os seguintes:

> Agora está chovendo.
> A neve está caindo.
> Há carvão aqui.
> Há ouro aqui.
> Há água aqui.

Os termos universais introduzidos nessas proposições não funcionam como universais caracterizadores. *Neve, água, carvão* e *ouro*, por exemplo, são tipos gerais de matéria, não propriedades ou características de particulares, embora *ser feito de neve* ou *ser feito de ouro* sejam características de particulares. Nem os termos universais introduzidos nessas proposições são universais classificadores. Nenhum deles proporciona por si mesmo um princípio para distinguir, enumerar e reidentificar particulares de um tipo. Mas cada um pode ser muito facilmente modificado de modo que gere diversos princípios desta maneira: podemos distinguir, contar e reidentificar *veios* e *grãos, pedaços* e *montes* de carvão, e *flocos, quedas, depósitos* ou *áreas* de neve. Expressões como "pedaços de carvão" ou "queda da neve" introduzem universais classificadores, mas "carvão" e "neve" *simpliciter* não introduzem. Essas frases, então, não

Indivíduos

contêm nenhuma parte que introduza um particular, nem nenhuma expressão usada de modo tal que seu uso pressuponha o uso de expressões para introduzir particulares. Claro, quando se usam essas frases, a combinação das circunstâncias de seu uso com o tempo verbal e os advérbios demonstrativos que elas contêm, se contêm algum, gera uma afirmação da incidência do traço universal que introduzem, pois pelo menos isso é essencial para toda linguagem em que se poderiam fazer afirmações singulares empíricas, a saber, a introdução de conceitos gerais e a indicação de sua incidência. Mas é um fato importante que se possa fazer isso por meio de afirmações que não tragam particulares para o discurso, nem pressuponham outras áreas do discurso nas quais se incluam particulares.

Linguagens imaginadas a partir do modelo de linguagens como essas são chamadas, às vezes, de linguagens "localizadoras de propriedade". Mas esse é um nome infeliz: os termos universais que figuram nos meus exemplos não são propriedades. Na verdade, estamos tentando ir mais fundo do que o nível de complexidade lógica ao qual a ideia de propriedade pertence. Essa é a razão pela qual escolhi usar a palavra menos filosoficamente comprometida "traço" e falar de frases "localizadoras de traços".

Embora não introduzam particulares em nosso discurso, frases localizadoras de traços fornecem uma base para essa introdução. Os fatos que enunciam são pressupostos, no sentido exigido, pela introdução de determinados tipos de particular. Uma condição de existir proposições em que se introduzem$_1$ particulares por meio de frases como "Aqui há água", "Está nevando" é que devem existir fatos enunciáveis por meio de expressões como "Essa poça de água", "Esta queda de neve". Em geral, a transição de fatos do tipo pressuposto para a introdução dos particulares para os quais eles fornecem a base envolve uma complicação conceitual: ela envolve a adoção de critérios de distinção e, quando aplicável, critérios de reidentificação para particulares do tipo em pauta, bem como o uso de universais caracterizadores que podem estar vinculados a um particular desse tipo. Uma *base* para critérios de distinção pode de fato já existir no nível de localização de traços, pois, quando podemos dizer "Há neve aqui" ou "Há ouro aqui", podemos talvez dizer "Há neve (ouro) *aqui* – e *aqui* – e *aqui*". Os fatores que determinam a multiplicidade de localizações podem se tornar, quando introduzimos particulares, critérios para distinguir um particular de outro. Adiante direi mais coisas sobre os critérios de reidentificação.

Pode-se dizer agora, com razoabilidade, que não é de jeito nenhum suficiente, para a teoria geral das pressuposições, descobrir alguma classe de fatos pressupostos que reúna os requisitos para o estágio final do regresso, o estágio em que não se introduz nenhum particular, pois, se a teoria deve funcionar em geral, então qualquer caminho, e não apenas caminhos especialmente escolhidos, através do regresso, deveria levar, no fim, a fatos dessa classe. É bastante razoável afirmar que fatos da classe recém-ilustrada fornecem uma base para a introdução de determinados tipos de particulares. Mas seria muito implausível afirmar que particulares desses tipos fornecem, junto com os universais caracterizadores que se ligam a eles, uma base para a introdução de todos os outros tipos de particulares, quaisquer que sejam estes. No primeiro capítulo

Indivíduos

deste livro, argumentou-se que determinados tipos de particulares são, do ponto de vista da identificação, os particulares básicos de nosso esquema conceitual. Estes eram, em linhas gerais, aqueles particulares diretamente localizáveis que eram ou tinham corpos materiais. Se pudermos descobrir, para uma seleção razoável de particulares dessa classe, fatos pressupostos em cuja afirmação não se introduziram particulares, então, talvez, possamos considerar a teoria geral como justificada, pois se pode presumir que fatos envolvendo particulares básicos fornecem, direta ou indiretamente, uma base para a introdução da maioria dos tipos de particulares não básicos. As exceções aparentes são aqueles particulares não básicos, como fenômenos auditivos ou visuais públicos como estrondos e brilhos, que são diretamente localizáveis, mas não são concebidos por nós como necessariamente, por exemplo, eventos acontecendo a, ou estados de, particulares de outros tipos. Mas se esses particulares suscitam algum problema, é provável que seja um problema de importância secundária.

Parece, contudo, que os próprios particulares básicos levantam um problema sério, pois se pode dizer que, enquanto decerto pertencem à classe dos particulares básicos, particulares como poças de água, pedaços de ouro etc. constituem uma seleção justa ou razoável dessa classe. Os universais classificadores dos quais são exemplos (*poça d'água*, *pedaço de ouro*) são iguais nisto: seus nomes incorporam, como uma parte, os nomes dos tipos de matéria (*água*, *ouro*) que parecem sumamente ou até unicamente bem adaptados para serem introduzidos como termos universais em frases localizadoras de traços. Essa é a razão pela qual é tão fácil encontrar, na linguagem ordinária, exemplos convincentes de casos em que operamos não com a noção de exemplos particulares de, por exemplo, ouro ou neve, mas meramente com a noção do próprio traço universal e a noção de localização. Mas os universais classificadores de que os particulares básicos são exemplos mais típicos (por exemplo, homens, montanhas, maçãs, gatos, árvores) não se separam de maneira mais feliz em indicações de uma divisão particularizadora, como *poça* e *pedaço*, de um lado, e traços gerais, como *água* ou *ouro*, de outro. É fácil ver o fundamento dessa diferença, pois particulares como pilhas de neve poderiam ser amontoados juntos para gerar uma massa de neve, mas não poderíamos amontoar juntos gatos particulares para gerar um gato enorme. Portanto, deve ser seguramente mais difícil considerar uma situação na qual, em vez de operar com a noção de um universal classificador, *gato* ou *maçã*, e, assim, com a noção de gatos ou maçãs particulares, operamos com a noção de um traço correspondente e de uma localização. A linguagem ordinária não parece nos fornecer um nome para um termo universal que poderia valer como o traço exigido no caso de, digamos, gatos. Não seria a diferença essencial entre, digamos, gatos e neve, a de que, talvez, *poderia* não haver o conceito de "traço de gato" da maneira que a teoria parece exigir, a de que toda ideia geral de gato *deve* ser a ideia de um gato, isto é, já deve envolver critérios de distinção e de reidentificação para gatos como particulares?

Essas dificuldades, embora importantes, não são decisivas, pois não mostram que é logicamente absurdo supor que poderia existir um nível de pensamento no qual reconhecemos a presença de gato, ou sinais da presença passada ou futura de gato, sem pensarmos, contudo, de maneira identificadora em gatos particulares. Suponhamos que a ideia desse nível de

Indivíduos

pensamento é coerente e introduzamos, como um correspondente linguístico, a ideia de uma forma de atividade linguística, a qual, se falarmos de jogos de linguagem, poderia ser chamada "o jogo de nomear". Jogar o jogo de nomear pode ser comparado com uma das primeiras coisas que as crianças fazem com a linguagem – quando pronunciam o nome geral para um tipo de coisa na presença de uma coisa desse tipo, dizendo "pato" quando há um pato, "bola" quando há uma bola etc. Ora, pode-se dizer que esses proferimentos têm a força de "Há um pato", "Há uma bola" etc., isto é, têm a força de formas que têm o lugar que têm na linguagem somente porque as expressões usadas para fazer referências identificadoras a particulares têm o lugar na linguagem que *elas* têm. Mas qualquer um para quem esses proferimentos têm essa força não está jogando o jogo de nomear. Essa observação, de fato, me priva do direito de apelar ao fato alegado de que o jogo de nomear é jogado, mas esse apelo não é necessário. Tudo o que se exige é a admissão de que o conceito do jogo de nomear seja coerente, a admissão de que a habilidade de fazer referências identificadoras a coisas como bolas e patos inclui a habilidade de reconhecer os traços que lhes correspondem, enquanto é logicamente possível que se possam reconhecer os traços sem ter os recursos conceituais para a referência identificadora aos particulares correspondentes. Concedido isso, não importa se proferimentos do jogo de nomear, ou proferimentos de localização de traços em geral, são comuns ou ordinários, ou se não o são. Podemos prontamente reconhecer que a introdução de particulares é um passo conceitual tão fundamental que deixa o nível primitivo

Peter F. Strawson

pré-particular do pensamento como, no máximo, não mais do que um vestígio na linguagem.

Mas a ideia de um jogo de nomear é uma ideia coerente e distinta – distinta, isto é, da ideia de subsumir um particular em um universal classificador? Para responder a isso, devemos dizer mais sobre os critérios de distinção e reidentificação envolvidos no movimento conceitual em direção aos particulares. Referi-me há pouco a um possível argumento de que *poderia* não haver uma ideia de um traço de gato que fosse distinta do universal classificador *gato*, mas geraria a sua base, assim como o traço geral *neve* é diferente dos universais classificadores *retalho de neve* ou *queda de neve*, mas lhes gera uma base, pois no caso dos gatos não há um traço geral que se possa pensar como dividido de maneiras diferentes para produzir diferentes universais classificadores, assim como se poderia pensar no traço geral da neve como dividido de maneiras diferentes de modo que gerasse diferentes universais classificadores. O que esse argumento mostra, contudo, não é que o tipo exigido de conceito geral de gato é impossível, mas antes que o conceito já deve incluir em si mesmo a *base* para os critérios de *distinção* que aplicamos a gatos particulares. Em linhas gerais, a ideia de um traço de gato, diferentemente da de neve, deve incluir a ideia de uma forma característica, um padrão característico de ocupação do espaço.

E quanto aos critérios de reidentificação? O conceito de traço de gato inclui uma *base* para isso? Se sim, qual é o sentido da expressão "uma base para critérios"? Não é somente uma tentativa de persuadir-nos de que há uma diferença, quando não há nenhuma, entre o conceito de traço de gato e o universal classificador gato? Essa é a questão crucial. A meu ver, a

Indivíduos

resposta a ela é a seguinte. O conceito de traço de gato fornece de fato uma base para a ideia de reidentificação de gatos particulares, pois esse conceito inclui a ideia de uma forma característica, de um padrão característico para a ocupação de espaço; essa ideia leva de maneira bastante natural àquela de um caminho contínuo traçado no espaço e tempo por esse padrão característico; e essa ideia, por sua vez, fornece o núcleo da ideia de identidade de particular para particulares básicos. Mas isso não equivale a dizer que ter o conceito de traço de gato implica ter essa ideia. Ao operar com a ideia de gatos particulares reidentificáveis, distinguimos entre o caso em que um gato particular aparece, vai embora e reaparece e o caso em que um gato particular aparece, vai embora e um gato diferente aparece. Mas poder-se-ia jogar o jogo de nomear sem fazer essa distinção. Uma pessoa jogando o jogo de nomear pode corretamente dizer "Mais gato" ou "Gato de novo" nos dois casos, mas uma pessoa operando com a ideia de gatos particulares estaria errada se dissesse "Outro gato" no primeiro caso ou "O mesmo gato de novo" no segundo. *Dá-se o passo conceitual decisivo para particulares de gato quando se subdivide o caso de "mais gato" ou "gato de novo" no caso de "outro gato" e no caso de "o mesmo gato de novo".*

Poder-se-ia ainda objetar que, mesmo se o conceito de traço de gato não é idêntico ao de universal classificador, ele é idêntico ao conceito de outro universal classificador, a saber, o de uma fatia temporal de um gato, e que uma pessoa que, jogando o jogo de nomear, diz "Gato!" pelo menos diz alguma coisa que tem a força de "Existe *uma* fatia de gato aqui". Deve-se considerar essa objeção com cuidado, pois a ideia de fatias temporais de coisas substanciais é uma ideia peculiar à filosofia e que mal foi explicada de maneira adequada. Devemos perguntar: quais são os limites temporais de uma fatia de gato? Quando devemos dizer que ainda temos *a mesma* fatia de gato? Deveremos dizer que temos uma fatia de gato diferente quando muda o que comumente chamaríamos a *atitude* do gato? Ou sua *posição*? Ou ambos? Ou deveremos dizer que os limites de uma fatia de gato são dados pelos limites temporais de um período de observação contínua do traço de gato? Não parece que o conceito de traço de gato determine a resposta a essas questões. Se não a determina, então é falso que a posse do conceito de traço de gato implica a posse do conceito desses particulares peculiarmente filosóficos. Podemos notar, além disso, que a última das respostas sugeridas nos privaria dos particulares que resultam do estatuto de particulares objetivos. Seria melhor chamá-los "visões de gato" em vez de "fatias de gato". Já vimos suficientemente a posição subordinada que particulares como esses ocupam em nosso esquema conceitual.

Entretanto, a meu ver, devem-se reconhecer alguns limites para a generalidade da nossa teoria. Quando, por exemplo, os particulares para os quais estamos buscando uma base são eventos nitidamente definidos e de curta duração, como os brilhos e os estrondos dos quais falamos no primeiro capítulo, então parece difícil insistir em uma distinção conceitual similar entre a posse do conceito de traço e a posse do conceito de universal classificador. Ainda haveria uma distinção *formal* entre falar de estrondos e de brilhos particulares e falar, por exemplo, de momentos em que se estrondou ou se brilhou. Mas a introdução$_2$ de estrondos particulares não parece envolver, na adoção de critérios de identidade para estrondos, o tipo de inovação conceitual discutido nos outros casos. O

Indivíduos

conceito de traço não forneceria simplesmente uma *base* para esses critérios, ele os determinaria completamente. Essa limitação na generalidade da nossa teoria, contudo, é uma limitação que podemos aceitar com alguma equanimidade, pois a posição, como particulares genericamente identificáveis, que itens efêmeros como brilhos e estrondos ocupam em nosso esquema conceitual depende, como mostrei no primeiro capítulo deste livro, da identificabilidade geral dos particulares básicos. Basta que a teoria valha para os próprios particulares básicos. Quão amplo e simplificador é o passo conceitual envolvido em *sua* introdução$_2$ é algo que tentarei esclarecer no próximo capítulo.

Sugiro, então, que podemos descobrir o último nível proposicional que estamos buscando nas proposições localizadoras de traços, nas proposições que indicam de maneira demonstrativa a incidência de um traço geral que não é, ou não é ainda, um universal classificador. Não temos de tornar plausível por si mesma a ideia de proposições localizadoras de traços que correspondam a todo tipo específico de particular básico do qual falamos. Basta que possamos fazer isso para exemplos representativos de categorias muito amplas de particulares básicos. Podem-se pensar conceitos de outros universais classificadores dentro das mesmas categorias amplas como formados a partir do modelo dos exemplos selecionados.

Falei o tempo todo da *introdução* de noções, de *passos* ou *transições* conceituais, como se estivesse falando de um desenvolvimento no tempo, de passos que teriam uma ordem temporal. Talvez esses estágios existam na história do desenvolvimento conceitual da pessoa individual. Talvez não existam. Não sei e não importa. O que está em questão não é uma ordem de desenvolvimento temporal, mas uma ordem de explicação, que, finalmente, depois da argumentação, aparece para nós, os usuários do esquema conceitual, como uma ordenação coerente e inteligível de seus elementos. Claro, há um ponto no qual a argumentação deve terminar e o apelo é simplesmente ao nosso entendimento do que fazemos. Mas não pode haver um tipo de prova melhor para uma concepção da estrutura de nosso esquema conceitual do que o fato de que nós, por fim, achamos tais e tais argumentos convincentes. Devo reconhecer que, julgada por esse critério, a teoria desta seção tem um caráter especulativo e incerto, do qual a teoria da "completude" da primeira parte deste capítulo se encontra, a meu ver, livre. Felizmente, a aceitabilidade da última não depende da solidez da primeira.

[7] A teoria das pressuposições$_1$ e a teoria das pressuposições$_2$ são independentes uma da outra. Mas, se forem aceitas, ambas podem entrelaçar-se para gerar uma determinada imagem lógico-metafísica. De modo resumido, esboço seus contornos.

Eu quis desenvolver um sentido em que o pensamento sobre um particular é um pensamento completo, ao passo que o pensamento de um universal não o é, nem precisa ser; eu quis mostrar como o particular tem uma complexidade lógica, uma completude para o pensamento, que o universal não tem, nem precisa ter. Podemos estar tentados a expressar essa ideia dizendo coisas como: "O particular é uma construção a partir de fatos, ao passo que o universal é uma abstração a partir de fatos". Mas isso é completamente vago.

Indivíduos

Assim, tentamos alcançar a complexidade do particular analisando-a. Mas há diferentes maneiras de tentar analisá-la.[5]

Comecei mostrando como toda introdução$_1$ de um particular em uma proposição repousa em um fato definido sobre o mundo diferente do fato afirmado pela proposição na qual ele é introduzido, enquanto a introdução$_1$ de um universal em uma proposição não precisa repousar sobre um tal fato prévio definido. Aqui, analisa-se o pensamento do particular definidamente identificado como sendo aquele de uma proposição que *como um todo* individua o particular, mas não contém nenhuma parte que o introduz. Essa proposição individua o particular para cuja introdução fornece uma base, descrevendo-o, ou (a) como unicamente relacionado a algum outro particular definidamente identificado, ou (b) como unicamente exemplificando algum complexo de elementos universais e demonstrativos. Mas essas próprias proposições envolvem pelo menos a quantificação de particulares e também podem envolver a introdução$_1$ de particulares. Esse não é um defeito lógico no método, uma vez que é uma teoria da introdução$_1$ e não da introdução$_2$ de particulares. Mas isso nos deixa com um certo senso de incompletude.

Procuramos, então, algum método que possamos aplicar em algum ponto — não temos de aplicá-lo em todos os pontos — para suplementar o primeiro método de analisar a

---

5 Uma maneira está completamente errada: é a tentativa de separar o pensamento do particular, de um lado, no pensamento do próprio particular e, de outro, no pensamento do universal grupal que ele exemplifica. Descrevi essa maneira de modo que seu caráter errôneo e autocontraditório seja óbvio. É a maneira que leva ao substrato incognoscível.

complexidade do particular. Aqui, temos uma pista no reconhecimento da existência de diferentes tipos de particulares e, especialmente, da distinção entre particulares dependentes e independentes, pois isso nos dá a ideia de um tipo de análise tal que nenhum universal classificador exemplificado pelo particular analisado figurará nessa análise, embora um universal de alguma maneira correspondente a esse universal classificador possa figurar. Devemos encontrar um tipo de fato que se possa ver como subjacente ao particular, mas do qual nenhum universal classificador exemplificado pelo particular é um constituinte. No caso dos particulares dependentes, é relativamente fácil ver como se faz isso. Deve existir um fato sobre um particular relativamente independente que subjaza a todo pensamento sobre um particular dependente. Mas se pressionarmos o método até o limite, parece que devemos, em última instância, encontrar fatos que forneçam uma base para alguns particulares, mas dos quais nem particulares de qualquer tipo, nem universais classificadores exemplificados pelos particulares de qualquer tipo sejam constituintes. *Podemos* encontrar, ou tornar inteligível para nós, a ideia de fatos desse tipo com um âmbito bastante amplo para nossos propósitos. Esses são aqueles fatos cuja afirmação envolve a localização demonstrativa de traços universais que não são universais classificadores, e podemos ver os fatos desse tipo localizador de traços como o que, em última instância, subjaz ao nosso discurso sobre os particulares básicos.

Assim, a imagem, ou metáfora, fundamental que ofereço é a do particular que repousa ou que se desdobra em um fato. É nesse sentido que o pensamento sobre um particular

Indivíduos

definido é um pensamento completo. Mas o pensamento sobre um particular definido, enquanto é completo em um sentido, também é incompleto em outro, pois, quando fazemos a transição do pensamento do fato em que o particular se desdobra para o pensamento sobre o próprio particular, estamos pensando nele como o constituinte de algum fato adicional. Assim como o particular repousa ou se desdobra no particular, também o fato não geral pode ser desdobrado em um particular ou lhe fornecer uma base, desde que disponhamos de critérios de identidade para os particulares dessa classe e de um âmbito de universais caracterizadores para eles, isto é, de um âmbito de fatos possíveis dos quais eles sejam constituintes.

Se alguns fatos merecem, quanto a essa imagem, ser chamados de fatos últimos ou atômicos, são os fatos afirmados por aquelas proposições que indicam demonstrativamente a incidência de um traço geral. Esses fatos últimos não contêm particulares como constituintes, mas fornecem a base para o passo conceitual em direção aos particulares. As proposições que os afirmam não são proposições sujeito-predicado, mas fornecem a base para o passo em direção a proposições sujeito-predicado. Por que esse passo deve ser dado é uma questão que consideraremos depois.

Resumindo, o objetivo foi encontrar um fundamento para a distinção sujeito-predicado a partir de alguma antítese básica entre "completude" e "incompletude". Essa antítese devia explicar a associação tradicional da distinção sujeito-objeto com a distinção particular-universal. Descobrimos essa antítese ao colocar pressão na ideia de um particular até que ela ceda o lugar à ideia de um fato. No limite da pressão, descobrimos o fato localizador de traços no qual nenhum particular é um constituinte, embora um universal seja. Nesse limite, então, o universal aparece como ainda alguma coisa incompleta para o pensamento, um constituinte de um fato, ao passo que o particular não aparece em absoluto, e, nesse limite, dizemos, a antítese sujeito-predicado desaparece. Assim, estabelecemos, como um paradigma para a referência, como um paradigma para a introdução de um sujeito, o uso de uma expressão para introduzir um particular, isto é, para introduzir alguma coisa que é tanto completa para o pensamento, na medida em que se desdobra em um fato, como incompleta, na medida em que, introduzida assim, é pensada como um constituinte de um fato adicional. E estabelecemos como um paradigma da descrição, da introdução de um predicado, o uso de uma expressão para introduzir um universal, isto é, para introduzir alguma coisa que tem o mesmo tipo de incompletude que o particular, mas falta-lhe sua completude. Os dois termos introduzidos devem ser tais que a asserção de um vínculo não relacional entre eles constitui alguma coisa, mais uma vez, completa – constitui um pensamento completo; e vemos a associação do simbolismo dessa asserção com o universal em vez do particular, no fim, como não mais do que um indício da falta que o primeiro tem daquela completude que o último tem.

Uma vez que se fez a associação fundamental, dispõe-se de mais de uma maneira de explicar aquelas extensões adicionais da distinção problemática que, por exemplo, permite que também universais apareçam como sujeitos lógicos. Mas, sobre esse assunto, terei mais a dizer no Capítulo 8.

7
Linguagem sem particulares

[I] Da discussão no final do capítulo precedente surgem inúmeras questões. Ao tentar respondê-las, podemos obter uma compreensão mais firme das noções de um particular e de um sujeito lógico. Primeiro, podemos perguntar o que, exatamente, está envolvido no "passo" das frases localizadoras de traços para a introdução$_2$ de particulares. Falei que a introdução de particulares envolve a prontidão para operar com critérios de distinção e de reidentificação para as entidades introduzidas. Mas o que, exatamente, isso significa? Se a teoria do final do capítulo precedente é correta, então o discurso ordinário desse tipo fundamental em que se fazem afirmações singulares de fato empírico contém *algumas* formas que não envolvem a introdução$_1$ de particulares nem a sua quantificação. Poder-se-ia perguntar até onde, em teoria, se pode levar o discurso empírico sem fazer referência a particulares, até onde, pelo menos em teoria, podemos inventar meios de dizer o que queremos dizer, especialmente no discurso sobre particulares *básicos*, sem de fato introduzi-los. Ao considerar quais meios teríamos de empregar nessa tentativa de dispensar os particulares, estaremos mais aptos para entender o efeito conceitual de sua introdução. Uma coisa, pelo menos, é óbvia: para levar adiante o projeto de eliminar particulares do discurso tão longe quanto possível, teremos de eliminar todos os predicados de particulares, todos os universais caracterizadores e classificadores, em favor dos correspondentes conceitos de traços. Mas, evidentemente, exigir-se-á muito mais do que isso.

Outra questão que se pode levantar é esta. Com que direito determinamos que as frases localizadoras de traços não são frases sujeito-predicado? Não se comete uma petição de princípio nessa questão em favor da teoria da "completude" do último capítulo? A determinação, com certeza, obtém algum apoio da gramática ordinária. A frase "Está nevando", por exemplo, não tem sujeito gramatical e não teria sentido perguntar "O que está nevando?". Mas, além do fato de a gramática ordinária não ser um apoio confiável aqui – pois se poderia igualmente dizer, por exemplo, "A neve está caindo" –, também pode sustentar que esse apelo é totalmente superficial. "Está nevando", falado em um contexto adequado, tem a mesma força que "Está nevando aqui e agora". O que nos impede de considerar "aqui" e "agora" como expressões sujeito que denotam um tempo e um lugar e o resto da frase como uma expressão predicado que atribui um caráter a esse par sujeito? Essa questão se torna ainda mais premente se nos lembrarmos de uma daquelas descrições de uma expressão sujeito lógica considerada anteriormente por nós, a saber, aquela dada por Quine. Não teriam esses demonstrativos adverbiais acesso a posições nas frases que podem também ser ocupadas pelas variáveis de quantificação? Ao menos isto é verdade: quando podemos dizer "aqui", "agora" etc. por meio da localização demonstrativa de um traço, podemos com fre-quência também dizer "em algum lugar", "em nenhum lugar", "em todo lugar", "em qualquer lugar" e "às vezes", "nunca", "sempre", "toda vez que". Não devemos dizer que "Nunca chove sem ser um dilúvio" é uma frase que envolve quantifi-cação? Poderíamos escrevê-la como "Em qualquer lugar e toda vez que chove, lá e então cai um dilúvio", ou, usando "*l*" e "*t*" como variáveis de lugar e de tempo respectivamente, como "Para todo *l* e *t*, se chove em *l* no tempo *t*, então cai um dilúvio em *l* no tempo *t*". Da mesma maneira, poderíamos escrever "Em qualquer lugar em que choveu ontem, choveu de novo hoje" como se segue: "Para todo *l*, se há um *t* tal que *t* está dentro de ontem e choveu em *l* no tempo *t*, então existe um *t* tal que *t* está dentro de hoje e choveu em *l* no tempo *t*". Se, então, devemos aceitar o que se poderia chamar de "teste da quantificação" como final, parece pelo menos que há razões para dizer que os advérbios demonstrativos de lugar e de tem-po são expressões sujeito e, de maneira correspondente, que expressões como "chove" são expressões predicado. O que se passa, então, com a teoria do capítulo anterior?

Mas aqui devemos fazer uma distinção. Desde o início, para que uma expressão fosse uma expressão de um sujeito lógico singular, estabeleci a condição de que ela introduzisse, isto é, identificasse definidamente, um termo. O critério gra-matical para a distinção sujeito-objeto repousava sobre dis-tintos modos de introdução de termos, o critério categorial sobre distintos tipos de termos introduzidos. Ora, decerto não pode haver dúvidas sobre a exclusão de lugares e de tem-pos de antemão como candidatos à posição de sujeitos lógi-cos, pois podem-se identificar definidamente tempos e lugares

Peter F. Strawson

na linguagem, podem-se introduzi-los como termos definidamente identificados, pode-se referir a eles pelo nome ou pela descrição definida. Mas, embora *possam* ser introduzidos como termos em proposições, tempos e lugares não são introduzidos dessa maneira pelos demonstrativos adverbiais que estão em pauta aqui. Esses demonstrativos não introduzem termo nenhum. Eles servem de fato para indicar a incidência do traço geral introduzido pelo resto de uma frase localizadora de traços, mas não se pode sustentar que "agora" ou "aqui" identificam independentemente um tempo ou um lugar. "Agora" e "aqui", por si mesmos, não estabelecem um limite, nem é sua função introduzir pontos sem extensão ou instantes sem duração. Atuam tão somente como indicadores de alguma extensão de espaço e tempo que eles, por si mesmos, não delimitam. Assim, não se pode aceitar como decisivo o fato de que se pode dizer que eles passam no "teste da quantificação", uma vez que não introduzem termos, nem são expressões sujeito lógicas.

Ainda assim, poder-se-ia dizer, isso não resolve a questão sobre se devemos considerar afirmações localizadoras de traços como afirmações sujeito-predicado em favor da determinação de que não o são. Os advérbios demonstrativos são desqualificados como expressões sujeito porque não introduzem termos. E quanto à expressão que introduz o traço universal a ser localizado? Ela introduz um termo. Por que não se deveria considerá-la como expressão sujeito e as indicações demonstrativas, junto com o simbolismo proposicional, como expressão predicado? É bastante fácil ajustar a gramática, empregar um nome que designa o traço e eliminar os verbos

Indivíduos

impessoais. Em geral, podemos dizer "φ está aqui" em vez de "φ-a aqui" ou "Há φ aqui".

Nossa resposta a essa sugestão deve depender, por assim dizer, do espírito em que ela é feita. Interpretada dogmaticamente, equivaleria a uma proposta para ignorar toda a discussão dos dois últimos capítulos, para ignorar tudo o que surgiu sobre o nosso conceito da distinção sujeito-predicado. Mas se poderia interpretá-la de maneira menos desafiadora. Poderíamos vê-la, antes, à guisa de uma sugestão de como se deve estender para baixo a distinção sujeito-predicado dos casos paradigmáticos até o caso especial de uma frase localizadora de traços. No caso paradigmático, existem duas expressões, ambas as quais introduzem termos e uma das quais, porquanto comporta uma pressuposição fatual, tem uma completude que falta à outra. A primeira é a expressão sujeito paradigmática, a última, a expressão predicado paradigmática. Na frase localizadora de traços, não há essa antítese entre completude e incompletude, mas existem dois elementos distinguíveis que, juntos, geram uma proposição e, se decidirmos estender a distinção para esse caso, então a força da analogia estará do lado da presente sugestão. Universais de traço podem, afinal, aparecer como sujeitos em proposições de um tipo diferente que já foram admitidas como proposições sujeito-predicado por uma extensão analógica anterior a partir do caso paradigmático (isto é, em proposições como "A neve é branca"), mas não há nenhum tipo de caso já admitido no qual advérbios demonstrativos têm o papel de expressões sujeito.

Pode-se admitir a proposta assim interpretada, mas, admitida assim, ela não contradiz a asserção de que, se nos *confinarmos* ao nível localizador de traços de enunciado, a distinção sujeito-predicado não tem lugar.

[2] Consideremos, agora, brevemente, alguns dos problemas com que seríamos confrontados em uma tentativa de formular uma linguagem sem particulares – ou, pelo menos, sem quaisquer particulares tais como são os exemplos de universais classificadores ordinários. A tentativa de formular frases nessa linguagem que corresponderiam mais ou menos em força às coisas que normalmente gostaríamos de dizer até sobre particulares básicos não somente levaria a uma inflação enorme da classe de expressões usadas para introduzir conceitos de traços, mas também parece provável que nos forçaria a algumas construções extremamente tortuosas. Para os particulares básicos, existem, na natureza dos universais classificadores que eles exemplificam, princípios para distinguir uns dos outros e para reidentificar um particular como o mesmo particular de novo. Uma condição da existência de particulares em nosso esquema conceitual é a existência desses princípios. Ora, se devemos formular, em nossa nova linguagem, afirmações que tenham mais ou menos a mesma força das afirmações sobre particulares, devemos encontrar algum substituto nos materiais conceituais que nos são permitidos para esses traços dos materiais conceituais que não nos são permitidos. Devemos, de alguma forma, tornar explícitas aquelas bases para distinguir e reidentificar particulares que estão implícitas no uso dos universais classificadores que particulares exemplificam. Não há razão para pensar que isso é impossível, mas também não há razão para pensar que isso é simples. Podemos esperar que seja útil, ao tentarmos essa

Indivíduos

tarefa, delimitar trechos de tempo e de lugar para introduzir e para quantificar termos espaciais e temporais. Mas é evidente que não há respostas para perguntas simples como: quais são os limites de um volume de espaço? Quando um período de tempo termina e outro começa? Se temos de distinguir volumes e espaços uns dos outros, sem depender de particulares ordinários, devemos recorrer a traços que ocupam ou ocorrem no espaço e no tempo, para nos dar nossos limites e nossas persistências. Claro, existem universais de quantidade espacial ou temporal, como um metro cúbico ou uma hora, e é possível que possamos encontrar um uso para eles. Mas se temos de identificar exemplos particulares desses universais, parece que devemos novamente recorrer aos traços que ocupam esses volumes de espaço, esses intervalos de tempo.

Um problema que enfrentaríamos em um estágio inicial é o de decidir sobre a força exata de um enunciado que diz que algum traço está em algum lugar em algum tempo. Esse problema não existe no nível da própria frase localizadora de traços, pois, como já observado, os advérbios demonstrativos não introduzem termos espaciais nem temporais. Mas ele surge assim que admitimos tanto a necessidade de nos referirmos a lugares e a tempos como termos espaciais e temporais quanto a de quantificá-los. Uma primeira sugestão poderia ser a de que um traço está em um lugar e em um tempo se não há parte desse lugar que não seja ocupada por esse traço nesse tempo. Mas ver-se-á com rapidez que, pelo menos para o caso dos conceitos de traço que incluem a ideia de uma forma característica, um padrão característico para a ocupação do espaço, essa sugestão é ambígua. O que queremos dizer quando dizemos que um lugar "é ocupado por um traço" em um determinado instante ou durante um determinado tempo? Suponha que "φ" e "ψ" são expressões para universais classificadores ordinários e "φ-a" e "ψ-a" são expressões para introduzir os conceitos de traços correspondentes. Então, a sugestão ambígua recém-mencionada poderia significar que "φ-a l, t" vale para qualquer ponto, área ou volume l e para qualquer instante ou intervalo de tempo t tal que os limites espaciais de l são coextensivos com um conjunto de limites espaciais traçados pelo traço de φ durante todo t. Alternativamente, essa sugestão poderia significar que "φ-a l, t" vale para quaisquer l, t tal que os limites espaciais de l são, *ou* coextensivos com um conjunto de limites espaciais marcados pelo traço de φ durante todo t *ou* jazem dentro desse mesmo conjunto. (Por exemplo, suponha que "φ" é "gato" e "φ-a" introduz o correspondente traço de gato. Suponha que existe um gato que não se move ao longo de t. Então, de acordo com a primeira interpretação, "φ-a l, t" vale somente para aquele l que é todo o volume de espaço ocupado pelo gato e, de acordo com a segunda interpretação, vale também para qualquer parte desse volume de espaço.) Essas possibilidades, é claro, não esgotam os significados que poderíamos dar ao dizer que um traço está em um determinado lugar e em um determinado tempo, mas parece difícil pensar outras interpretações que teriam alguma probabilidade até mesmo de sugerir um meio possível de resolver o nosso problema. Dessas duas interpretações, a primeira parece a mais provável de minimizar nossas dificuldades em geral, quaisquer limitações que possa trazer consigo sobre nossas habilidades para encontrar versões de todas as coisas que dizemos ordinariamente, pois ela pelo menos nos permite como que tomar emprestado critérios de *distinção* para lugares dos conceitos de traço que introduzimos; e, por meio disso, nos leva a esperar que, na medida em que estamos preocupados em meramente distinguir particulares em um instante ou em um determinado período de tempo durante o qual suas posições e limites não mudam, descobriremos que não estamos muito pior quando falamos de lugares e de traços do que quando falamos dos próprios particulares. Pode-se esclarecer isso com a ajuda de um exemplo. Suponha que queremos expressar em nossa linguagem livre de particulares uma proposição que corresponde àquela que normalmente expressaríamos ao dizer "Existem três φs neste ψ agora" – um enunciado que tanto introduz[1] um particular como o quantifica. De acordo com a primeira convenção sugerida, poderíamos pelo menos chegar perto do resultado desejado com: "Existe um lugar aqui tal que ψ-a nesse lugar agora e tal que φ-a em exatamente três lugares dentro desse lugar agora". De acordo com a segunda convenção sugerida, deveríamos dizer pelo menos: "Existe um lugar aqui tal que ψ-a nesse lugar agora e tal que existem, dentro desse lugar, três lugares nos quais φ-a agora e que são tais que qualquer lugar em que φ-a agora e que está dentro desse lugar cai dentro de um ou outro desses três lugares e também tal que nenhum par desses três cai dentro de qualquer lugar em que φ-a agora".

Eu disse que essas formulações nos trariam para perto do resultado desejado. Mas não, afinal de contas, muito perto. Há mais coisa implicada no dizer que há três φs em um determinado lugar do que dizer que φ-a em três lugares distintos em um determinado lugar, pois falta completamente ao conceito do traço de φ o que o conceito do universal classificador φ incorpora, a saber, critérios de reidentificação para φs particulares. Poderíamos ser bem-sucedidos temporariamente ao ignorar esse fato em favor de um exemplo como o escolhido, no qual não surge a questão da identidade de φs particulares ao longo do tempo. Mas essas questões surgiriam assim que nos movêssemos fora da área de uns poucos exemplos como esse e trariam problemas cuja solução, dados os materiais à nossa disposição, seria um assunto de complexidade maior do que eu gostaria de tratar agora. Mas, embora a solução detalhada desses problemas sobrecarregue nosso engenho sem um grande propósito, seu caráter geral é bastante claro. Acabamos de ver que, enquanto estivermos preocupados em distinguir particulares em um instante ou durante um período no qual suas posições e seus limites permanecem inalterados, podemos simplificar nosso problema ao tomar emprestado os critérios de *distinção* para lugares dos próprios conceitos de traço que correspondem aos universais classificadores dos quais aqueles particulares são exemplos. Mas não dispomos de nenhum recurso similar para transmitir a ideia da identidade de particulares ao longo do tempo. Se *estivesse* disponível, isso poderia ser somente porque todo o projeto anunciado de falar de traços, tempos e lugares, em vez de falar de particulares ordinários, era uma fraude. Para que esse projeto não seja uma fraude, devemos nos encontrar sob a necessidade de tornar explícitas, com o vocabulário à nossa disposição, todas aquelas considerações sobre continuidades e descontinuidades espaçotemporais que estão implícitas no significado das expressões universais classificadoras ordinárias e logicamente relevantes para a identidade ao longo do tempo de particulares que caem nelas. Esse é um projeto que

Indivíduos

eu deixo para aqueles cujo gosto por exercitar a engenhosidade por si mesma é maior que o meu.

[3] Embora eu não vá executar esse projeto, há várias ideias interessantes associadas a ele, as quais discutirei agora brevemente. Ao longo da tentativa de satisfazer as exigências da linguagem projetada, acabaríamos usando formas a partir das quais podemos formular descrições identificadoras de tempos e de lugares. Devemos ser capazes de introduzir$_1$ termos espaciais e temporais, o que é uma coisa que não fazemos enquanto permanecemos no nível da frase localizadora de traços meramente demonstrativa, pois os demonstrativos servem meramente como indicadores, embora indispensáveis, apontando na direção espaçotemporal certa. A forma de exemplo mais simples possível dessa descrição de um lugar, *concedida a primeira das convenções alternativas que distingui na seção anterior*, seria: "O lugar aqui em que φ-a agora". Essa descrição se aplicaria a uma área ou volume, demonstrativamente indicada de maneira aproximada, cujos limites fossem coextensivos com aqueles ocupados, durante um tempo demonstrativamente indicado de maneira aproximada, por um φ particular que, durante esse tempo, não mudasse sua posição ou limites. Evidentemente, poder-se-iam construir formas mais complicadas de descrição identificadora de lugares, não precisaríamos ficar confinados, por exemplo, à identificação de lugares pela alusão a seu modo *presente* de ocupação. Não haveria razão para negar a essas expressões identificadoras de lugar ou de tempo o estatuto de expressões sujeito lógicas. Assim, essa linguagem seria uma linguagem sujeito-predicado. Mas pode-se fazer essa admissão sem prejuízo da teoria da "completude"

da distinção sujeito-predicado, pois a identificação de um termo espacial ou temporal sempre repousaria sobre um fato a respeito da ocupação do espaço e do tempo por um traço ou traços. Poder-se-ia dizer que os próprios termos espaciais e temporais introduzidos são particulares. Mas, é claro, seriam particulares de um tipo muito especial. Com a possível exceção de determinados particulares temporais, como noites e dias, eles não seriam exemplos de universais classificadores. Um e o mesmo lugar poderia ser ocupado de maneiras muito diferentes em tempos diferentes; não se poderia nomear nenhum traço do qual um dado lugar fosse um exemplo; o fato de que um determinado lugar estava durante um determinado tempo ocupado de uma determinada maneira seria um fato acidental sobre ele exatamente no mesmo sentido em que não é um fato acidental sobre Sócrates que ele é um homem.

Outras possibilidades teóricas apresentam-se por si mesmas. Eu disse que os termos espaciais definidamente identificados introduzidos por descrições em nossa linguagem imaginada não seriam exemplos de universais classificadores. Essa observação deve ser qualificada. Decerto, eles não seriam exemplos de universais classificadores correspondentes a universais de traço da linguagem. Mas eles não poderiam ser exemplos do que se poderia chamar universais de forma e de tamanho? Assim, poder-se-ia adotar um lugar definidamente identificado como um exemplo-padrão de um metro cúbico. Se estamos preparados em teoria para admitir um universal desse tipo, não há razão pela qual não deveríamos admitir outros, nem razão pela qual não deveríamos também admitir a ideia de um ponto matemático ou sem extensão. Não poderíamos, então, pensar o mundo em geral mais ou menos como

Indivíduos

às vezes de fato pensamos uma parte dele, quando temos um mapa dessa parte diante de nós? Com um mapa diante de nós, às vezes pensamos uma parte do mundo como composta de um número definido de lugares extensos de forma-padrão e área unitária, representados no mapa por quadrados, e um número indefinido de pontos sem extensão, cada um identificável em princípio dando-se uma referência cartográfica. Assim, dentro desse esquema teoricamente possível, não poderíamos pensar o mundo em geral como um sistema de pontos identificáveis e áreas e volumes identificáveis de formas e tamanhos padronizados, aos quais se atribuiriam traços gerais, ao passo que particulares no sentido ordinário não figurariam em absoluto em nosso esquema? Acrescente-se a possibilidade de uma introdução correspondente de instantes, de unidades de tempo, e temos um esquema cujo pensamento nem sempre foi tratado pelos filósofos como de todo não sério. Uma vez estabelecido, esse esquema simplificaria muito os problemas de paráfrase considerados na seção anterior.

Menciono a possibilidade desse esquema em benefício da completude. É claro, podemos operar e operamos um esquema desses indivíduos espaciais e temporais dentro do esquema mais amplo que também contém particulares ordinários. Mas se devemos pensar a sua operação sem esse contexto ordinário, temos pelo menos de pensar que ela pressupõe o esquema em que formulamos descrições identificadoras de áreas ou de volumes cujos limites são marcados pelos traços universais. Temos de pensá-lo como meramente a *extensão* ou o *refinamento* de um esquema em que lugares e tempos tomam o lugar dos particulares ordinários como indivíduos identificáveis, mas não como esse esquema inteiro ou a parte fundamental dele.

Agora, para modular em direção a uma possibilidade variante, consideremos um fato curioso acerca de todo esquema no qual lugares e tempos tomem dessa maneira o lugar de particulares ordinários como indivíduos identificáveis. Suponha que exista um bloco de granito que mantenha sua posição e seus limites inalterados. Suponha que se formule uma descrição identificadora em nossa linguagem imaginada do lugar correspondente ocupado pelo traço de granito. Enquanto a situação permanecer estável, a diferença entre a linguagem de particulares e a linguagem de lugares permanece, por assim dizer, inoperante. Não há diferença entre o lugar e o seu ocupante. Os critérios de identidade para lugares e aqueles para particulares não geram, nesse caso, resultados divergentes. Podemos expressar isso dizendo que, se não precisássemos levar em consideração o fenômeno do movimento e da alteração de forma e de tamanho, os dois esquemas conceituais colapsariam em um só. Dado que temos de levar em consideração essas coisas, a linguagem de particulares é mais simples.

Suponha, agora, que se tivesse sugerido que, em vez de considerar lugares e tempos como nossos indivíduos, considerássemos lugares-tempos. Lugares-tempos são limitados tanto espacial como temporalmente. Seus limites, também, podem ser estabelecidos de diversas maneiras. Seus limites podem ser aqueles de sua ocupação contínua por um determinado traço. Assim, suponha que o nosso bloco de granito se move ou tenha um pedaço cortado fora. Então, o lugar individual que ele tinha ocupado continuaria a existir, embora ocupado de outra maneira, o bloco individual continuaria a existir, embora tenha uma forma ou localização diferente, mas o lugar-tempo individual que ele tinha ocupado simplesmente

Indivíduos

deixaria de existir. Indivíduos delimitados dessa maneira talvez correspondessem mais de perto aos particulares ordinários do que quaisquer outros que consideramos até aqui neste capítulo – embora a correspondência ainda não seja muito próxima. Eles poderiam, como já sugeri, ser identificados com as "fatias espaçotemporais" dos particulares ordinários das quais os filósofos às vezes falam. Mas, de novo, poderíamos pensar que os lugares-tempos são delimitados de diferentes maneiras, que consistem, por exemplo, em áreas ou em volumes de forma e de tamanho padronizados ao longo de uma unidade-padrão de duração – por exemplo, uma hora metro cúbico. Indivíduos limitados dessa maneira seriam apenas acidentalmente, se o fossem, idênticos às fatias espaçotemporais de particulares ordinários. Como no caso de indivíduos-lugar padrão, contudo, é impossível pensar um esquema dessas unidades lugar-tempo padrão exceto como uma extensão e elaboração teoricamente possível de outro, a saber, aquele em que indivíduos espaçotemporais são delimitados pela distribuição espaçotemporal de traços gerais.

As considerações do presente capítulo não fornecem nenhuma razão para mudar a conclusão do último. Duas coisas emergem com clareza. Se, enquanto ainda evitamos a introdução de particulares ordinários, introduzimos em uma linguagem localizadora de traços itens ou termos definidamente identificáveis que não os próprios traços gerais, as expressões introdutoras de termos para esses itens manifestarão a "completude" que era o tema do nosso capítulo anterior. A identificação desse termo repousa sobre um fato empírico. Pode parecer que essa observação deva ser qualificada, tendo em vista a possibilidade de uma linguagem na qual indivíduos espaciais, temporais ou espaçotemporais fossem unidades sistematicamente ordenáveis em forma-tamanho, ou em duração, ou forma-tamanho-duração, itens aos quais pareceria impossível fazer referências identificadoras sem pressuposições empíricas. Mas, de novo, parece impossível conceber essa linguagem exceto como uma extensão de outra à qual se aplica o comentário original. Em geral, então, mesmo em uma linguagem em que particulares ordinários não figuram, mantém-se a conexão entre, de um lado, a ideia de um item não geral definidamente identificável e, de outro, a ideia da "completude" das expressões que introduzem esses itens. Também notamos que se podem considerar os itens não gerais em pauta como uma espécie de particulares, embora certamente não particulares ordinários. Em determinadas condições, decerto — remotas o suficiente daquelas em que nós realmente nos encontramos — a distinção entre eles e os particulares ordinários permaneceria inoperante.

A segunda coisa que emerge com clareza é esta. Dada nossa situação real e dado que desejamos dizer coisas que têm aproximadamente a força das coisas que realmente dizemos, então o prêmio da introdução de particulares concretos ordinários é enorme, os ganhos em simplicidade são impressionantes. Mas isso não surpreende.

8

Sujeitos lógicos e existência

[I] Até aqui, a discussão concentrou-se nos particulares e em seu estatuto como os sujeitos lógicos paradigmáticos, os objetos fundamentais de referência. Mas casos paradigmáticos não são os únicos casos e já vimos como a distinção sujeito-predicado admite extensão analógica. Uma base da extensão, já notada,[1] é a analogia entre as maneiras como itens não relacionalmente vinculados podem reunir-se uns aos outros. Predicados de particulares reúnem particulares de uma maneira que contrasta com as maneiras em que particulares reúnem seus predicados. Quando um princípio não particular de reunião reúne outro da maneira como um predicado de particulares reúne um particular, então pode-se dizer que ele atua, com relação ao outro, como um princípio de reunião de coisas semelhantes. Se se introduzem os dois de maneira identificadora em uma proposição e se se afirma que são não relacionalmente vinculados, o primeiro aparece como predicado e o segundo como sujeito. Sempre que, então, você tem alguma

---

1 Ver Capítulo 5, p.241-3.

Peter F. Strawson

coisa que se pode introduzir de maneira identificadora em uma proposição e pode ser subsumida em algum princípio de reunião de coisas semelhantes, então você tem a possibilidade de essa coisa aparecer como um indivíduo, como um sujeito lógico.[2] Ora, suponho que nada satisfaça a primeira condição, a saber, a de que se possa introduzi-la de maneira identificadora em uma proposição, sem também satisfazer a segunda, a saber, a de que se pode subsumi-la em algum princípio geral de reunião de coisas semelhantes. Assim, qualquer coisa que seja pode aparecer como um sujeito lógico, um indivíduo. Se definirmos "ser um indivíduo" como "ser capaz de aparecer como um indivíduo", então qualquer coisa que seja é um indivíduo. Assim, temos uma variedade infinita de categorias de indivíduos diferentes dos particulares — categorias indicadas por palavras como "qualidade", "propriedade", "característica", "relação", "classe", "gênero", "espécie", "número", "proposição", "fato", "tipo" etc. E alguns nomes para categorias de particulares também são nomes para categorias de não particulares: como "processo", "evento", "estado", "condição" etc.

Um indício da aparição em uma proposição como um indivíduo, ou sujeito lógico, é o uso de uma expressão substantiva singular definida, como um nome próprio, um nome de um

---

2 Poder-se-iam, de fato, descrever essas condições como as condições de analogia mínima para a *possibilidade* de aparição como um indivíduo. Mas devemos notar que dizer isso não é dizer que qualquer proposição em que alguma coisa de fato figura como um indivíduo é uma proposição que a traz por um princípio de reunião de coisas semelhantes, pois isso seria restringir nossa noção de referência e de predicação mais do que gostaríamos ou precisaríamos — como veremos ao longo da discussão deste capítulo.

universal, como "sabedoria", ou uma descrição definida. Não é um indício infalível. Não é infalível nem no caso de expressões que podem parecer designar particulares. Não devemos supor que o homem na Lua aparece como um indivíduo na proposição expressa por "O homem na Lua não existe" ou na expressa por "O homem na Lua existe". Nem, parece, podemos supor que o homem na Lua aparece como um indivíduo na proposição expressa por "O homem na Lua vive de queijo". Porque não existe de fato um indivíduo assim para aparecer.

Os problemas apresentados por esses dois tipos de caso são, contudo, muito diferentes. No primeiro, temos uma afirmação ou negação explícita da existência associada ao que parece uma expressão que se refere a um particular. No segundo, temos uma expressão predicado ordinária associada a uma expressão que parece se referir a um particular, mas não existe *de fato* esse particular. No primeiro tipo de caso, não podemos interpretar com coerência a expressão substantiva como uma expressão referencial, pois fazer isso é interpretá-la como se tivesse, como uma pressuposição, precisamente aquele conteúdo que a proposição, como um todo, assere ou nega. Portanto, exige-se de nós, nesse caso, encontrar uma maneira diferente de interpretar a proposição. Há alternativas familiares à nossa disposição. Podemos interpretá-la como se não se referisse a nada (exceto, nesse caso, à Lua) e como se dissesse meramente que existe, ou que não existe, exatamente um homem na Lua; ou, talvez, como se se referisse a um conceito e afirmasse, ou negasse, dele, que é exemplificado, ou até, seguindo Russell, como se se referisse a uma função proposicional e dissesse que é "às vezes verdadeiro" ou que "nunca é verdadeiro".[3]

---

3 Ver B. Russell, *The Philosophy of Logical Atomism*, parte V e em outros lugares.

Peter F. Strawson

Mas, embora similar porque um particular parece ser, mas não é, introduzido em uma proposição, o segundo tipo de caso não exige que diferenciemos na *análise*, na classificação lógica, entre frases desse tipo e frases, similares na forma, nas quais se faz referência a um particular que existe. A forma da frase em análise não é, de maneira nenhuma, enganadora. A expressão que aparenta ser referencial é realmente referencial. Seu papel é introduzir um particular e seu fracasso em fazê-lo é um fracasso quanto ao fato, à falsidade fatual da pressuposição que comporta. Por causa da falsidade dessa pressuposição, em alguns casos negamos um valor de verdade à proposição como um todo.[4] Ou, de novo, em outros casos, temos uma maneira alternativa de ver essa questão, a qual, mais uma vez, não envolve adotar uma forma diferente de análise para a proposição. Podemos simplesmente ver que ela atua em um reino diferente de discurso, o reino do mito, da ficção ou da fantasia, em vez do reino do fato. Nesses reinos, dentro dos limites que criamos e impomos de várias maneiras, podemos pressupor existências e alocar valores de verdade como quisermos.

É, então, o primeiro tipo de caso, e não o segundo, o caso tipificado pela proposição explicitamente existencial que contém uma expressão aparentemente referencial, que fornece a exceção *interessante*, no que diz respeito aos particulares, para o indício geral da aparição em uma proposição como um

---

4 Para um extenso tratamento dessas questões, ver P. F. Strawson, On Referring (*Mind*, 1950) e uma discussão em *Philosophical Review* (1954).

Indivíduos

indivíduo. E quanto à glosa sugerida desse tipo de proposição? A primeira glosa sugerida não levanta nenhum problema. As aparições gramaticais prontamente cedem o lugar para a quantificação; e as interpretações da lógica aqui têm análogos próximos na linguagem ordinária. Mas podemos estar mais inclinados a hesitar a respeito das minhas descrições das glosas alternativas, das quais falei com base na referência e na predicação, apresentando conceitos ou funções proposicionais no papel de termos sujeito. Devemos dizer que *ter exemplos* ou *ser "às vezes verdadeiro"* são princípios de reunião de conceitos semelhantes ou de proposições funcionais semelhantes? Isso não envolveria esticar de maneira quase intolerável a ideia de um princípio de reunião de coisas semelhantes? Poder-se-ia responder a essa questão de duas maneiras formalmente diferentes. Primeiro, poderíamos tentar argumentar que se poderia justificar o alongamento. Poderíamos de imediato pensar, por exemplo, em *ter três exemplos* como um princípio de reunião de conceitos semelhantes e, então, estarmos mais dispostos a estender essa noção para o número zero de exemplos e, daí, para a negação do número zero.[5] Por outro lado, poderíamos simplesmente alegar que *existem* princípios de reunião de conceitos semelhantes, que *existem* frases sujeito-predicado, as quais subsumem conceitos nesses princípios; e que nenhuma incoerência ou abandono de princípio está envolvido na extensão da classificação sujeito-predicado dessas frases para frases semelhantes na forma gramatical, nas quais meramente se assere ou se nega que os conceitos tenham exemplos, pois

---

5 Cf. G. Frege, *Fundamentos da aritmética*.

aqui, como em tudo o mais, não estamos interessados em dar uma única afirmação das condições estritas da referência e da predicação. Estamos interessados, antes, em elaborar uma descrição, ao mesmo tempo coerente e explicativa, das maneiras em que essas noções podem estender, e de fato estendem, sua aplicação dos casos centrais para os demais. Podemos prontamente admitir que essa extensão particular da noção de um predicado leva-a tão longe dos casos paradigmáticos quanto os limites da tolerância o permitem. Em particular, podemos notar que, enquanto a expressão "é exemplificado", aplicada aos conceitos, não tem exatamente aquele tipo de completude que, nos casos paradigmáticos, a impediria de ser classificada como expressão predicado, ela também não tem exatamente aquele tipo de incompletude que descobrimos ser característico das expressões predicado nos casos paradigmáticos. Nós nos encontraríamos muito rapidamente em uma região familiar de paradoxo se tentássemos reivindicar para ela esse tipo de incompletude. Não podemos, portanto, para sustentar essa extensão da noção, invocar nenhuma das marcas características dos predicados nos casos paradigmáticos; e, aproximando-nos tanto dos limites da tolerância em uma direção, podemos sentir alguma compaixão por aqueles filósofos que talvez os tenham ultrapassado na outra direção ao dizer que proposições existenciais eram proposições sujeito-predicado cujo sujeito lógico era a Realidade como um todo.

Nem no caso de particulares, nem no caso de não particulares, a presença da expressão substantiva singular definida é um guia infalível para a aparição, como um indivíduo, do termo que ela parece introduzir. Em alguns casos, embora

Indivíduos

não em todos, poderíamos ilustrar a ideia para não particulares com exemplos paralelos àqueles que usamos para ilustrá-la para particulares. Mas também podemos recordar um exemplo de um tipo diferente para o qual não pode haver paralelo no caso de particulares, um exemplo discutido em um capítulo anterior,[6] a saber, "Sócrates caracteriza-se pela sabedoria" ou "A sabedoria é uma característica de Sócrates". Aqui, temos duas expressões substantivas singulares definidas, a saber, "Sócrates" e "sabedoria". Nossa única opção é considerar "Sócrates" como uma expressão sujeito, mas não temos *necessidade* de considerar "sabedoria" como uma expressão sujeito, uma vez que dispomos de uma descrição alternativa da frase. Insistir, apesar disso, que a sabedoria aqui aparece como um sujeito lógico seria afirmar, em linhas gerais, que ser sábio é uma coisa e ser caracterizado pela sabedoria é outra. Seria afirmar que há dois princípios de reunião de particulares quando de fato só existe um.

O guia gramatical, então, para a aparição em uma proposição como um indivíduo, ou sujeito lógico, não é um guia infalível. Mas é um bom guia. Até onde alcança o nosso raciocínio, pode-se aceitá-lo, com as reservas facilmente compreensíveis que indiquei.

[2] Deve-se admitir, contudo, que, precisamente com base nessa explicação, tal raciocínio está sujeito a encontrar a resistência dos filósofos de inclinação empírica ou nominalista. Eles relutam em aceitar não particulares como indivíduos,

---

6 Ver p.246-9.

Peter F. Strawson

como sujeitos lógicos. Por que, em geral, isso deva ser assim, é uma questão que considerarei nas seções [3] e [4] deste capítulo. Há outra questão que podemos considerar antes. Aqueles que experimentam a resistência da qual falo estão inclinados a sentir que eles, até agora, provaram sua tese, se são capazes de parafrasear uma frase na qual se faz referência a um não particular por meio de outra frase na qual o não particular somente aparece, se é que aparece, na forma de um predicado gramatical. De modo característico, esse programa reducionista visa a substituir frases que envolvem a referência a não particulares por frases que envolvem a quantificação de particulares. Mas a força e o sucesso da pressão reducionista nessa direção não são uniformes para todos os tipos de não particular. Em alguns casos, a redução proposta parece muito natural e satisfatoriamente explicativa; em outros, menos; em ainda outros, forçada, artificial e até ridícula; e há outros casos nos quais essa redução nem sequer parece remotamente possível. Assim, a paráfrase de, digamos, "A raiva prejudica o juízo" em "As pessoas são geralmente menos capazes de chegar a juízos corretos quando estão com raiva do que quando não o estão" parece natural e satisfatória. Mas a sugestão de que, por exemplo, frases sobre palavras ou frases deveriam ser parafraseadas em frases sobre "inscrições" não pode produzir, exceto no peito do nominalista realmente fanático, senão náusea. Em suma, alguns tipos de não particular parecem mais bem enraizados como indivíduos do que outros. Qualidades (por exemplo, bravura), relações (por exemplo, paternidade), estados (por exemplo, raiva), processos ou atividades (por exemplo, nadar) e até espécies (por exemplo, ser humano) parecem relativamente mal enraizados. Tipos de frases e tipos

Indivíduos

de palavras parecem bem enraizados. E também números. E também vários outros tipos de coisas às quais se pode, amiúde, embora de maneira bem vacilante, estender o título geral de "tipos", confinados a palavras e frases. Tenho em mente, por exemplo: obras de arte, como composições musicais e literárias, e mesmo, em certo sentido, pinturas e esculturas;[7] modelos de uma coisa, por exemplo, modelos de carros, como o Cadillac 1957, do qual há muitos exemplos, mas que ele próprio é um não particular; e de maneira mais geral outras coisas das quais se fazem ou se produzem os exemplos de um determinado projeto e os quais, ou alguns dos quais, portam o que se está fortemente inclinado a chamar de um nome próprio, por exemplo, bandeiras como a *Union Jack*. Não particulares de um tipo muito diferente, os quais eu deveria considerar como razoavelmente bem enraizados como indivíduos, são proposições. Mas não almejo, nem pretendo, dar uma lista de não particulares bem enraizados que seja de alguma maneira sistemática ou completa.

A questão que eu quero levantar é a seguinte: por que alguns não particulares são mais bem enraizados do que outros como indivíduos? Primeiro, podemos notar que existem duas

---

7 A menção de pinturas e esculturas pode parecer absurda. Elas não são particulares? Mas esse é um argumento superficial. As coisas que os negociantes compram e vendem são particulares. Mas é somente por causa das deficiências das técnicas reprodutivas que identificamos essas coisas com as obras de arte. Não fossem essas deficiências, o original de uma pintura teria somente o interesse que pertence ao manuscrito original de um poema. Pessoas diferentes poderiam olhar exatamente a mesma pintura em diferentes lugares ao mesmo tempo, assim como diferentes pessoas podem ouvir exatamente o mesmo quarteto em momentos diferentes no mesmo lugar.

maneiras distintas, embora não mutuamente exclusivas, nas quais um não particular pode estar bem enraizado. Ele pode estar bem enraizado porque as dificuldades da paráfrase reducionista são relativamente grandes; ou ele pode estar bem enraizado porque o zelo pela paráfrase reducionista é relativamente pequeno. Podemos falar do enraizamento lógico e do psicológico. Certamente, eles não andam sempre juntos. Pode-se ilustrar a ideia considerando o caso interessante das orações nominais encabeçadas pela conjunção "que". Às vezes, consideramos e, talvez, falamos do que elas introduzem como fatos; outras vezes, não nos comprometemos dessa maneira. Filósofos, buscando uma palavra geral para itens que podem ser introduzidos dessa maneira, uma palavra que não nos comprometa da maneira como a palavra "fato" nos compromete, usaram a expressão "proposição". Claro, podem-se introduzir igualmente fatos e proposições, não somente por serem especificados em uma oração "que", mas também de outras maneiras. Não há razão para supor que fatos são mais bem enraizados logicamente do que proposições. Mas há toda razão para supor que fatos são mais bem enraizados psicologicamente do que proposições. Uma familiaridade muito pequena com os escritos filosóficos atuais basta para remover qualquer dúvida a esse respeito.

O caso dos fatos é muito especial e não me demorarei nele. Voltaremos a ele quando considerarmos a questão geral das razões para a pressão reducionista sobre não particulares. Consideremos outros casos de não particulares bem enraizados, a saber, aqueles aos quais estendi o título de "tipos". Seria satisfatório, do ponto de vista da teoria dos capítulos precedentes, se os itens em pauta satisfizessem mais do que

Indivíduos

as condições mínimas de analogia com particulares. A analogia, no caso de coisas como composições musicais, tipos de carros, tipos de bandeiras etc., é de fato particularmente rica. Com efeito, poder-se-ia dizer que um modelo apropriado para não particulares desses tipos é o de um *modelo particular* – uma espécie de protótipo, ou exemplo ideal, ele próprio particular, que serve como regra ou padrão para a produção de outros particulares. O modelo platônico para não particulares em geral – uma forma ideal da qual exemplos são cópias mais ou menos exatas ou imperfeitas – é, nesses casos, um modelo apropriado, embora se torne absurdamente inapropriado se generalizado para cobrir não particulares como um todo. Os não particulares aqui em pauta são tais que seus exemplos são artefatos. Mas os conceitos em análise, ao contrário de outros artefatos como mesas e camas, não são apenas amplamente funcionais. Antes, para produzir um exemplo, devemos nos conformar mais ou menos de perto a especificações mais ou menos exatas. Descrever completamente um não particular desse tipo é *especificar* um particular com um alto grau de precisão e de elaboração interna.

É claro, nem todos os não particulares bem enraizados exibem esse tipo de relação com particulares. Números não exibem. Nem proposições. Mas há outras maneiras pelas quais as coisas podem exibir analogias com particulares além de serem como que modelos de particulares. Particulares têm seu lugar no sistema espaçotemporal ou, se não tiverem seu lugar próprio nele, são identificados por referência a outros particulares que o têm. Mas não particulares também podem estar relacionados e ordenados entre si; eles podem formar sistemas; e a estrutura desse sistema pode adquirir um tipo

de autonomia de modo que membros adicionais são essencialmente identificados pela sua posição no sistema. O vocabulário no qual descrevemos essas relações não empíricas atesta
suficientemente que elas são amiúde concebidas por analogia
com relações espaciais ou temporais. Mas esse detalhe da analogia é comparativamente pouco importante exceto como sin-
toma. O que é importante é a possibilidade desses sistemas
de relações. Quanto mais exploramos essas possibilidades,
mais bem enraizados logicamente se tornam os não particulares em pauta e mais logicamente seguro se torna o reino de
indivíduos aos quais conferimos um ser.

Esses itens não particulares que são chamados mais comumente "tipos" na filosofia, a saber, palavras, frases etc., estão
bem enraizados nas duas maneiras aludidas. Pode-se pensar a
palavra-tipo, de um lado, como um *exemplar* para seus próprios
espécimes físicos (particulares) e, de outro, como uma unidade de significado, um membro governado por regras de um
sistema de linguagem.

[3] Argumentei, em um capítulo anterior, que particulares
são os sujeitos lógicos paradigmáticos, que uma expressão
que faz, ou pretende fazer, uma referência identificadora a um
particular é o paradigma de uma expressão sujeito lógica. Se
é assim, o fato pode parecer por si mesmo suficiente para
explicar o zelo nominalista pela paráfrase reducionista de frases nas quais somente em aparência se faz referência a não
particulares. Um sentido insuficientemente refletido da posição preeminente de particulares entre os sujeitos lógicos e,
talvez, também dos particulares básicos entre os particulares,
pode gerar a ideia de que os particulares, e talvez até mesmo

os particulares básicos, são os únicos sujeitos lógicos verdadeiros. Ele pode nos levar a pensar que, se admitirmos, sem reservas, o direito de não particulares ao estatuto de sujeitos lógicos, nós os investiremos dessa maneira com um caráter que eles não têm e nos iludiremos com mitos. Sem dúvida, alguns filósofos se iludiram com mitos, investiram os não particulares com um caráter que eles realmente não tinham. Há o zelo platônico bem como o zelo nominalista. Mas o zelo de ambos os tipos é inapropriado. Se entendermos por completo as analogias que sustentam a estrutura de nossa linguagem, não nos converteremos, em qualquer uma das duas maneiras, em ingênuos zelosos.

Há, contudo, características adicionais nessa situação dialética que precisam de explicação. Uma ideia mediadora que está sempre presente em argumentos do tipo recém-mencionado é a ideia de *existência*. Diz-se que a questão sobre se devemos aceitar ou não que não particulares gozem do estatuto de sujeitos lógicos é a mesma questão sobre se estamos comprometidos com reconhecer ou não a sua *existência*, com reconhecer que existem essas *entidades*. Qual é, pode-se perguntar, a conexão aqui? Pode-se obter um certo tipo de resposta se se segue a lógica atual sem refletir. No que lhe diz respeito, sempre que se afirma alguma coisa da forma "Fx", então se pode inferir a afirmação correspondente da forma explicitamente existencial "$(\exists x)Fx$". As expressões sujeito podem, e expressões predicado não podem, ser substituídas por variáveis de quantificação existencial. E uma vez que se deve ler "$(\exists x)Fx$" como "Existe alguma coisa que F", segue-se que uma coisa à qual se pode referir por uma expressão sujeito lógica é o tipo de coisa que podemos dizer que existe e vice-versa.

Ora, essa resposta pode bem parecer, pelo menos à primeira vista, estranhamente arbitrária. Ela suscita duas questões que, em alguma medida, estão em conflito entre si: (1) Por que são sempre as expressões sujeito que dão lugar ao aparato de quantificação e nunca as expressões predicado? (2) Admitido que se pode responder satisfatoriamente a (1), por que deveríamos interpretar a frase quantificada resultante da maneira recomendada?, isto é, por que deveríamos interpretá-la como se fizesse uma afirmação em favor de alguma coisa a que se pode referir em uma frase sujeito-predicado em vez de em favor de alguma coisa que pode ser predicada nessa frase? Podemos completar essas questões da seguinte maneira. (1) Somos convidados a pensar uma afirmação existencial como uma afirmação que é implicada por qualquer membro de um âmbito de proposições com sujeitos variáveis e um predicado constante e que ela própria contém esse mesmo predicado. Mas podemos facilmente formar a ideia de um âmbito de proposições com predicados variáveis e um sujeito constante. Não podemos, do mesmo modo, formar a ideia de uma proposição implicada por qualquer membro *desse* âmbito e ela própria conter esse mesmo sujeito? Qual é a razão para esse caráter unilateral da imagem do lógico? (2) Admitido que se pode responder a primeira questão satisfatoriamente, outra surge. Lemos "$(\exists x)Fx$" como "Existe alguma coisa que F". Mas o que nos obriga a essa leitura? Por que não poderíamos, fazendo as correções que possam ser gramaticalmente necessárias, lê-la como "F' existe", em que "F'" é uma expressão substantiva singular que designa a propriedade predicada na proposição original?

Indivíduos

Tratemos a primeira questão recordando o paradigma de uma afirmação sujeito-predicado. No caso simples, é uma afirmação em que um termo particular e um termo universal são ambos introduzidos de maneira identificadora, de modo que o primeiro aparece como sujeito e o último, como predicado. Se considerarmos a afirmação existencialmente quantificada em relação a esse caso simples, é fácil entender a unilateralidade da imagem do lógico. Considerando "Sócrates" como nossa expressão sujeito e "é sábio" como nossa expressão predicado, e seguindo o modelo de Russell para o tratamento das afirmações existencialmente quantificadas, podemos formular nossa primeira questão como segue: por que, com base em "Sócrates é sábio", temos

(1) "(... é sábio) é algumas vezes verdadeira"

mas não

(2) "(Sócrates...) é algumas vezes verdadeira"?

Ora, as expressões sujeito e predicado de nossa afirmação simples identificam igualmente os termos que introduzem. Mas, como mostrado no Capítulo 6, as condições de se fazer isso são diferentes. A expressão "é sábio", ao introduzir seu termo, não comporta pressupostos empíricos; ela identifica seu termo para nós, quer conheçamos alguém que seja sábio, ou nele pensemos, quer não. Por conseguinte, (1) representa uma parte genuína da informação empírica transmitida pela afirmação como um todo. "Existe alguém que é sábio" faz uma afirmação empírica genuína que se segue da afirmação

Peter F. Strawson

"Sócrates é sábio". Mas uma condição para que a expressão referencial "Sócrates" desempenhe o *seu* papel é que um fato ou fatos empíricos pressupostos devam ser conhecidos pelo usuário ou ouvinte. Logo, não há como interpretar (2) de modo que permita que "Sócrates" tenha o papel de uma expressão referencial. Poderíamos interpretar (2) como se enunciasse, com efeito, que Sócrates existe e que se satisfazem as pressuposições de um determinado uso referencial de "Sócrates", mas, nesse caso, não podemos também considerar que "Sócrates" tem esse uso referencial em (2). Se, de outro lado, tentamos interpretar que "Sócrates" já tem esse uso em (2), então não se pode interpretar (2) como se fizesse alguma afirmação; tudo o que tenta dizer já é pressuposto pelo uso referencial de "Sócrates". Pelo menos para o âmbito de afirmações sujeito-predicado que estamos considerando, portanto, deve ser o caso em que a lacuna dentro dos parênteses na forma russelliana derivada é sempre tal que uma expressão referencial pode preenchê-la, e nunca tal que uma expressão predicado possa preenchê-la. Na transição da forma russelliana para a forma (quantificada) explicitamente existencial, são essas lacunas que são substituídas pelas variáveis de quantificação existencial.

Temos, então, uma resposta para a nossa primeira pergunta. A unilateralidade da imagem do lógico é bastante inteligível. Se, seguindo Russell, temos de explicar as afirmações de existência em termos da ideia da verdade de uma afirmação sujeito-predicado e se temos de considerar, como o modelo de uma afirmação sujeito-predicado, aquele no qual se predica um universal de um particular, então é claro que devem ser expressões referenciais, e não expressões predicado, que dão

Indivíduos

lugar ao aparato da afirmação existencial. Não se pode unir de maneira inteligível esse aparato a expressões referenciais que podem ocorrer no tipo modelo de afirmação sujeito--predicado. Nem essa regra está confinada ao tipo fundamental de afirmação sujeito-predicado. Uma vez concedido o critério categorial para a distinção sujeito-predicado, *junto com todas as extensões analógicas desse critério*, ela vale para todo o âmbito resultante de afirmações sujeito-predicado. Para formular a ideia de maneira simplificada. Nunca é uma novidade que um item já identificado, de qualquer tipo, tenha *alguma* (não especificada) propriedade ou outra, isto é, caia em *algum* (não especificado) princípio ou outro de reunião de coisas semelhantes; sempre é uma novidade que alguma coisa ou outra não especificada tenha uma propriedade já identificada, isto é, caia em um princípio de reunião de coisas já identificado. Nunca se pode considerar o primeiro como parte do que se assere por uma proposição na qual se vinculam assertivamente uma coisa identificada e um princípio de reunião identificado dessas coisas semelhantes, mas o último é sempre parte do que se assere por meio dessa proposição.[8]

Mas essa resposta à primeira questão somente torna a segunda mais urgente, pois por que deveríamos pensar que a força de (1), isto é, de

---

8 Aqui, então, temos a explicação, e a justificação, da doutrina considerada, e arquivada, na Parte II, Capítulo 5, p.220-2. Mas agora vemos que a justificação repousa no caráter fundamental da distinção sujeito-predicado e suas extensões analógicas. A doutrina não pode ser usada para explicar a natureza da distinção, mas é explicada por ela.

331

Peter F. Strawson

"(... é sábio) é algumas vezes verdadeira"

é mais bem interpretada por "Existe alguém que é sábio" do que por "A sabedoria existe"? Ou, para formulá-la de outra maneira, por que, quando digo que Sócrates é sábio, se deve considerar que estou comprometido com a ideia de que existe uma coisa tal como um homem sábio, mas não com a ideia de que existe uma coisa tal como a sabedoria? Sem dúvida, tendo dito que Sócrates é sábio, não posso consistentemente dizer em seguida que não há ou não existem homens sábios, mas tampouco posso consistentemente dizer depois que não há ou não existe uma coisa tal como a sabedoria.

Ainda não se estabeleceu, portanto, a conexão — ou, antes, a exclusividade da conexão — entre ser o tipo de coisa que aparece como um sujeito lógico e ser o tipo de coisa em favor da qual se afirma a existência. Temos de considerar qual razão adicional podemos encontrar para insistir na exclusividade dessa conexão. Aqui, de novo, devemos voltar à forma fundamental da proposição sujeito-predicado e ao contraste entre as condições em que seus elementos referenciais e predicativos introduzem seus termos. Descobrimos um resultado um tanto curioso. Enquanto confinarmos nossa atenção ao que se pode razoavelmente chamar de *seguir-se de* uma tal proposição, na maneira de afirmações existenciais, parece não haver razão para preferir a afirmação empírica de que existe algum exemplo do termo predicado à afirmação empírica de que o termo predicado existe, pois essas são justamente formulações alternativas da mesma afirmação. Mas se passarmos da questão do que é implicado pela afirmação como um todo para a questão do que se pressupõe pelo uso

Indivíduos

de suas partes introdutórias de termos, a situação muda. A expressão sujeito, introduzindo um particular, comporta uma pressuposição de fato empírico definido; a expressão predicado, introduzindo um universal, não o comporta. Eis aqui uma assimetria a respeito de afirmações existenciais *pressupostas* que pode ser a razão da preferência por um modo de afirmação existencial *implicada* sobre a outra. Mas como essa assimetria pode ser uma *boa* razão para essa preferência? O que as pressuposições das partes da afirmação têm a ver com o modo de expressão das implicações da afirmação como um todo? Ora, poderíamos pensar que é uma boa razão justamente porque já estávamos determinados a casar a noção de existência ao fato empírico — a matéria última com a qual temos de lidar — e, portanto, àqueles itens, a saber, particulares, cujas designações necessariamente apresentam ou pressupõem fatos empíricos. Não digo que essa determinação não é natural, somente que devemos notá-la. Uma vez notada, ela explica tanto a associação entre existência e sujeitos lógicos — pois os particulares não são os sujeitos lógicos paradigmáticos? — e, ao mesmo tempo, o impulso para eliminar não particulares da esfera dos sujeitos lógicos. O filósofo que sucumbe a esses impulsos não está, contudo, em uma posição muito confortável. Seu lema implícito é o de Locke: "Todas as coisas que existem são somente particulares". É por essa razão que, enquanto pensar somente no tipo fundamental da proposição sujeito-predicado, ele se sentirá capaz de asserir que os tipos de coisas que se dizem existir são justamente coisas do tipo que aparecem como sujeitos lógicos nas proposições sujeito-predicado. Mas essa associação, uma vez feita, luta contra seus motivos para

Peter F. Strawson

fazê-la, pois nenhum impulso para eliminar todos os sujeitos particulares jamais se aproxima do sucesso.

[4] Há, contudo, outra maneira, menos carregada do ponto de vista metafísico, de ver a reconstrução do lógico, por meio de quantificadores, do conceito de existência e, portanto, a associação entre existência e sujeitos lógicos. A ideia crucial é a exigência de que o aparato da afirmação existencial explícita deve ocupar nas frases o mesmo lugar que as expressões sujeito lógicas podem coerentemente ocupar. Pode-se ver essa exigência como o resultado de um desejo altamente respeitável de trabalhar com um conceito *formal* e *unívoco* de existência. Aqui, uma vez mais, é melhor começar com o caso de termos *particulares*. Como já vimos,[9] quando uma expressão que parece que poderia ser usada para fazer uma referência identificadora a um particular (ou, quanto a isso, a uma pluralidade de particulares) é seguida em uma frase pela palavra "existe" (ou "existem"), não podemos coerentemente considerar que a primeira expressão funciona de uma maneira referencial para particulares, isto é, que faz uma referência identificadora a um particular (ou a determinados particulares). Tentar fazer isso tornaria a frase ininterpretável. Antes, devemos considerar que ela assere a pressuposição de existência do uso da expressão em pauta de uma maneira referencial para particulares. Felizmente, há expressões idiomáticas disponíveis que nos permitem escapar das sugestões enganadoras da forma descrita e essas são as expressões idiomáticas que são reconstruídas na lógica pelo expediente da quantificação

---

9 P.317-8.

Indivíduos

existencial. A expressão que parece que poderia ser usada de uma maneira referencial para particulares é substituída por uma expressão predicado correspondente a ela no sentido e a palavra "existe" aparece meramente como parte do aparato de quantificação. Assim, admitimos que se possa dizer que os particulares existem sem nos comprometer com a tentativa incoerente de interpretar a existência como um predicado de particulares.

Ora, dessa manobra resulta que a palavra "existe" aparece somente como parte de uma expressão que poderia, como um todo, ser substituída pela expressão sujeito lógica. Aqui, as possibilidades de generalização começam a aparecer. Sem dúvida, nos casos recém-mencionados, a expressão sujeito lógica teria de ser a designação de um particular. Mas pode-se caracterizar a estrutura geral da frase sem essa limitação. Nessa estrutura, temos a fabricação de um conceito de existência completamente geral, formal e unívoco. Toda afirmação sujeito-predicado implica a afirmação na qual se substitui a expressão sujeito pelo aparato da afirmação existencial, isto é, por "Existe alguma coisa que...". Inversamente, para toda afirmação verdadeira do último tipo, poder-se-ia em princípio formular pelo menos uma afirmação verdadeira na qual uma expressão sujeito identificadora de termos substitui o aparato da afirmação existencial. A concepção resultante tem muitos méritos. Ela é explicável de maneira totalmente formal recorrendo às ideias de um sujeito e de um predicado lógicos. Não é de maneira nenhuma restritiva quanto às categorias de coisas que se pode dizer que existem, pois, como notei no começo deste capítulo, não há nada de que possamos falar que não possa aparecer como um sujeito lógico. Do mesmo modo, essa concepção corresponde satisfatoriamente ao emprego ordinário de expressões como "Existe(m) alguma(s) coisa(s) que...", "Existe(m) um tal e tal (tais e tais) que..." etc., pois essas são expressões que estamos preparados para usar, e de fato usamos, com relação a itens de todo e qualquer tipo ou categoria. Mas, é claro, enquanto temos esses motivos, e vemos esses méritos,[10] na adoção dessa concepção de existência, não teremos inclinação para ceder ao impulso reducionista de diminuir o campo dos sujeitos lógicos. A raiz da concepção ainda se encontra, sem dúvida, nas características do tipo fundamental de proposição sujeito-predicado no qual o sujeito lógico é um particular. Mas a sua flor é uma ideia puramente formal, separada do compromisso ou preferência categorial e esquematizada na própria lógica formal.

Tendo estabelecido essa concepção, podemos, sem prejuízo ao seu caráter unívoco, admitir a possibilidade de outra formulação de toda afirmação existencialmente quantificada e, com isso, a possibilidade de outro uso da palavra "existe", um uso que é igualmente unívoco ao longo de todo o âmbito de suas aplicações. Isto é, podemos reconstruir toda proposição assim quantificada como uma proposição sujeito-predicado na qual o sujeito é uma propriedade ou conceito e na qual o predicado declara, ou nega, sua exemplificação. (Isso se aplica tanto a proposições quantificadas nas quais se declara ou se nega que um único particular existe quanto a quaisquer outras, pois pode-se interpretar essa proposição como uma proposição que assere ou que nega que uma determinada

---

10 Não digo que não existam outros méritos. O lógico formal descobrirá muitos outros.

Indivíduos

propriedade complexa, ou conceito, é unicamente exemplificada.) Construções como essas também têm seus paralelos com a fala ordinária, como quando alguém diz que a santidade *existe* ou até que *existe uma coisa como* a santidade, e quer dizer com isso o mesmo que queremos dizer quando dizemos que existem, ou há, pessoas santas. Porque se encontram os dois tipos de construção e porque as expressões "existe" e "há" podem ocorrer em ambas, há, talvez, alguma possibilidade de confusão. Mas esse uso duplo dessas expressões não levanta dificuldades na prática e não há razão pela qual ele deveria nos perturbar na teoria, se estivermos bem conscientes dele. Poder-se-ia até, em um só fôlego, afirmar a existência em um desses usos e negá-la no outro, sem qualquer obscuridade muito grande, por exemplo, se se dissesse, querendo talvez falar da santidade, "*Há uma condição* a que nem mesmo o melhor de nós chega, uma condição *que realmente não existe*". Poderíamos distinguir de modo razoável esses usos como o uso não predicativo e o uso predicativo, respectivamente. É, claro, o primeiro que se reconstrói no aparato lógico de quantificação. O uso não predicativo tem aplicação em conexão com qualquer tipo de coisa, o uso predicativo somente em conexão com conceitos e propriedades. Mas cada uso permanece unívoco ao longo de todo o âmbito de suas aplicações.

Meu propósito nestas duas últimas seções não foi acrescentar alguma coisa à teoria sobre o tópico da existência, nem de entrar em qualquer detalhe, mas de reorganizar alguns pensamentos familiares com um propósito explicativo particular. Um tratamento completo do assunto exigiria muitas qualificações do que eu disse e, em particular, uma extensão adicional da ideia de usar "existir" de maneira predicativa.

Peter F. Strawson

[5] Não tratarei em detalhe de certos assuntos subsidiá-rios, mas gostaria de mencioná-los antes de concluir.

(I) *Afirmações de identidade*. Poderia parecer que, segundo meus princípios, proposições dessa classe suscitam dificul-dades de classificação. Nessas afirmações, temos duas expres-sões definidamente identificadoras: assere-se o que é referido por uma como idêntico ao que é referido pela outra. Se temos de tratar essa afirmação como uma afirmação sujeito-predi-cado, parece que cada expressão referencial tem o direito de ser considerada como uma expressão sujeito. Até aqui, o caso é similar àquele de uma frase relacional ordinária. Mas, em uma afirmação relacional ordinária, a expressão formada ao considerar a expressão introdutora de universais em conjun-ção com uma das expressões referenciais normalmente terá o tipo de incompletude que a qualifica para ser classificada como uma expressão predicado ou, pelo menos, será análoga a uma expressão desse tipo.[11] Nesse ponto, a semelhança termina. Não se pode dizer que a expressão da forma "N é idêntico a", ou "é idêntico a N", tem esse tipo de incomple-tude. Não pode ser o caso que "N" tenha uma referência e que nada seja idêntico a N. Assim, "é idêntico a N" tem o mesmo tipo de completude que "N". Então, nenhuma parte

---

11 Nem todas as expressões predicado em afirmações relacionais ordinárias terão o tipo de incompletude em questão. Não pode, talvez, ser o caso simultaneamente, tanto quando "N" se refere a uma pessoa, como quando se afirma que ninguém gerou N. Assim, "gerar N" tem o mesmo tipo de completude que "N". Mas *gerar* é um universal genuíno, reunindo pares de termos segundo um princípio de semelhança. Assim "gerou N" tem esse grau de analogia com, por exemplo, "golpeou N".

da frase se qualifica para ser classificada como uma expressão predicado.

É claro, podemos dizer que afirmações de identidade são uma classe distinta de afirmações, que não devem ser assimiladas a afirmações sujeito-predicado. Contudo, poderíamos às vezes achar conveniente classificar "é idêntico a N" como uma expressão predicado, como o critério gramatical nos convida a fazer. Não é difícil ver uma justificativa para fazer isso, ou seja, indicar passos que tornam a transição, a extensão, algo fácil. Podemos notar, para começar, que se "φ" é uma expressão predicado padrão, é uma extensão bastante fácil considerar "unicamente φ" ou "é o único que φ" como uma expressão predicado, uma vez que, embora abandonemos dessa maneira a ideia de um princípio de reunião de coisas semelhantes, nós não abandonamos desse jeito a ideia de incompletude, pois talvez nada seja unicamente φ. Ora, eu enfatizei muitas vezes que expressões introdutoras de particulares comportam uma pressuposição de fato empírico, na forma de proposições, conhecidas dos usuários da expressão, que bastam para identificar o particular em pauta. Às vezes, a relação entre a pressuposição empírica e a expressão introdutora pode ser particularmente próxima. Suponhamos que se use uma expressão da forma "O homem que φ" na presença de um ouvinte que sabe de antemão somente um fato individuador relevante (a saber, que há exatamente um homem que φ), e que não está, tanto quanto ele sabe, em condição de asserir quaisquer outras proposições sobre o particular assim identificado. Suponhamos agora que o que se diz ao ouvinte é que "N é idêntico ao homem que φ", em que "N" é o nome de um particular que é familiar para o ouvinte. Então, a força dessa proposição para o ouvinte não difere em nada daquela da afirmação indubitavelmente sujeito-predicado "N unicamente φ". O que torna adequada a forma escolhida de palavras, a forma de uma afirmação de identidade, é simplesmente o conhecimento que o falante tem do conhecimento que o ouvinte tem de que *alguém* unicamente φ. Insistir em uma classificação rígida que excluísse uma afirmação de identidade como essa da classe de afirmações sujeito-predicado pareceria artificial. Mas, uma vez que se admite esse caso, não é fácil ver razões para não estender a classificação a fim de cobrir outros casos de afirmações de identidade sobre particulares, pois as diferenças entre outros casos e esse caso são diferenças de grau. Uma vez que se admite o caso para afirmações de identidade sobre particulares, então, apesar das diferenças, a analogia pode nos levar a admiti-lo para afirmações de identidade sobre não particulares também. Dever-se-ia notar que, ao assim estender uma classificação, de maneira nenhuma apagamos ou negamos uma distinção: podemos ainda distinguir entre afirmações que são afirmações de identidade e afirmações que não o são.

(2) *Expressões sujeito plurais*. Desenvolvi toda a argumentação tendo em vista as expressões sujeito singulares. Em parte, isso é uma deferência aos sistemas atuais mais conhecidos de lógica formal, que não proveem mais nada. É um fato familiar, contudo, que existem analogias lógicas poderosas entre aquelas expressões substantivas singulares que se qualificam como expressões sujeito e determinadas expressões substantivas plurais. Decerto, essas analogias são adequadas para justificar alguma extensão das noções com as quais nos ocupamos para

Indivíduos

o reino das frases gramaticalmente plurais com as quais, de fato, elas estavam tradicionalmente associadas de maneira muito próxima. Mas essa é uma questão de que eu tratei em outro lugar[12] e não vou discuti-la aqui.

(3) *Referência, predicação e proposições.* Poder-se-ia sentir que é um defeito do meu tratamento no Capítulo 5 que a noção de predicação esteja confinada exclusivamente a proposições, coisas que são verdadeiras ou falsas. Admite-se que a referência ocorre em tipos não proposicionais de construção, como comandos e compromissos, que certamente não são verdadeiros ou falsos. E não existe um sentido em que o *conteúdo* total de um comando pode ser o mesmo que o de uma proposição? Essas ideias pelo menos sugerem que há lugar para uma noção generalizada de predicação, uma noção de predicação em geral como alguma coisa da qual a predicação proposicional é meramente uma espécie. Se admitirmos essa noção generalizada de predicação, poderá parecer uma fraqueza, ou pelo menos um provincianismo, na minha explicação que esta comece selecionando a presença de uma forma verbal meramente proposicional como um dos critérios de uma expressão predicado. Essa explicação, poder-se-ia sentir, pelo menos não é completamente geral e corre o risco de colocar inteiramente mal o problema. Essa objeção nos traz ao umbral de muitas questões de grande interesse, as quais não discutirei. Como uma objeção, contudo, é facilmente respondida. Admitamos a ideia dessa noção mais geral de predicação. Admitamos, por exemplo, que um comando e uma proposição podem ter o mesmo conteúdo e que, quando o têm, os mesmos elementos de referência

---

12 Ver P. F. Strawson, *Introduction to Logical Theory*, Capítulo 6.

e predicação, nesse sentido geral, ocorrem em ambos. Que nome daremos ao resultado da referência e predicação aqui, à coisa unificada resultante? Chamemo-la de um pensamento. Não podemos dizer que pensamentos têm um valor de verdade, pois somente proposições o têm, e o pensamento é alguma coisa que pode ser comum a, digamos, uma proposição, um comando, um compromisso. Mas, assim como é a natureza de uma proposição ser verdadeira ou falsa, também está na natureza do comando ser obedecido ou desobedecido e na natureza do compromisso ser honrado ou desonrado. Assim, talvez, possamos dizer que o pensamento tem um valor de preenchimento: um valor de preenchimento positivo, se a proposição for verdadeira, o comando, obedecido, ou o compromisso, honrado; um valor de preenchimento negativo, se a proposição não for verdadeira, o comando não for obedecido e o compromisso não for honrado. Ora, devemos observar, primeiro, que as indicações proposicionais que considerei como uma marca de uma expressão predicado, porque indicam o liame *proposicional* dos termos do pensamento, são necessariamente também indicações de alguma coisa mais geral. Elas indicam que um determinado modo de expressão de uma coisa unificada, um pensamento, se apresenta a nós e, dessa maneira, indicam o fato mais geral de que uma coisa unificada, um pensamento, e não uma lista, se apresenta a nós. O simbolismo proposicional, porque simboliza um modo específico de copulação, também simboliza, de um modo específico, a copulação em geral. Em seguida, devemos perguntar quão exatamente devemos entender a distinção entre referência e predicação no sentido generalizado que concedemos provisoriamente à última palavra. Se se deve entender a distinção

Indivíduos

somente em sua relação com o critério categorial do Capítulo 5, como explicado e corroborado pela antítese completude-incompletude do Capítulo 6, então a generalização da noção de predicado não faz nenhuma diferença importante para a nossa explicação. Ela meramente torna a primeira parte do Capítulo 5 um tanto supérflua, exceto, talvez, como uma maneira possível de introduzir o tópico. Se, de outro lado, tem de haver alguma marca ou critério de distinção adicional entre referência e predicação generalizada, então devemos investigar qual é esse critério adicional e é difícil ver que outra coisa poderia ser senão uma diferença na localização do simbolismo copulativo, isto é, do simbolismo que mostra que o que se apresenta a nós é um pensamento unificado, e não uma lista. Mas, se essa é a resposta, então, uma vez que não há simbolismo copulativo universal único para pensamentos em geral,[13] não pode haver objeção a levar a discussão adiante sob a ótica do simbolismo copulativo daquele modo de apresentação de pensamentos que é, filosoficamente falando, o mais

---

13 Em um grande número de frases, orações ou expressões que apresentam um pensamento, o que quer que indique que um pensamento se apresenta, e não uma lista, também dá pelo menos alguma indicação do modo de apresentação (imperativo, proposicional etc.) do pensamento. Nem sempre é assim, contudo, e podemos talvez imaginar uma linguagem em que nunca é assim. Filósofos usaram, às vezes, expressões referenciais seguidas por expressões participiais (por exemplo, "João estando a ponto de se casar") para tentar dar forma a essa possibilidade. Poder-se-iam sugerir outros expedientes: por exemplo, poderia considerar-se o que é *de fato* a forma geral de uma oração proposicional (por exemplo, "que João está a ponto de se casar") simplesmente como a forma geral para a apresentação de um pensamento, a ser precedida por um operador para indicar o modo no qual se apresenta.

significativo e difundido, a saber, o modo proposicional. Esse modo de predicação pode permanecer como o caso representativo e o mais importante da predicação em geral. Se isso é provincianismo, então não me importo de ser provinciano.

Conclusão

É hora de reunir as coisas em um resumo. No começo deste livro, eu estava preocupado em acentuar a posição central entre os particulares ocupada pelos corpos materiais. Estes apareceram como os particulares básicos do ponto de vista da identificação. Depois, acrescentei a eles a categoria das pessoas, como básica de uma maneira diferente, embora relacionada. A admissão dessa categoria como primitiva e não derivada apareceu como uma condição necessária de nosso pertencimento a um mundo não solipsista. Dado, então, que nosso esquema das coisas inclui o esquema de um mundo espaçotemporal comum de particulares, parece que se deve conceder um lugar central entre os particulares aos corpos materiais e às pessoas. Esses devem ser os particulares primários. Na última parte do livro, eu estava preocupado com a tarefa mais geral de tentar explicar a posição central ocupada pelos particulares entre os indivíduos no sentido lógico e mais amplo dessa palavra. Descobri que os particulares ocupam uma posição central entre os sujeitos lógicos porque o particular era o paradigma de um sujeito lógico. Considerando juntos esses dois resultados, obtivemos, talvez, uma explicação racional da posição central dos corpos materiais e das pessoas entre os indivíduos, isto é, entre as coisas em geral. Notei também, e em parte expliquei, a estreita conexão entre

Indivíduos

a ideia de um indivíduo no sentido lógico e a ideia de existência, daquilo que existe, de modo que talvez se possa dizer que se descobriu alguma razão na ideia de que pessoas e corpos materiais são o que primariamente existe. Parece não haver dúvida de que essas coisas das quais tentei dar uma explicação racional são, em um sentido, crenças, e crenças teimosamente sustentadas, de muitas pessoas em um nível primitivo de reflexão e de alguns filósofos em um nível mais sofisticado de reflexão, embora muitos outros filósofos, em um nível talvez ainda mais sofisticado, as rejeitaram ou pareceram rejeitá-las. É difícil ver como se poderia argumentar a favor dessas crenças, exceto mostrando sua consonância com o esquema conceitual com o qual operamos, mostrando como elas refletem a estrutura desse esquema. Assim, se a metafísica é a descoberta de razões, boas, más ou indiferentes, para o que acreditamos com base no instinto, então isto foi metafísica.

Índice analítico

ação, agentes 118, 124

ações 126, 157-8, 250

afirmações de identidade 224, 338-40

"alguma coisa" 220, 222

anjos 176n

anos 67

argumentos transcendentais 57

Aristóteles 13, 15, 232, 240n

armação espaçotemporal, sistema espaçotemporal 35-6, 41-2, 76-8, 165, 187

arte, obras de 323

artefatos 325

asserção 202-5, 210-3

atribuição 196-7; *ver também* predicação

    estados de consciência 126 ss

Berkeley 13

Bradley 236

calendários 35

categorias 55, 64, 79-80, 83, 216, 226-7, 234-5, 243

ceticismo 46-8, 109, 151, 154

coisas-processo 79-80

comandos 210, 341-2

"completude" 215-6, 226, 263-7, 270, 274, 294-7, 299-302, 313-4, 320, 338-9, 343

comportamento filosófico 155

compromissos 211, 341-4

conceitos 178-85, 317-20, 337

"conceitos" (Frege) 201, 214-5

condições 65 ss

consciência

    individual 145-6, 161-4, 170, 175-8, 184-9

    não solipsista 97, 101-2, 114-20, 124

    solipsista 97

contar 236

Cook Wilson 203, 237

corpo pessoal 126 ss, 187

corpos materiais 55-6, 61, 64, 73, 75-81, 83-9, 344-5
"critério categorial" 235-52, 253, 264-5, 343
"critério gramatical" 195-235, 243-52, 253, 263-4

dados dos sentidos 58
demonstrativos 27, 42, 59, 165-70, 174, 185-6
   adverbiais de espaço e de tempo 301-2, 305, 309
dependência da identificabilidade 23-5, 57 ss
Descartes 13, 55, 127, 133-5, 138, 142-3, 149-50
descorporificação 147, 162-4
descrições
   identificadoras 27 ss, 255
   indefinidas 223
   individuadoras puras 37-8
   logicamente individuadoras 37-8
   Teoria das (Russell) 237*n*
Deus 170, 177-8
dias 67
distância 105
distinção, critérios de 286, 306-7
dualismo 138 ss

ego 136 ss; *ver também* consciência
espaço 31 ss, 87-9, 91-3, 110-4, 166-7, 171-6, 187; *ver também* lugares
espécie 22, 316, 322
estados 64 ss
   de consciência 86, 126 ss, 189
estilo assertivo 210 ss

"eu" 115*n*, 132, 134*n*, 139, 146, 148, 153, 189
eventos, acontecimentos 65 ss, 237*n*
   mentais 57 ss; *ver também* experiências, consciência
existência 327-37
experiência
   auditiva 91 ss, 123-6
   perceptiva 127 ss
   visual 91, 111-3, 127-30
experiências privadas 57-61, 85-6, 134 ss
expressões
   nominais 207 ss; *ver também* expressões substantivas
   substantivas, estilo substantivo 193, 207-8, 214-5, 220, 222-5, 246-7, 317-21, 328
   verbais 207 ss

"fatias" 291-2, 313
fatos 294-8, 324, 333
   atômicos 297
   individuadores 32-40
   pressupostos; *ver* pressuposições
forma 290, 305
frases 322, 326
Frege, G. 197, 200-2, 208, 213-6, 219, 223, 227, 264, 319*n*
funções proposicionais 317, 330-1
   estilo, simbolismo 210 ss, 263-4, 298, 341-4

Geach, P. T. 201-6, 208, 213-4, 216, 219
gramática 209 ss, 301-2
grupos 160-1

Indivíduos

harmonia preestabelecida 181, 184
história 25, 34, 180
Hume 13, 46, 48, 145-6, 188

Identidade dos Indiscerníveis 169, 176, 179, 184
identidade
pessoal 187
qualitativa e numérica 47-8, 98
identificação *ver também* reidentificação
de lugares 52-3
de lugares e tempos 301 ss
de particulares 21-81, Parte I *passim*, 254 ss
demonstrativa 27-31, 71
relativa 25-6, 33-5
"incompletude" *ver* "completude"
individuação 28 ss, 170 ss; *ver também* descrições, fatos, identificação
indivíduos 316 ss; *ver também* sujeitos lógicos
"Introdução"
de termos 205 ss, Parte II *passim*
de tipos de termos 273, 278-94
estilos de 207 ss

"jogo de nomear" 289-91
Johnson, W. E. 194, 213

Kant 13, 15, 87-8, 115*n*, 146, 168, 188

Leibniz 13, 165-86
Lichtenberg 134*n*
"localização direta" 27 ss, 63-4, 74

Locke 55, 62, 117, 333
lugares 50-3, 66, 75-6, 78-9, 81, 74-5, 114, 301-2, 305-13
lugares-tempos 312-3

mapas 35, 75
"mente grupal" 159
"mesmo" 43-8, 50-3, 224, 290; *ver também* afirmações de identidade
metafísica 13-5, 345
"meu", "minha" 137-8, 142, 155
modo indicativo 207, 212-3
mônadas 165-86
Moore, G. E. 134*n*
mundo, experiência auditiva 91 ss, 123-6

"nada" 208, 220, 222
não particulares 315-6, 321-6, 333
"noção completa" (Leibniz) 169 ss
nomes próprios 22, 28, 37, 40, 81, 244-5, 255, 267-70
"nomes próprios" (Frege) 197, 201-2, 223
nominalismo, nominalista 275*n*, 321-2, 326 ss
números 22, 323

"objeto" (Frege) 201, 214
observabilidade 62-4
observação 45-50, 55, 104, 113-4, 150-8
ontologia 21, 23, 168, 177-8
ontologicamente anterior 24, 84
orações
condicionais 210-2
nominais 324

palavras 322, 323

particulares 21, 31-2, 36-7, 41-2, 168, 177-8, 184-6, 193-4, 236-62, 278-300, 304-14, 315, 323-6
  básicos 53-7, 75-6, 84-7, 287, 293
  independentes 240n, 296
  objetivos 84-7, 93-7, 123-4
  privados 57-2; *ver também* experiências, atribuição de estados de consciência
  públicos 63-4, 95-6
armação unificada de 34-40, 43-4, 53-4, 76-9
partículas da física 61-2
"pensamentos" 342-3
pessoas 57-61, 81, 123-64, 175, 176n, 186-9
platônico 185, 325, 327
predicados, expressões predicado, predicação 140n, caps. 5, 6 e 8 *passim*
predicados-M 147-8
predicados-P 147-59
preferência categorial 83
pressuposições 259, 266-9, 279-86, 318, 329-30, 332-3
primeira pessoa 114-7, 152
princípios de reunião 235-40, 245-6, 315-21, 339
processos 64 ss, 79-80
proposições 212 ss, 324, 341-44
  existenciais 317-20, 326-37
"propriedade" de experiências 134-9; *ver também* sujeitos de experiência, atribuição de estados de consciência

propriedades 22, 204n, 284-5, 331, 336

quantificação 73, 217, 219-20, 273-7, 300, 319, 328-31, 334-7
questões 210-1
Quine, W. V. 216-23, 227, 273-8, 300

Ramsey, P. F. 194-5, 198, 215-6, 225-6, 246
redução 83, 282, 321 ss
referência (identificadora) 22, Cap. 1 *passim*, 146, 196, Cap. 5 *passim*, 254 ss, 315 ss, 329 ss
reidentificação 43-53, 77-8, 98-114, 186-7, 304
  critérios de 45 ss, 77-8, 98, 108, 187, 285-91, 304, 307-8
relações 235, 250, 322
"representa" 202-5
ressurreição 164
reunião" de termos 235-40, 315
Russell 194, 215, 219, 244, 273n, 317, 329-30

"saturação" (Frege) *ver* "completude"
Schlick 133, 134n
semelhança 239, 245
sensações 58, 126, 154
sentido externo 89-90
"sequência diretamente localizável" 63 ss
seres hipotéticos 89, 121
"sobre" 202-5
sobrevivência 163-4

Indivíduos

solipsismo 97, 120, 123; *ver também* consciência

som dominante 106-14, 119-20, 167

sons 91-121, 125

substrato 295*n*

sujeitos

de experiência, de estados, de consciência 125 ss, 188-9

lógicos, expressões sujeito, distinção sujeito-predicado caps. 5 e 6 *passim*, 299-304, Cap. 8 *passim*

tato 91-2

tempo 31-2, 88-9, 305-13

verbal 232-4

"termos singulares" (Quine) 197, 216 ss, 273 ss

ter um corpo 186, 326-7

termos 206 ss e Parte II *passim*

espaciais e temporais 301-2, 305, 309-14

"tipos" 98-100, 175, 177, 184, 322-6

"todas as coisas" 220, 222

"traços" (conceitos de traços, localizadores de traços) 283 ss, 299 ss

universais 99-100, 175, 178-80, 184-5, 194, 216, 226-7, 233-52, 258-62, 264-6, 275, 280-98, 302-20, 329 ss

caracterizadores 236-43, 245-6, 281, 284, 300

de quantidade espacial e temporal 310-1

grupais 236-43, 281, 284-5, 287-8, 294-5, 300, 302-8

postiços 246-50

relacionais 245-50

"valor de preenchimento" 342

valor de verdade 267, 318

variáveis de quantificação 217, 220, 273-7, 300, 327-8

verbos 207-9, 211-3, 228*n*, 244

"verdadeiro a" 218-9

"vínculos" não relacionais (atributivos, caracterizadores, grupais) 235-51, 315

visão 91-2; *ver também* experiência visual

vozes 119, 163

Wittgenstein 16, 133, 134*n*, 135, 146, 188-9

SOBRE O LIVRO

Formato: 14 x 21 cm
Mancha: 23 x 44 paicas
Tipologia: Venetian 301 12,5/16
Papel: Off-white 80 g/m² (miolo)
Cartão Supremo 250 g/m² (capa)
1ª edição Editora Unesp: 2019

EQUIPE DE REALIZAÇÃO

Edição de texto
Tulio Kawata (Preparação de original)
Sandra Kato (Revisão)

Editoração eletrônica
Nobuca Rachi

Assistência editorial
Alberto Bononi

Rua Xavier Curado, 388 • Ipiranga - SP • 04210 100
Tel.: (11) 2063 7000 • Fax: (11) 2061 8709
rettec@rettec.com.br • www.rettec.com.br